# 영재부모의 오답백과

완벽한 아이는 없다

# 영재 부모의 오답백과

### 완벽한 아이는 없다

앨리사 쿼트 지음
박지웅 외 옮김

알마

# 차례

# 제1장

# 상처 주지 않고
# 아이의 재능을
# 키우는 방법

"그리고 시간은 누구에게나 재능을 준다."[1]

–존 애쉬베리

"한때 나는 똑똑했지만 지금은 어리석다."

– '과거의 신동' 도니 스미스, 영화 〈매그놀리아〉

# 부모가 주려는 선물

라리사 스테판Larisa Stephan에게는 어린 시절이 없다. 또래 아이들과 즐겁게 놀았던 행복한 기억이 없다. 아이로서의 삶을 살지 못하고 어른이 되었기 때문이다. 물론 지금은 매우 정상적인 삶을 살고 있다. 여자로서 누릴 수 있는 것은 모두 누리는 풍요로운 삶을. 그러나 서른일곱 그녀의 삶은 너무 일찍 시작되었다. 두 살 때부터 아버지가 본격적으로 재능 교육을 시켰기 때문이다. 그때 처음 지능검사를 받은 뒤로 스테판은 베버리힐스 서부 지역에서 다양한 종류의 사교육을 받기 시작했다.

"제 지능지수(IQ)는 180에서 190으로 상당히 높았어요. 아버지는 제가 천재라고 생각하셨고 무한한 잠재력이 있다고 믿으셨죠. 두 살 때 지능검사를 받았는데, 전 단지 언니들처럼 시험 보는 방법을 알았을 뿐이에요. 그래서 점수가 높게 나왔을 뿐 저는 결코 천재가 아니었어요."

라리사의 아버지는 다이라나 젠슨Dylana Jensen(1978년 차이콥스키 국제음악콩쿠르에서 열일곱 살의 나이로 미국 여성 최초이자 최연소로 은메달을 수상한 바이올리니스트—옮긴이) 같은 음악 신동을 본보기로 삼았다. 라리사는 아버지가 다이라나 젠슨의 콘서트에 데려갔던 때를 생생하게 기억한다. 다이라나 젠슨이 이제 막 사춘기에 접어든 시기였다. 아버지는 그녀도 어려서 힘든 시기를 거쳤다며 '음악 신동에서 어엿한 성인 바이올리니스트로, 그것도 자기보다 재능이 뛰어난 연주인들과 어깨를 나란히 하는 수준으로 올라서기란 결코 쉽지 않았다'고 무섭게 말했다. 어린 라리사에게 아버지의 그 말은 냉정하게 들렸다.

"저의 유년 시절은 철저하게 혹사당했어요. 지나친 재능 교육이 즐거움을 빼앗아간 거죠. 저는 이제 더 이상 말을 타거나 바이올린을 연주하거나 발레를 하지 않아요."

라리사가 어릴 적 사진을 보여주었다. 그녀는 바이올린을 연주하고 책을 읽으면서 환하게 웃고 있었다. 사진 속에선 정말로 그 일들을 즐기고 있는 것처럼 보였다.

당시 라리사가 로스앤젤레스 웨스체스터 지역에 살았다. 로스앤젤레스 공항 근처에 있는 그곳은 항공 산업 발전을 기념하고자 도로명도 보잉항공사의 이름을 본떠 지은 지역이었다. 열일곱 살 때부터 그녀는 방위산업체 일했다. 그리고 현재는 캘리포니아 엘세군도에 위치한 '레이시온Raytheon'이라는 방위산업체에서 전기 기술자로 일하고 있다. 1940년대에 조성된 점잖은 중산층 지역의 한 단층집에서 남편과 세 아이들과 함께 살고 있다. 크리스마스 직후여서 그런지 나무에는 아이들의 이름이 적힌 양말들이 걸려 있었다.

"아버지는 사람의 가치를 보여주는 성공의 지표 같은 게 있다고 믿으셨어요. 만약 말을 타고 질주하는 법을 배웠다면 그 사람은 훌륭한 기수일 테고, 수학 시험에서 캘리포니아 지역 내 상위 2퍼센트에 들었다면 대단한 일이겠죠. 누구나 이런 지표에 도달하면 자신이 성공하고 있다고 생각할 거예요. 그러나 제 생각은 다릅니다. 진정한 성취와 성공은 우리가 즐기는 과정에 있다고 믿어요. 유명 바이올리니스트가 바이올린을 탁월하게 연주할 수 있는 이유는 그 연주를 즐기기 때문일 거예요. 저는 바이올린을 처음 손에 잡았던 세 살 때부터 바이올린을 싫어했어요. 제대로 쉬지 못하고 개인 교습에 시달려야 하는 상황에 분노했죠. 그때는 모든 게 엉망진창이었어요. 플루트와 바이올린, 체스, 미술 등등 늘 서너 가지 이상을 동시에 배워야만 했어요. 제가 무언가에 흥미를 보이면 아버지는 곧바로 교습을 시키셨죠."

덕분에 라리사는 외형상 엄청난 성취를 이루었다. 열다섯 살에 하버드 대학교에 입학했고, 스물한 살에 버클리 대학교에서 수학 석사학위를 받았다. 그러나 그것은 모두 아버지의 노력이 거둔 결실이지 라리사 본인의 성취는 아니었다. 도리어 아버지의 열성은 그 성취들을 의미 없는 것으로 만들어버렸다.

"아버지에게 저는 천재였어요. 저도 알아요. 아버지는 단지 제게 풍성한 삶을 선물하려고 하셨다는걸. 그러나 그것이 제 삶을 공허하게 만들었어요."

# 태아까지 아인슈타인 열풍

최근 본격적으로 불기 시작한 조기교육 열풍에 비하면 라리사의 이야기는 시작에 불과하다. 폭발적으로 증가하는 재능 교육과 특성화 캠프, 쉴 틈 없이 빡빡하게 짜인 아이들의 일과, 참가자들의 연령이 점점 더 낮아지는 다양한 재능 콘테스트…. 라리사의 '특별한' 이야기가 요즘 아이들에게는 일상이 된 지 오래다. 그 결과 아이들이 재미로 하던 놀이들도 각종 교육 프로그램으로 빠르게 변질되고 있다.

비단 유치원에 다니는 네댓 살 아이들만의 이야기가 아니다. 재능 교육은 더 어린 유아들에게까지 확대되고 있다. 지능검사를 비롯해 유아 수화, 유아용 아인슈타인 시리즈의 유행은 이런 경향이 얼마나 보편화되고 있는지를 보여준다. 마치 모든 부모가 '아기 천재 에듀테인먼트 콤플렉스Baby Genius Edutainment Complex'에라도 걸린 듯하다.

뱃속에 든 아이라고 해서 예외는 아니다. 재능 교육 열풍은 이제 태교에까지 영향을 미치고 있다. 다음 장章에서 살펴볼 태아용 교육 상품 '베이비플러스 태교 음악'이 대표적인 사례다. 엄마가 이 노래를 들으면 태어날 아이의 기억력이 향상될 뿐 아니라 아이가 더 빠르게 성장하고 탁월한 지적 능력, 즉 지능지수를 갖게 된다는 것이다.

그러나 정말 그러할까? 값비싼 교육 교재와 상품이 우리 아이를 천재나 영재로 만들어줄까?

안타깝게도 현실은 그렇지 않다. 부모의 노력으로 아이의 지능지수를 조금 높일 수 있을지는 모른다. 그러나 그렇게 해서 기껏해야 영재교육 프로그램이나 우수반에 들어갈 뿐이다. 학교나 가정에서 똑똑하다고 인정받는 아이들은 대부분 그리 대단한 천재가 아니기 때문이다. 보통 지능지수 145 이상인 아이를 '영재the very gifted'로 분류한다. 극히 드물게 지능지수가 160이 넘는 아이들도 있는데, 이 아이들이 바로 이른바 '심오한 영재the profoundly gifted'다. 하지만 공립학교 영재교육 프로그램에 참여하는 아이들은 지능지수가 120이 넘는 그냥 '똑똑한 아이'일 뿐이다.


## 영재는 타고나는가

대학생용 웹스터 사전 제9판을 보면 형용사 'gifted'는 1644년에 처음 쓰인 말이라고 나온다. 그 뜻은 '대단한 천부적 능력을 가진' '특별한 재능을 드러내는'이다. 그런데 용례를 살펴보면 이 단어의 의미가 광범위한 것을 알 수 있다. 뛰어난 학문적 능력에서부터 아주 어린 나이에 스케이트를 잘 타는 능력까지 이 형용사가 의미하는 '능력'이란 것이 매우 다양하기 때문이다.

이 단어의 명사형인 'gift'의 첫 번째 정의 '재능'을 사전에서 찾아보면 이러한 사실이 잘 드러난다. 사전에 수록된 'gift'의 의미를 지닌 단어들은 faculty(정신적 능력이나 수완, 신체적 기능), aptitude(기질이나 학문적 총명함), bent(소질이나 재능), talent(재능이나 소질), genius(천재 혹은 특수한 재능), knack(솜씨나 요령—옮긴이) 들이다. 이 말들은 서로 관련되어 있지만 그 의미가 조금씩 다르다.

gift의 두 번째 정의는 현재 영재교육이 겪고 있는 딜레마를 잘 보여준다. 웹스터 사전에 의하면 gift는 '대가 없이 누군가가 자발적으로 주는 선물'이다. 즉 '가끔 받을 자격이 없는데도 주어지고 보답할 필요가 없는 것'이 바로 gift다. 바로 이 의미 때문에 평범한 사람들은 종종 '영재'에 분노하고 영재교육에 대한 투자는 항상 논란에 휩싸인다.

유아용 비디오에서부터 유아 독서, 유아 스포츠에 이르기까지 다양한 조기교육 프로그램을 선보이며 영재교육 산업은 급속하게 성장하고 있다. 또한 영재를 '발견'하고 이들에게 전문적인 도움을 주는 전문가들도 늘어나는 추세이다. 여기에는 여러 가지 이유가 있다.

《항상 걱정하는 부모들Worried All the Time》을 쓴 베닝턴 대학의 심리학과 교수인 데이비드 안데레그David Anderegg는 부모들의 불안감을 가장 중요한 이유로 들었다. 부모들이 아이가 살아갈 미래에는 더 경쟁적인 사회가 될 것이라고 믿기 때문이라는 것이다. 그래서 남들에게 뒤처지지 않으려면 아이에게 특별한 능력이 필요하고 이를 위해서 반드시 최대한 빨리 무언가를 해야 한다고 조바심을 느낀다고 한다.

물론 조기교육이 꼭 잘못된 것은 아니다. 플로리다 주립대학교의 안데르스 에릭손Anders Ericsson 교수는 오랫동안 '청년기의 노력이 재능에 미치는 영향'[2]을 연구했는데, 그 결과 영재의 재능은 타고나는 것이 아니라 만들어지는 것이라는 결론을 얻었다. 영재 음악가들은 모두 스무 살이 되기 전까지 1만 시간 이상의 개인 연습을 하는 것으로 추정되었다. 발레, 체조, 피겨스케이팅 등 스포츠 영역도 마찬가지다. 전문가의 지도가 필요한 이 분야들에서도 어려운 기술을 익히는 훈련을 거쳐야만 발전하는 것으로 나타났다. '피나는 연습이 완벽함을 만든다'는 격언이 에릭손의 연구로 입증된 것이다. 그래서일까? 일찍부터 아이들을 조기교육 현장으로 내모는 부모들은 이러한 교육이 아이의 미래를 보장해주는 완벽한 준비라고 믿는다. 그리고 가끔은 그렇게 된다.

스탠퍼드 대학교 심리학과 교수 루이스 터먼Lewis Terman도 시간의 흐름에 따른 영재들의 성장 과정을 연구한 결과 비슷한 결론을 내렸다.[3] 영재들을 발굴하여 영재교육을 하는 것이 효과가 있다는 것이다. 1921년에 시작된 터먼의 연구는 '캘리포니아 도시 지역에서 선정한 지능지수 135 이상인 아이들'을 대상으로 삼았다. 이 연구는 《영재의 유전성 연구 Genetic Studies of Genius》라는 책으로 출간되어 이후 많은 후속 연구를 촉발시켰다. 터먼이 연구한 1,528명의 '영재'들은 1951년까지 46권의 논픽션과 21권의 소설 그리고 1,411편의 과학 논문, 313편의 단편소설과 희극, 55편의 에세이와 시·비평 들을 썼다.

터먼의 연구는 조기 영재교육의 필요성을 학문적으로 처음 옹호한 것으로 이후 비슷한 연구가 쏟아져나왔다. 그 가운데 한 사람이 존스 홉킨스 대학교 영재교육센터를 창립한 줄리언 스탠리Julian Stanley (2005년 작고)다. 터먼의 지적 상속인으로 평가받는 스탠리는 SAT (Scholastic Aptitude Test: 학습 능력 적성 시험) 점수가 높게 나온 중학교 수학 영재 5,000명을 연구했다.[4] 그 결과 터먼의 연구처럼 조기 영재교육의 효과를 확증하는 결론을 얻었다. 연구 대상 가운데 성적이 더 우수한 320명의 영재들이 평균보다 50배 높은 박사 학위 취득률을 보인 것이다. 이들은 이십대 초반에 문학·과학·기술 분야에서 눈부신 성과를 이루어냈다. 조숙한 재능이 미래의 탁월한 성취로 연결된다는 터먼의 주장이 다시 한 번 확인된 것이다.

그러나 이러한 연구 결과들에도 조기 영재교육의 장기적인 효과는 아직 검증되지 않았다. 조기교육이 아이의 재능 발달에 직접적인 영향을 미친다는 연구도 아직 없다. 조기 음악교육에 대한 연구를 예로 들면, 아이들의 음악적 능력은 조기교육과 별 상관이 없는 것으로 드러났다. 보통 아홉 살 무렵에 비약적으로 발전하는 음악적 자질은 훈련보다는 신경조직의 발전에 기인하는 것으로 나타났다.


## 지나친 영재교육은 잘해야 낭비다

무엇보다 처음에 순수한 의도로 진행되었던 영재교육이 서서히 과도한 사교육 열풍으로 변질되고 있다. 영재로 믿어지는 많은 아이들이 빡빡한 일정을 소화하느라 애초의 교육적 효과를 거두기 어렵게 되었다. 맹목적인 암기나 연습이 교육적으로 해로운 것은 분명한데, 유감스럽게도 올바른 영재교육과 그릇된 조기교육을 구별하기가 점점 더 어려워지고 있다. 아이들도 생산적인 삶을 살아야 한다는 통념이 이런 왜곡을 조장하고 있다. 물론 그 수단으로 채택된 비싼 교육 용구들의 효과는 제대로 검증된 적이 한 번도 없다.

오히려 아이들을 재능 있다고 규정하고 그 재능을 키우려고 하는 노력은 '잘해야 낭비고 어떤 경우엔 매우 해롭다'는 것이 심리학 연구서들이 한결같이 지적하는 내용이다. 지나친 재능 교육이 종종 낮은 자존감이나 정서 불안을 유발하기 때문이다. 재능 교육이 의도한 효과를 거두지 못하면 부모의 염려는 아이에게 불안으로 전달된다. 반대로 성공하더라도 부모의 과도한 기대를 받으며 자란 아이는 나중에 심각한 정서 불안을 겪게 된다. "영재들은 자라면서 자신의 미래를 위해 배우자가 희생해주기를 기대한다." 베닝턴 대학 안데레그 교수의 말이다.

또한 영재들은 평범해지는 것을 끔찍하게 싫어한다. 영재교육 상담가인 펠리스 코프먼Felice Kaufman은 1964년부터 1968년 사이에 선발된 대통령 장학생들을 조사했다.[5] '대통령 장학생'이란 매년 미국 정부가 고교 졸업반 학생들 가운데서 선발하는 최우수 학생들을 일컫는다. 그 결과 코프먼은 '매우 재능 있는 학생들은 그들만의 불행을 가지고 산다'는 결론을 내렸다. 코프먼의 1992년 논문을 보면 이 불행의 원인이 구체적으로 드러난다. 설문조사에 응한 대통령 장학생 출신자의 73퍼센트가 자녀가 없었는데, 그 이유 가운데 하나가 '자신들의 아동기가 너무 고통스러웠기 때문에 아이를 갖는 것을 꺼렸기 때문'이다.

수학 영재들에 관한 연구도 우울한 결과를 보여준다. 열세 살 때 수학과 언어 영역에서 높은SAT 점수를 받은 '탁월한 영재 집단extremely gifted group'은 '보통 영재 집단modestly gifted group'[6]보다 더 건강이 좋지 않을 뿐더러 인기도 없었고 사회적으로도 크게 성공하지 못했다. 누구나 부러워하는 신동들이었지만 또래와 어울리지 못하는 치명적인 약점이 있었기 때문이다.

# 이카로스 효과

성취 압박은 종종 영재들에게 부정적인 영향을 주는데, 이것이 바로 '이카로스 효과'다. 그리스 신화에 나오는 이카로스[7]는 발명가 다이달로스의 아들이다. 다이달로스는 아들에게 초의 원료인 밀랍과 깃털로 날개를 만들어주면서 '너무 높게 날거나 너무 낮게 날지 말라'고 경고한다. 그러나 이카로스는 그 경고를 무시하고 높게 날다가 태양열에 밀랍이 녹아 날개가 떨어져서 바다로 곤두박질친다.

인간의 한계를 받아들이기를 거부한 소년 이카로스의 이야기는 조기교육에 몰두하는 부모나 그 자녀들에게 의미심장한 메시지를 던진다. 열성적인 조기교육이 아이들에게 '날개'를 달아줄 수 있을지는 몰라도 자칫하면 그 날개로 '너무 높게 날다가' 이카로스처럼 추락할 수 있다. '추락'의 방식은 여러 가지다. 부모의 지나친 요구와 간섭에 대한 분노를 품을 수도 있고 빼앗긴 어린 시절을 맹목적으로 동경하며 살 수도 있다. 아니면 평범한 삶을 고리타분하거나 끔찍하게 여기게 되어 나중에 평범한 삶을 살게 됐을 때 그 괴리로 인해 좌절할 수도 있다.

이카로스 효과는 내가 사교육 현장에서 발견한 현상을 설명하고자 만든 것으로 심리학계에서 통용되는 공식 용어는 아니다. 그러나 이카로스의 비극은 오늘날의 사교육 광풍 현상과 절묘하게 맞아떨어진다. 여기에는 '영재'로 믿어진 아이들이 어른이 되었을 때 경험하는 심리적 충격이 상징적으로 담겨 있다. 한때 천재라고 불리며 주변의 이목을 받았던 어른들에게서 이러한 불행의 흔적들을 쉽게 찾을 수 있다.

그러나 오늘날 영재교육 산업은 폭발적인 신장세를 보이며 순항하고 있다. 순수한 교육적 의도에서부터 부모의 나르시시즘적 야심에 이르기까지 영재교육의 동기는 그 어느 때보다 강렬하다. 이를 부추기는 중요한 요인은 현실로 닥친 경제적 불확실성이다. 부모들은 경제적 불안을 실감하면서 비단 자녀의 장래뿐 아니라 자신의 미래까지 고려하여 조기교육에 매달리고 있다. 영재 자녀가 부모의 불안한 노후를 보장해 줄 확실한 '보험'이 된 것이다. 어떤 의미에서 성취 지향적인 영재 문화의 확산은 중산층의 성장이 가져온 부산물이라 할 수 있다. 과거 가난이라는 굴레로 제약받았던 중산계급의 교육열이 경제적 성장으로 그 굴레를 뛰어넘어 확대되고 있다. 이제 중산층 부모들은 자녀에게 더 좋은 교육 기회와 일자리를 선점시키려고 돈을 아끼지 않는다. 좋은 직장과 높은 연봉이라는 더 나은 미래를 놓고 다투는 경쟁에서 조기교육은 아이가 승리하도록 이끌어주는 가장 확실한 투자 방법이 되었다.

그러나 모든 성취에는 그만한 희생이 뒤따르는 법이다. 조기교육이 위험한 것은 그 희생물이 아이의 행복이라는 데 있다. 물론 우리 주변에는 '행복한 영재'도 있다. 그러나 대부분의 영재들은 어려서 또는 나중에 불행을 경험하는 것으로 알려져 있다. 영재라는 이름에 걸맞게 성공한 인생을 살아도 주변의 기대와 달리 평범한 인생을 살아도 그 아이는 인생의 어느 부분에서는 실패자일 수밖에 없기 때문이다. 더 큰 문제는 우리 아이들에게 어떤 재능이 있어야 성공하는지 아무도 알 수 없다는 점이다. 영재들의 운명도 다른 평범한 아이들처럼 우리가 통제할 수 없는 요인들로 좌우되기 때문이다.

## 스스로 날개를 접은 피아노 신동

조지 스패스George Spaeth의 인생도 그랬다. 그의 아파트에는 그가 한때 피아노 신동이었음을 보여주는 스타인웨이(전문 피아노 연주자들이 사용하는 스타인웨이&선스 사의 고급 피아노—옮긴이) 그랜드피아노가 한쪽에 자리하고 있다. 그는 일곱 살 때 피아노 교습과 무대 공연을 그만두었다. 피아노 신동으로서의 화려한 미래를 스스로 포기한 것이다.

조지의 고향은 펜실베이니아 체스트넛힐에 있는 올드머니타운이다. 그는 불과 두세 살 때부터 피아노 연주를 시작했다. "누가 시켜서 연주한 것은 아니었어요." 창백한 피부에 깡마른 그는 몸에 꼭 끼는 블랙진 차림에 말보로 담배를 피웠다. 독특한 외모 덕분에 지금은 연기 활동을 하고 있다.

"어렸을 적 피아노 실력이 늘었을 때 느낀 흥분이 모두 기억나요. 세 개의 건반을 동시에 눌렀을 때 얼마나 신이 났는지 몰라요. 겨우 걸어다닐 때였는데 그 어린 나이에도 내 음악을 연주하는 데 완전히 빠져 있었죠."

그러나 곧 모든 것이 잘못되기 시작했다. 그가 다섯 살이 되자 아버지는 전문적인 개인 교습을 받게 했다. 현대음악 작곡가와 결혼했다는 피아노 선생님은 그에게 피아노 변주곡을 많이 가르쳤다. 조지는 그녀의 가장 어린 제자였다. 그녀는 자기 집에서 직접 조지를 가르쳤고, 그는 그런 선생님을 무척 따랐다. 그러나 아버지는 아들의 실력을 끊임없이 점검하려 했다. 그의 아버지는 직접 만든 검사 도구로 아들의 지능을 측정하기까지 했다.

텔레비전 드라마에나 나올 법한 이야기가 아닐 수 없다. 아버지를 기쁘게 하려고 아버지가 원하는 삶을 사는 아들과 자식의 미래를 위해 헌신하는 아버지. 지능검사는 시작에 불과했다. 음악에 심취한 안과 의사였던 아버지는 자신의 이름을 물려줄 만큼 아들 사랑이 각별했다. 그의 아버지는 20세기의 위대한 아동 음악 교육가인 지크문트 스패스Sigmund Spaeth의 종손이었다. 지크문트는 1930, 40년대에 책과 음반을 내고 라디오 쇼에 출연하며 미국 젊은이들에게 음악 감상법을 가르쳤다. 《감각 있는 음악 교사를 위한 음악 수업 안내서Teacher's Manual for Use with the Common Sense of Music in Classroom and Assembly》와 《위대한 교향곡: 교향곡을 인식하고 기억하는 법Great Symphonies: How to Recognize and Remember Them》이 그가 쓴 책이다.

조지가 어렸을 때 아버지는 음악의 역사와 그 외 시시콜콜한 것을 퀴즈로 내어 아들의 음악 지식을 계속 확인했다. 또 어린 아들이 악보를 읽지 못한다고 타박했다. 조지는 거의 매주 가족과 함께 필라델피아 오케스트라 공연을 관람했다. 그리고 아버지에게 르네상스 시대부터 현대에 이르는 음악의 역사를 작곡가 중심으로 철저하게 배웠다. 조지는 그때 배운 내용을 다 잊어버렸다고 했다. 다섯 살 때부터 일곱 살까지 신동 피아니스트로 혹독하게 훈련받으면서 완전히 녹초가 된 것이다.

"그때는 제 실력이 대단한 줄 알았어요. 사람들이 제 연주를 무척 좋아했거든요."

그를 힘들게 한 것은 고난이도의 피아노 연주가 아니었다. 사실 그는 다섯 살 나이에 악보를 보며 연주한 것을 대단한 기쁨으로 기억한다. "피아노 선생님은 완벽하게 연주해야 한다는 부담을 처음으로 덜어준 분이었어요. 저는 그렇게 했고 그래서 연주할 수 있었죠. 정말 황홀한 경험이었습니다."

그를 망친 것은 아버지의 완벽주의와 인색한 칭찬이었다.

"모든 것은 크리스마스 파티 때 끝났어요. 저는 선생님의 곡을 완벽하게 연주했죠. 그러나 아버지는 연주를 들으러 오지 않으셨어요. 그래서 다시 한 번 연주를 했는데 그때도 아버지는 오지 않으셨고요. 그것이 저에게 큰 상처가 되었죠. 제가 피아노를 배운 것은 순전히 아버지를 기쁘게 해드리기 위해서였는데 말이죠."

일곱 살 때 그는 어려운 곡을 연습하다가 더 이상 실력이 늘지 않는다고 믿고 피아노를 그만두었다. "그것은 아버지에 대한 복수였습니다. 아버지는 저에게 너무 가혹했어요. 제가 그토록 원했던 따뜻한 격려와 인정을 모두 거부하셨죠." 조지의 마음에는 그때 느꼈던 아버지에 대한 분노가 아직도 남아 있다.

조지의 삶은 조기교육에 시달리는 아이들의 전형적인 모습이다. 부모의 사랑을 얻고자 부모의 꿈을 이루고자 노력하는 아이들. 그래서 몸과 마음은 아이지만 어른처럼 살아가는 아이들. 영화 〈매그놀리아 Magnolia〉에 나오는 신동 출신 주정뱅이는 말한다. '아이들을 천사로, 모든 것을 할 수 있는 존재로 착각하는 것은 위험하다'고 말이다.

"제가 피아노를 포기하고 나서야 아버지는 후회하셨죠." 그러나 음악을 그만두고 나서도 그는 행복해지지 않았다. 다시 평범한 어린아이로 돌아갈 수 없었기 때문이다. 조지는 자신의 유망한 미래를 일부러 파괴했다. 물론 일곱 살이란 어린 나이에 그 사실을 알았을 리 없지만 말이다. 그 뒤에도 이웃이나 친지들은 '조지가 요즘도 연주하나요? 연주를 부탁하면 안 될까요?'라고 가끔 물었다. 그러나 그때마다 그는 '아니오!'라고 대답했다.

요즘 조지는 즉흥곡만 연주한다. 주로 그때그때 느끼는 분위기를 연주하는데 '히피적인 사랑 분위기'나 '우유부단' '물 위에 비치는 달빛' 들이 주요 레퍼토리다.

"어떤 친구들은 남이 쓴 곡만 연주하는 클래식 연주자가 되죠. 그들은 자기 음악을 만들지 못해요. 정말 끔찍한 일이죠. 제가 지금 연주하는 방식은 어릴 때와 완전히 다릅니다. 그래서 실수도 많이 하죠. 그러나 제 것을 만듭니다. 즉흥곡을 녹음기로 직접 녹음해요. 물론 아버지는 그것을 못마땅하게 여기시죠. 옛날엔 저도 완벽해지려고 노력했어요. 어린아이가 어른처럼 행동하려고 했죠. 이제는 어른이 되었지만 아이처럼 연주하고 싶어요."

이제 조지는 자신의 곡을 친구들을 위해서만 연주한다. 마흔이 넘었지만 아직도 어린 시절의 상처가 아물지 않은 듯하다. 아직도 자기 삶의 근거가 되어줄 무언가를 찾고 있는 것처럼 보인다. 그는 20년 전에 대학을 자퇴하고 서랍장 만드는 일로 생계를 유지하고 있다. 연기만 해서는 수입이 충분하지 않기 때문이다. 조지는 직업 같지 않은 직업, 곧 놀이 같은 직업을 좋아한다. 다섯 살 때 했던 피아노 연주 같은 직업 말이다. 그때 그에게 피아노 연주는 완벽할 필요가 없고 또 하고 싶어서

하는 '놀이'였다. 지금 하는 일도 단박에 그의 마음을 사로잡았다. 어느 날 길을 걷다가 교회 앞에서 천사 석상을 조각하는 남자를 보았다. 조지는 그 자리에서 그 일을 하기로 결심하고는 이제 돌이나 나무를 조각하는 일을 한다. 물론 그의 아버지는 아들의 일을 못마땅하게 생각한다. 화려한 콘서트 피아니스트가 될 수 있었던 아들이 아니던가!

## 많은 지식에 발목이 잡힌 문학 영재

이제 내 이야기를 해보자. 나도 세 살 때 읽기를 배우고 다섯 살 때 현대미술 비평법을 훈련받은 준準영재 출신이다. 대여섯 살 때 나는 어떤 전시회에서 '그림이 정말 멋있어요'라고 말했다가 아버지에게 '멋있다는 말은 정말 한심한 표현'이라는 야단을 들었다. 그 뒤로는 어떤 것도 내게 멋있지 않았다. 물론 아버지 덕분에 나는 친구들에게 읽기를 가르칠 정도가 되었다. 열 살 때 '전위영화에 대한 나의 반응'을 평가받았고 아버지 앞에서 점성학에 대해 설명해야만 했다. 하루에 한 권씩 책을 읽는 것은 기본이었다. '문학적 고통으로 얼룩진 청년기를 보낸 브론테 자매들(샬럿·에밀리·앤 등 19세기 영국을 대표하는 소설가 가족—옮긴이)' 가운데 한 명이 바로 나였다. 또래 아이들이 열광하던 스티커와 분홍 스니커즈 신발은 내게 너무 유치하고 낯설었다. 나는 이런 것들을 견딜 수 없어서 월반을 했다. 그리고 고등학교 1학년이 된 열세 살 때 아버지의 글을 직접 편집했다.

내가 생후 6개월 때 아버지는 이미 나와 프루스트와 칸트에 대해 같이 이야기하는 걸 꿈꾸었다. 그는 자신의 바람이 딸을 어떻게 만들지 몰랐다. B급 영화 여배우 이름과 고급 어휘, 급진적인 정치운동에 대한 독특한 교육이 4학년 때 내 친구 관계를 망쳤다는 사실을 몰랐다. 물론 아버지는 극성맞은 부모라고 불리는 것을 끔찍하게 싫어했다. 만약 조용히 앉아서 나무 꼭대기에 대한 서정시를 짓는 데 그쳤다면 나는 멋진 아이로 남았을 것이다. 그러나 아버지는 내 운명, 더 나아가 우리 가족의 운명을 근사하게 만드는 데 미쳐 있었다. 내가 '골 빈' 세대에 휩쓸려 똑같이 별 볼일 없어지는 것을 막고자 광분했다. 그래서 중학교 3학년 때 공원에서 함께 칵테일을 마시며 담배를 피우던 아이들은 내 친구가 될 수 없었다. 아버지는 '그 아이들은 그냥 아는 애들'이라고 못 박아 얘기했다.

내가 그중 한 명을 친구라고 부르자, 아버지는 '소울메이트와 아는 사람은 다르다'고 엄하게 말했다. 그러면서 '대부분의 주변 사람들은 단순히 아는 사람이고 이 점을 잊어서는 안 된다'고 강조했다. 심오하지만 쓰라린 충고였다. 그 말을 이해하기에 나는 너무 어렸다. 체코 영화와 난해한 소설을 감상하기에도 너무 어렸다. 아버지의 계획은 어느 정도 성공했다. 나도 '영재'가 되었기 때문이다.

나는 일곱 살 때 첫 소설을 쓰고 열일곱 살 때까지 각종 문예 창작상을 휩쓸었다. 언제부턴가 나도 이런 시상식에 중독되었다. '멋쟁이 중년 아줌마들이 어린 문학 영재에게 보내는 열광의 몸짓'에 빠져들었다. 그래서 각종 글쓰기 대회에 원고를 보내는 학생이 되었다. 나는 매주 우체국에 가서 내 입상 가능성을 점치며 봉투에 원고를 담아 보냈다. 일찍부터 재능을 팔았던 것이다. 그리고 매달 내가 쓴 원고를 모아서 사진으로 찍어놓았다. 희곡 경연 대회에서 입상하려고 경건한 심사위원들이 좋아하는 종교적인 희곡을 쓰기도 했다. 시를 쓸 때면 마지막 연에 낭랑한 종결 어구를 삽입했다. 이것이 시의 장엄함에 특별한 여운을 준다는 걸 알았기 때문이다.

열여섯 살 때는 플로리다로 가서 햇볕에 그을린 후원자들 앞에서 자작시를 낭독했다. 나와 다른 영재들은 유람선을 탔고 거기서 우리의 재능을 칭찬받았다. 유람선에서 백발의 여성 작가가 내게 말했다. '앞으로 미국에서 가장 위대한 시인이 될 것'이라고. 그 말은 내게 예언처럼 들렸다. 그 말이 내 삶을 얼마나 왜곡시킬지를 그때 나는 알지 못했다. 주변의 기대는 내가 감당하기 어려운 것이었고 그 '예언'에 비추어 보면 나는 실패자일 수밖에 없었다.

자아도취가 조금 심했던 나는 그해 겨울에 다른 문학상을 받았다. 덕분에 스미스소니언협회(미국 워싱턴에 주요 시설이 있는 인류의 지식 증진과 보급을 목표로 하는 특수 학술 연구 기관—옮긴이)에서 유행에 뒤떨어진 옷을 입고, 나도 시인이라는 자부심에 얼굴을 붉히며 '십대의 욕망과 일탈'에 대한 시를 낭송했다. 이때 생겨난 나르시시즘은 쉽게 깨지지 않았다. 누군가 그것이 잘못되었다고 깨우쳐주기 전까지는 말이다. 그것은 영재라면 누구나 빠지는 덫이었다. 물론 아이들이 찬란하게 빛나기를 바라거나 자기가 그렇다고 믿는 것은 잘못이 아니다. 어떤 의미에서는 모든 아이가 찬란하게 빛나니까.

그렇게 열일곱 살이 되자 나는 돌연 유치해졌다. 그때 나는 집을 떠나서 대학을 다녔는데 아이처럼 캠퍼스를 뛰어다녔다. 그러면서 아버지가 경멸했던 저질 음악을 즐겼고 모든 종류의 친구들을 소울메이트로 착각했다. 어려서 영재로 부풀려진 경험은 내게 쓰라린 실패의 기억을 남겼다. 내 머릿속에 든 너무 많은 지식은 종종 고통을 안겨주었다. 그래서 나는 내 능력보다 일부러 적게 배우려고 노력했다. 내 경험이 '남다르게 똑똑함'에 대한 경계심을 심어주었기 때문이다. 유감스럽게도 라리사 스테판과 조지 스패스 그리고 나의 이야기는 조기 영재교육이라는 거대한 이야기의 한 부분에 불과하다.

## 첼리스트 매트 하이모비츠의 성공한 반항

물론 어떤 영재들은 행복하다. 이들에게는 분노와 실패가 없다. 한때 음악 신동이었던 매트 하이모비츠Matt Haimovitz가 바로 그런 사람이다. 서른네 살의 첼로 연주가인 그는 아직도 전성기를 구가하고 있다(이 책에 나오는 인물들의 현재 나이는 모두 책이 출간된 2006년 당시의 나이다—옮긴이).

하이모비츠는 네 살 때부터 어머니와 함께 첼로를 연주하기 시작했다. 어머니는 루마니아의 부쿠레슈티 음악학교와 이스라엘 텔아비브 음악학교에서 교육을 받았다. 그의 가족은 1970년대 중반에 아메리칸 드림을 꿈꾸며 캘리포니아 팰러앨토로 이민 왔다. 그때 하이모비츠는 기회를 잡았다. 열 살 때 위대한 이차크 페를만Itzhak Perlman(20세기의 위대한 연주자로 손꼽히는 이스라엘 출신의 미국 바이올리니스트—옮긴이)에게 발탁된 것이다. 1년 뒤 하이모비츠가 줄리아드 음악학교에서 공부하게 되자 그의 가족은 모두 뉴욕으로 이사했다.

"어머니는 제가 지미 헨드릭스Jimi Hendrix(미국의 전설적인 기타리스트—옮긴이)의 곡을 연주하리라고는 상상도 하지 못하셨죠."

내가 하이모비츠를 만난 것은 2004년, 그가 나이트클럽 CBGB에서 공연을 마친 뒤였다.

"연주 여행을 시작하자 어머니는 이것저것 물으셨어요. 어머니는 제가 스스로 상품 가치를 떨어뜨릴까 봐 걱정하셨죠."

사춘기 때 그는 멋진 미래에 들뜬 소년이었다. 그러나 지금은 자신을 쓸쓸한 실패자로 생각한다. 오직 음악을 연주할 때만 편안해지기 때문이다. 그는 관중의 갈채를 받으며 자랐다. 보통 1년에 30차례 콘서트를 했는데, 그때 쏟아지는 환호는 그에게 마약과 같았다.

"뉴욕 필하모닉 오케스트라에서 함께 연주하자던 주빈 메타Zubin Mehta(인도 출신의 세계적인 지휘자—옮긴이)의 러브콜. 그것은 어린 제게 엄청난 것이었죠. 소니레코드 사는 미도리Midori(일본의 세계적인 바이올리니스트—옮긴이)를 가졌고, 독일의 클래식 음반사인 도이치그라마폰은 저를 원했습니다. 우리는 어린 음악가들이었고 그 뒤로 수년 동안 텔레비전 출연 요청을 받았습니다."

이 둥근 얼굴의 열세 살짜리 클래식 신동은 살아 있는 전설인 아이작 스턴Isaac Stern(러시아 출신의 미국 바이올리니스트—옮긴이)과 세계적인 지휘자 핀커스 주커만Pinchas Zuckerman과 함께 카네기홀에서 자신의 키만큼 커다란 첼로를 연주했다. 1980년대에 그는 같은 음악 신동이었던 미도리와 어울렸다. 그들은 권위 있는 아스펜 음악제에 함께 참석하기도 했다. 그와 미도리는 '최소한 몇몇 영재는 성공적인 삶을 살고 있음을 보여주는 살아 있는 증거'였다.

"평론가들은 저희를 사랑했습니다. 음악계도 저희를 귀하게 여겼고요. 어린이 연주자로서 우리에게는 많은 가능성이 있었습니다. 우리는 많은 쇼에 출연했죠. 그러나 몇 년 뒤에 잊혀졌고 아무도 우리를 신경 쓰지 않았습니다."

외부에 많이 노출된 만큼 그는 어머니의 각별한 보호를 받았다. 그리고 스무 살이 되어서야 본격적인 음악 활동을 시작했다. 줄리아드와 하버드를 졸업한 뒤 보스턴 필하모닉 오케스트라에서 첼로를 연주해달라는 제안을 받았지만 이를 거절했다. 그리고 5년 동안 연주를 하지 않았다.

그가 우울한 시로 표현했던 것처럼 그의 경력은 포물선을 그렸다. 빠르게 성장했다가 정점에서 급격하게 떨어졌다. 하지만 바흐를 완벽하게 연주하는 것을 그만둠으로써 그는 꺼져가던 자신의 불꽃을 살릴 수 있었다. 음대 교수인 잔느 밤베르거Jeanne Bamberger가 '신동이 겪는 중년의 위기'[8]라고 부른 십대·이십대 영재들이 겪는 불안을 하이모비츠도 호되게 겪은 것이다. 당대 위대한 음악가들과 접촉하면서 그의 마음속에서는 음악계의 관행에 대한 의문이 고개를 들었다. 왜 작은 공간을 위해 만들어진 곡을 넓은 콘서트홀에서 연주하는가? 왜 연주자는 연미복을 입어야 하는가? 왜 연주자는 청중과 거리를 두고 연주하는가?

이런 의문이 솟구치면서 하이모비츠는 그때까지 자신이 배운 것과는 다른 음악적 경험을 추구하기 시작했다. 자신이 매니저에게 조종당하면서 음악 시장에서 쉽게 팔리는 상품으로 전락했다는 느낌을 받았을 때 전환점이 찾아왔다. 대형 매니지먼트 회사가 영재의 재능을 상업적으로 이용하다가 시장가치가 사라지면 가차 없이 버리는 것은 흔한 일이었다. 그러나 하이모비츠는 자신만의 길을 개척했기 때문에 생존할 수 있었다.

2004년 4월, 그는 뉴욕의 전설적인 펑크록 클럽 CBGB에서 클래식 음악을 과격하게 연주했다. 그가 연주한 〈1710년에 작곡된 바흐의 무반주 첼로 D단조〉는 클럽의 시끄러운 에어컨 소리와 옆방 펑크 밴드의 쾅쾅 울리는 연주 소리와 경쟁하듯이 울부짖었다. CBGB는 클래식 연주자들이 꺼리는 값싼 무대였다. 그러나 그는 심지어 피자 가게나 천장에 트랙터 부품이 걸려 있는 싸구려 술집에서도 연주했다.

마침내 하이모비츠는 유명한 퓨전음악가가 되어 미디어의 집중 조명을 받기에 이르렀다. 정치적 검열은 덤이었다. 공연 때 부시 대통령을 비판하는 반전 평화 발언을 종종 한 것이 빌미가 되었다. 그는 노골적인 좌편향을 이유로 덴버의 라디오 PD들에게 보이콧을 당하기도 하고 뉴햄프셔 울페보로 청중들에게 야유를 받기도 했다. 그러나 미국 국가인 〈성조기여 영원하라〉를 지미 헨드릭스 스타일로 연주했을 때 그의 첼로 소리는 전기기타처럼 쩌렁쩌렁 울려 퍼졌다. 그의 음악은 마치 침략주의의 상징으로 전락해버린 미국 국기에 대한 분노를 표출하는 듯했다. 펑크록 가수 패티 스미스Patti Smith와 첼로 연주자 요요마Yo-Yo Ma 를 섞어놓은 듯한 음악, 그 선율에 맞춰 춤을 출 수는 없지만 주먹을 불 끈 쥐고 흔들고 싶어지는 음악이었다.

하이모비츠의 명성은 부분적으로 그의 과거에 기대고 있다. 음악 신동으로 추앙받던 그가 그 명성을 송두리째 내던졌기 때문이다. 화려 한 신동기가 끝났을 때 하이모비츠도 적지 않은 어려움을 겪었다. 그러 나 그는 결국 자신의 이미지를 바꾸는 데 성공했다. 이제 그는 첼로를 때리면서 거칠게 연주한다. 신들린 것처럼 가끔 관객들에게 소리를 지 르며 그들을 열광시킨다. 그의 연주는 행위예술을 연상시킨다. 마치 떠 들썩한 연주와 몸짓으로 자신의 화려했던 과거를 폭발시켜버리려는 듯 하다.

물론 그는 오늘날 많은 사람들이 하고 있는 일을 하는 것뿐이다. 과 거의 경험을 재구성하여 새로운 이미지를 만들어내는 것. 차이가 있다 면 그는 이 작업을 무대와 음반을 통해서 한다는 것이다. 지나친 관심을 받았던 아동기에서 성공적으로 살아남은 다른 사람들처럼 그는 자신을 재창조했다. 자신만의 이미지와 예술을 만들어냄으로써 그는 제2의 전 성기를 누리게 되었다. 보스턴 대학의 심리학과 교수인 엘렌 위너Ellen Winner가 말한 '반항으로 성공한 영재의 길'을 그도 따른 것이다. 위너는 음악이나 과학에서 대단한 업적을 성취한 사람들은 반항적인 데 비해 영재들은 너무나 모방적이라고 지적했다. 그러므로 진정한 성공을 거두 려면 하이모비츠처럼 자신의 영재성을 과감하게 포기하는 반역을 저질 러야 한다는 것이다.

# 과학 영재에서 금융업계의 모차르트가 되다

매트 하이모비츠가 이 반역에 성공한 유일한 영재는 아니다. 인텔 사가 주관하는 웨스팅하우스 과학 재능 경연 대회의 수상자로, 열한 살 때 항생제를 개발한 과학 영재 베첸 우Vezen Wu도 그런 경우다. 스물여섯 살인 그는 현재 미국 투자은행 모건스탠리의 부사장이다. 회사에서 그는 '금융업계의 모차르트'라고 불린다.

회사 자산 분석가인 베첸 우는 아메리칸 드림의 전형적인 사례다. 그의 부모는 대만에서 플로리다로 이민을 왔다. 다른 영재 부모들처럼 베첸의 어머니도 아들의 지적 호기심에 투자했다. 간호사였던 어머니는 어린 아들이 볼 수 있도록 의학 책을 낮은 선반 위에 놓아두곤 했다. 덕분에 그가 처음 읽은 책은 외과 환자를 돌보는 법을 담은 의학 교과서였다. 그의 아버지는 세 살배기 아들에게 컴퓨터 프로그래밍을 가르쳤다.

그러나 베첸은 처음부터 스스로 관심 분야를 키워갔다. 다섯 살 때 미국 공영방송 PBS의 대표적인 과학 프로그램 '노바Nova'에서 육식식물을 보고 흥미를 느낀 것이 그의 인생을 바꾸었다. 베첸은 그 식물들을 직접 키우면서 관찰하고 싶어했다. 어머니는 그에게 주머니 모양의 입으로 벌레를 잡아먹는 낭상엽 식물을 사주었다. 또 외국에서 이 식물들을 수입하는 것을 도와주고 플로리다 습지에서 함께 육식식물을 찾아다녔다. 덕분에 그는 육식식물 3,000여 개를 수집하고 뒷마당에 온실도 만들었다. 다른 나라의 수집자들과 교류하려고 물고기와 야생 생물 관리 자격증도 획득했는데 덕분에 보르네오와 뉴기니, 뉴질랜드의 식물까지 수집할 수 있었다. 그는 집에서 레이저를 만들었고 자료 전송과 입체 영상을 실험했다. 초등학교 3학년 때에는 직접 화학 클럽도 꾸렸다.

베첸 우는 열두 살이 되었을 때 대학교수의 연구실에서 일주일에 열 시간씩 일하면서 미생물학을 배웠다. 이때 자신의 몸에서 채취한 박테리아를 키우면서 그것이 항생제에 어떻게 반응하는지를 연구했다. 그러면서 어릴 적부터 수집한 육식식물을 가지고 실험하기 시작했다. 육식식물에게 새와 작은 동물을 먹이면서 식물의 산성 효소에 죽은 동물의 사체를 분석했다. 그리하여 고등학교 때 악성 포도상구균을 치료할 수 있는 항생물질을 추출하는 데 성공하여 열여덟 살의 나이에 웨스팅하우스상을 받았다.

"이젠 더 이상 식물을 연구하지 않습니다. 물론 한때 이것들은 제게 너무 소중한 친구들이었죠." 베첸 우를 만난 곳은 이제 추억의 장소가 된 그의 온실이었다. "이것이 보르네오에서 온 벌레잡이통풀입니다. 바로 그 옆에 있는 것이 낭상엽, 끈끈이주걱, 긴잎끈끈이주걱입니다. 이것들은 모두 독 이빨을 갖고 있죠. 저 식물의 컵 모양의 알뿌리를 보세요. 천연두를 치료하는 데 사용되죠. 저기 있는 아르메니아 낭상엽은 효소로 가득 차 있습니다."

베첸 우에게는 매우 독특한 점이 있다. 라틴어, 중국어, 독일어, 영어로 말하거나 혼잣말을 하는 것이다. 남들에게 대단하다는 평가를 받으려고 하는 행동이 아니다. 자신의 머리를 자극하기 위해서다. 지식 자체가 놀이라도 되는 양 그의 머리는 끊임없이 새로운 지식을 추구한다. 그는 또 솔직하게 자기를 성찰하는 버릇이 있다. "저는 저를 그냥 편하게 내버려두지 못해요. 저는 절제력이 아주 강하죠.”

어려서부터 공부와 실험 등에 남다른 재주가 있었던 그가 약품 식물학에서 금융으로 전공 분야를 과감하게 바꾼 것은 경쟁력을 확보하기 위해서였다. 이때도 어머니의 힘이 컸다. 그렇게 모건스탠리에 입사한 베첸 우는 ‘인텔 과학 영재 인턴십’ 프로그램을 만들었다. 영재 사냥꾼이 된 것이다. 현재 그는 과학 영재 300명을 발굴하여 투자금융사에 취업시키고 있다.

베첸 우는 자신의 운이 좋다고 믿는다. 금융시장을 분석하여 국제시장 지표를 작성하는 직업이 단지 자신의 영재기를 극적으로 탈출한 계기에 불과했다고 보지 않기 때문이다. 그는 엄청난 부자들을 상담하면서 자기가 팔렸다고 자랑한다. 물론 그의 진짜 운은 좋은 부모였다. 그의 독특한 호기심을 공부로 발전시킨 사람은 어머니였다. 베첸 우의 어머니는 수천 개의 육식식물을 사주면서 도서관에 데리고 다니고 이웃 아이들과도 잘 어울리게 도와주었다. 덕분에 그때 육식식물을 몇 개 주겠다고 구슬려서 함께 늪에 놀러갔던 친구가 지금도 그의 가장 친한 친구다.


## 과도한 영재교육은 학습 장애를 부른다

그렇다면 왜 어떤 영재들은 베첸 우나 매트 하이모비츠처럼 성공적인 삶을 살고 어떤 영재들은 실패한 삶을 살까?

매트 하이모비츠와 베첸 우처럼 성공한 영재들에게는 남다른 정신적 능력이 있었다. 내재적 동기와 유연한 태도, 정신적인 독립성은 모두 '측정과 전수가 어려운' 능력이었다. 물론 이 능력들이 사교육을 받은 영재들에게만 나타나는 것은 아니다. 거꾸로 이런 자질이 전혀 없는 영재도 있다.

베첸 우가 평범한 아이들과 어울렸던 것처럼 영재들을 특수학교가 아닌 일반 학교에서 가르쳐야 한다고 주장하는 학자도 있다.《영재 바로 알기Being Smart about Gifted Children》의 공동 저자이자 헌터 칼리지의 영재교육센터 소장인 도나 매슈스Dona Matthews[9]는 영재들을 일반 학교에서 교육할 것을 주장하는 학자다. 영재들이 온실 속 화초처럼 주변 환경과 분리되어서는 안 된다는 것이다. 매슈스는 온실 속 화초처럼 자란 영재들은 현실에 적응하기 어렵다고 말한다.

현재 미국은 영재교육이 만들어낸 딜레마에 처해 있다. 집중적인 재능 교육은 높은 성취를 가져오지만, 동시에 심각한 학습 장애를 일으키는 원인이기도 하다. 또 일부 재능 교육은 한동안 유행하다 효과가 없는 것으로 드러나 사교육 시장에서 사라지기도 한다. 문제는 과도한 재능 교육에 노출된 아이들이 정신적인 문제를 겪는다는 점이다. 아이들의 성장에 매우 중요한 자유 시간, 즉 자기 주도적 놀이 시간을 사교육이 빼앗아가기 때문이다.

지금으로부터 15년 전만 해도 미국 아이들은 최소한 하루에 한 번은 학교에서나 가정에서 마음껏 노는 시간을 가졌다. 그러나 '미국 아동의 놀 권리 협회'에 따르면 오늘날 미국 내 많은 학교들이 '공부에 방해가 되는' 놀이 시간을 없애는 추세다. 이것은 단순히 아이들이 놀지 못하는 문제가 아니다. 제대로 놀지 못한 아이들이 심각한 학습 장애를 겪고 있기 때문이다. 최근 연구에 따르면 충분히 노는 아이들은 공부에 잘 집중한 반면 노는 시간이 부족한 아이들은 수업 시간에 산만했다.[10]

이러한 장애를 겪지 않고 '성공한' 영재라 하더라도 나중에 성장한 뒤 부모에 대한 증오나 경멸을 드러내는 경우가 적지 않은 것도 문제다. 자녀를 일찍부터 영재교육 시장으로 내모는 부모들 가운데는 자녀의 성취를 일종의 '보험'으로 여기는 사람이 많다. 자신이 이루지 못한 소망을 자녀에게 투사하는 것인데, 이런 태도는 자녀의 정신 세계를 황폐하게 만든다.


## 자신의 성취를 즐기는 영재로 크는 법

요즘 부모들은 어린 나이에 많은 것을 성취하는 것에 큰 가치를 둔다. 어릴 때의 성취가 성년기의 성공으로 자연스럽게 연결된다고 믿기 때문이다. 그러나 반드시 그런 것은 아니다. 근래의 조기교육 열풍은 '늦게 성취하는 아이도 많다'는 사실, 즉 모든 아이가 비슷한 속도로 배우지 않는다는 사실을 외면한 결과이기도 하다. 이로 인한 또 다른 문제는 뒤늦게 재능을 꽃피우는 아이들을 '재능 없는 아이'로 낙인찍고 이 아이들에게 적절한 배움의 기회를 주지 않는다는 것이다.

체스 분야에서 흑인 최초로 그랜드마스터(국제 대회 상위 입상자—

옮긴이)가 된 모리스 애슐리Maurice Ashley가 바로 그런 경우다. 그가 처음 체스판 앞에 앉은 것은 열네 살 때였다. '신동'이라고 부르기에는 너무 많은 나이였다. 그러나 모리스는 체스 고수들을 차례로 꺾으면서 체스 대가가 되었다.

"열네 살 때 학교 도서관에서 체스 책을 처음 보았어요. 그 뒤로 체스를 저절로 이해하게 되었죠. 사실 체스에 대한 책이 있다는 것 자체가 놀라웠어요. 저는 체스에 푹 빠졌고 체스 그랜드마스터가 되겠다고 결심했죠."

현재 서른일곱 살인 모리스는 운동선수처럼 잘 발달된 몸매를 지닌 유쾌한 사람이다. 두 아이의 아버지이기도 한 그는 뉴욕 동부 퀸스의 중산층 지역에 살며 체스 강의를 하고 있다. 그의 꿈은 체스 신동을 다룬 리얼리티 쇼를 진행하는 것이다.

"텔레비전에서 아이와 어른이 체스를 한다고 생각해보세요. 과연 누가 퀸을 가져갈까요? 비록 지금은 체스의 인기가 스포츠보다 못하지만 제대로 된 후원자만 나선다면 체스도 얼마든지 인기 게임이 될 수 있다고 봅니다. 어른과 아이, 남자와 여자, 또 체스 신동들이 국제 대회에서 경기를 벌인다면 사람들이 관심을 갖지 않을까요?"

체스 영재에 대한 모리스의 관심은 특별하다. 그는 뉴욕 맨해튼의 흑인 거주 지역인 할렘 소재 공립학교에서 체스 영재들을 발굴하여 키우고 그들의 이야기를 케이블 방송에 내보내려고 노력하고 있다. 그도 더 일찍 체스를 배웠다면 체스 신동이 되었을 것이기 때문이다.

"어머니는 제가 체스를 하는 걸 바라지 않으셨어요. 체스로 어떻게 돈을 버느냐고 물으셨죠.”

그러나 그는 체스 경기가 열리면 어떻게든 출전했고 점점 경기에서 이기는 횟수가 늘었다.

“나이는 많았지만, 저도 신동처럼 체스 게임에 빠져들었죠. 그래서 6년 뒤엔 드디어 체스 마스터가 되었어요. 여덟 살 때부터 체스를 한 영재들과 겨룬 끝에 스물한 살 때 상급 마스터가 되었습니다. 그 당시 유명했던 우크라이나 코치에게 체스를 배웠죠.”

모리스의 사례는 ‘신동’이 지닌 모순을 잘 보여준다. 어릴 때 ‘특별한’ 아이로 인정받고 싶다는 욕구와 느리게 성장하는 것이 좋다는 사실 사이에서 빚어지는 갈등이다. 물론 모리스의 경우에는 재능이 늦게 나타난 것이 행운이었다. 체스 신동이 아니었기 때문에 아무런 강요도 받지 않고 스스로 체스를 즐기는 방법을 터득할 수 있었다.

정말 그럴까? 어려서 영재교육을 받지 않고 뒤늦게야 재능을 꽃피운 모리스가 행운아일까?

이 책은 바로 이 질문에 대답하려 한다. 물론 일부 영재들은 커서도 행복하게 산다. 그들은 운이 좋다. 일찍 재능이 발견되어 적절하게 교육받고 그래서 정말 탁월한 어른으로 성장한다. 이 책에서도 그런 사례를 만날 수 있다. 또 앞에서 살펴본 라리사 스테판처럼 어려서 조금 더 똑똑했다는 이유로 영재의 삶을 강요받은 사람들의 삶도 살펴볼 수 있다.

미국의 영재교육을 전반적으로 살피고, 다양한 형태의 영재교육을 받은 아이들 가운데 왜 어떤 아이는 성공하고 어떤 아이는 실패했는지를 분석하는 것이 이 책의 일차 목표다. 이 결과를 토대로 아이에게 상처를 주지 않고 아이의 재능을 키울 수 있는 방법을 찾아보는 것이 이 책의 최종 목표다.

"어떻게 하면 내 아이를 '자신의 성취를 즐기고 이를 이끌어준 부모에게 고마워하는 영재'로 키울 수 있을까?"

이 책 속에 그 답이 있다. 그 답을 통해 모든 아이가 행복하게 자신의 잠재력을 키워갔으면 좋겠다.

# 제2장

# 지루함은 창조의 에너지다, 아이를 지루하게 만들어라

"참 나, 이제 열 달 된 아기한테." 나는 말했다.

"나도 알아. 그래도 귀는 있잖아. 들을 수 있다고." 남편 시모어는 대답했다.

그날 밤 시모어가 손전등을 비추어가며 프레니에게 읽어준 것은 시모어가 제일 좋아하는 도교와 관련된 이야기였다. 지금까지도 프레니는 시모어가 자기한테 그 이야기를 읽어준 게 기억난다고 우긴다.

-J. D. 샐린저, 《목수들아, 대들보를 높이 올려라》

## 아이를 천재로 만들어주는 DVD

"어린아이들도 최선을 다해야 해. 어리다고 대충해선 안 돼!"

DVD에서 정장을 차려입은 어린아이들이 바이올린과 리코더, 기타, 첼로를 연주할 때 함께 흘러나오는 음악은 이렇게 외치는 듯하다. 다른 DVD에서는 경쾌한 음악이 울리면서 아기들이 농구 코트를 서성이거나 골프장에서 골프공을 만진다. 이때 '팀워크'라는 단어가 화면에서 번쩍인다. 아기 선수들에게 스포츠 정신을 고취시키는 것이다.

또 다른 DVD에서는 '빈센트 반 고트Vincent Van Goat'라는 염소 인형이 나와서 아기들에게 여섯 개의 기본색을 가르쳐주고, 빈센트 반 고흐의 그림 〈별이 빛나는 밤〉과 〈해 뜰 무렵 밀밭에서 수확하는 사람〉에 나타난 색을 설명해준다.

아기들이 블록과 풍선을 가지고 놀거나 토마토를 세면서 영어와 프랑스어, 스페인어를 익히는 내용의 DVD도 있다.

정말 대단한 아이들이다. 그러나 더 놀라운 사실은 이 DVD들이 여기에 나오는 아이들보다 더 어린 아기들, 심지어 신생아를 위해 만들어졌다는 것이다.

최근 미국에서 인기를 끌고 있는 '브레이니 베이비 좌뇌와 우뇌 계발 DVD 세트'는 아기의 뇌 전체를 자극하여 지능을 높인다고 광고한다. 한마디로 이 DVD를 보여주기만 하면 어떤 아기라도 천재가 될 수 있다는 것이다. 이 제품을 찬찬히 살펴보자.

우선 클래식 음악이 담긴 우뇌 계발 DVD는 리듬 감각과 공감각적 추리력, 상상력, 직관력 등 아기의 인지 능력 향상을 도와준다고 홍보한다. 좌뇌 계발 DVD는 프랑스어와 스페인어 단어의 철자와 발음, 그 단어가 의미하는 영상을 담고 있다. 이 DVD 겉면에 적힌 광고 문구는 이렇다.

"당신 아이의 두뇌 계발을 도울 수 있다는 사실을 아십니까? 생후 첫 30개월은 아기의 두뇌 발달에 굉장히 중요한 시기입니다. 우리와 함께 당신 아이를 아기 천재로 만들어보지 않으시겠습니까?"

갓난아이를 대상으로 제작된 '대단히 영리해So Smart!' 세트와 'V 스마일' 비디오도 그 내용은 비슷하다. 모차르트와 비발디의 음악과 알파벳 게임을 이용해 아이의 두뇌를 계발한다는 것이다.

이런 제품들 가운데 현재 미국에서 가장 많이 팔린 것은 '베이비 아인슈타인 시리즈'다. 이 제품은 한마디로 아이들의 오감을 자극하는 장면으로 가득 찬 DVD다. 이 제품은 '알파벳과 음계, 색상들이 장난감과 빛, 클래식 음악을 통해 아기에게 전달되면 뇌가 자극을 받는다'는 논리를 내세운다. 이 회사의 제품들은 대부분 유명한 백인 천재의 이름을 따서 제품명을 지었다. 베이비 갈릴레오, 베이비 셰익스피어, 베이비 워즈워스, 베이비 반 고흐…. 베이비 아인슈타인의 홍보 담당자는 '알베르트 아인슈타인은 주변 세계에 호기심이 많은 사람이었다'고 그 이유를 설명했다.

그러나 이 설명은 제품의 모순을 드러낸다. 이 시리즈를 통해 아기들이 아인슈타인처럼 되는 것이 아니라 아인슈타인이 이 시리즈로 인해 다시 아기같이 유치하게 행동하는 것처럼 보이기 때문이다. 무엇보다 아이슈타인은 어릴 때 결코 천재가 아니었다. 오히려 학교생활에 잘 적응하지 못해 주변의 걱정을 한몸에 받은 문제아였다.

지금까지 열거한 영재교육 제품들은 현재 많은 수의 미국 부모들이 사로잡혀 있는 관념, 즉 '아기 천재 에듀테인먼트 콤플렉스Baby Genius Edutainment Complex'의 실상을 보여준다.


## 아기 천재 에듀테인먼트 콤플렉스

아기 천재 에듀테인먼트 콤플렉스. 아마도 낯선 단어 조합일 것이다. 여기서 '콤플렉스'는 두 가지 의미다. 먼저 '군산복합체Military Industrial Complex'라고 할 때 쓰이는 콤플렉스가 있다. 사전을 찾아보면 '부분들이 복잡하고 밀접하게 서로 얽혀 있는 전체'나 '부분들이 맺는 관계의 본질과 정도가 모호하게 알려진 전체'를 의미한다. 또 다른 뜻은 특정 상황에 과민 반응하는 것을 가리키는 심리학 용어다.

나는 이 두 가지 의미가 '아기 천재 에듀테인먼트 콤플렉스'에 모두 담겨 있다고 본다. 아기 천재 에듀테인먼트 콤플렉스는 훌륭한 교육 매체와 조기교육으로 영재를 만들 수 있다는 영재교육에 대한 미국인의 과도한 '반응'을 기반으로 형성된 '아이의 영재성을 길러주는 상품과 그 회사들이 포함된 복합체'인 것이다.

이 콤플렉스가 등장한 것은 비교적 최근 일이다. 베이비 아인슈타인 비디오는 1997년에 처음 출시되었지만 미국 아기들의 32퍼센트가 이 비디오를 하나 이상 갖게 된 것은 2003년이다.

헨리 카이저Henry Kaiser 재단의 2003년 보고서[1] 〈신생아에서 여섯 살 영아와 유아, 미취학 아동들의 전자 매체 경험〉에 따르면 미국의 생후 6개월에서 두 살 아기들 가운데 10퍼센트가 아동용 텔레비전 프로그램을 자유롭게 시청하고 있다. 더 나아가 이 가운데 42퍼센트는 매일 비디오와 DVD를 보는 것으로 조사되었다. 이 재단에서 펴낸 2005년 보고서[2] 〈안방 교사? 영아와 유아, 미취학 아동을 위한 교육 매체〉도 비슷한 조사 결과를 담고 있다. 이 보고서에 따르면 미국의 생후 6개월에서 세 살 아이들은 평균 하루 1시간 텔레비전을 시청하고 47분 정도 비디오나 컴퓨터를 보았다.

그러나 미국소아과학회의 1999년 권고문[3]을 보면 두 살 미만의 아기들은 절대로 텔레비전이나 컴퓨터 화면을 봐서는 안 되며 두 살 이상 아이들도 두 시간 이상 노출되어서는 안 된다. 그런데도 미국 내 유아용 영상 매체 시장이 급성장했다는 것은 미국인들의 아기 천재 에듀테인먼트 콤플렉스 증상이 얼마나 심각한지를 보여준다. 2004년 교육용 DVD와 비디오 시장의 매출액은 1억 달러를 넘어섰고 같은 해 미취학 아동용 DVD와 비디오 업체는 5억 달러를 벌어들였다. 또 2003년부터 2004년 사이에 교육용 장난감의 판매율은 19퍼센트나 증가했다.

여기에는 반복적인 행동을 즐기는 아이들의 특성도 한몫한다. 아기들은 어른이라면 참을 수 없을 정도로 DVD를 반복해서 보는 걸 좋아한다. 밝고 반짝거리는 대상에는 더욱더 그렇다. 그래서 부모들은 DVD를 빌려서 보여주기보다는 구입하는 쪽을 선호한다. 아동용 DVD가 언제나 잘 팔리는 이유가 바로 여기에 있다.

이러한 구매 경향을 상업적으로 활용하고자 지난 10년 동안 워너 브라더스 사와 같은 유명 영화 제작사들은 어린이 프로그램에 교육적인 요소를 추가하려고 노력했다. 베이비 아인슈타인 시리즈를 소유한 곳도 디즈니 사다.

장난감 회사라고 이런 사실을 모를 리 없다. 마텔의 자회사인 피셔프라이스는 아동용 DVD의 주요 생산자가 되었다. 미국의 대기업들에게 아동용 DVD 시장은 파닉스Phonics(발음 중심의 어학 교수법—옮긴이) 시장만큼 확실한 이익을 가져다주는 황금 거위였기 때문이다. 중소기업들에게도 이 점은 분명하다. 브레이니베이비의 사장인 데니스 페도룩Dennis Fedoruk이 말한 것처럼 '매달 많은 아기들이 계속 태어날 것이기 때문이다'.

물론 아기 천재 에듀테인먼트 콤플렉스가 순전히 DVD 사업의 성장 때문에 심화되었다고 말하기는 어렵다. 클래식 음악과 다양한 놀이,

다채로운 장면으로 가득한 DVD의 유행은 1990년대 초반에 유행한 학습이론의 영향을 크게 받았다. 베이비범블비의 설립자이자 대표인 리즈 이프티카르Liz Iftikhar의 말에 따르면 어린이 비디오 산업은 모차르트 효과를 등에 업고 등장했다.


## 모차르트 효과의 진실

'모차르트 효과Mozart effect'로 불리는 현상[4]은 1993년 고든 쇼Gordon Shaw와 프랜시스 라우셔Frances Rauscher의 공동 연구로 처음 세상에 알려졌다. 두 사람은 대학생들을 상대로 흥미로운 실험을 벌였다. 한 집단의 대학생들에게는 모차르트 소나타를 10분 동안 들려주고 다른 집단에게는 들려주지 않은 뒤 종이를 접고 자르게 한 것이다. 결과는 흥미로웠다. 모차르트 음악을 들은 집단이 듣지 않은 집단보다 종이를 더 잘 접고 자른 것이다. 쇼와 라우셔는 이 결과를 두고 모차르트 음악이 학생들의 단기적인 공간 추리력을 향상시킨다고 결론 내렸다. 1995년 실시된 두 번째 연구에서도 비슷한 결과가 나왔다.

모차르트 음악의 효과는 곧 일반적인 상식이 되었고 모차르트의 이름은 조기교육과 영재라는 말과 동일시되었다. 모차르트 효과가 유명해지면서 재능 있는 아이들은 누구나 '리틀 모차르트'가 되려고 애썼다. 꼬마 모차르트가 오스트리아의 요제프 황제 앞에서 눈을 가린 채 연주하는 모습에 어느 누가 혹하지 않을 수 있겠는가.

그러나 모차르트도 아인슈타인의 경우처럼 우리에게 의미심장한 메시지를 던진다. 모차르트의 삶은 비극적으로 끝났다. 아버지의 욕심 때문에 비싼 임대료를 내야 하는 부담스러운 무대에서 연주하다가 건강이 나빠졌다. 서너 살 때부터 음악에 타고난 재능을 보였던 이 천재는 결국 서른다섯 살이란 한창 나이에 요절했다. '모든 부모의 꿈과 계몽주의 실패가 미묘하게 얽혀 있는 것'[5]이 바로 모차르트의 삶이었다.

하지만 아동용품 마케팅 담당자와 어린아이를 둔 부모들은 모차르트 음악이 거둔 '성과'에만 주목했다. '아기와 태아에게 클래식 음악을 들려주면 지능이 향상된다'는 생각이 에듀테인먼트 비디오 회사들의 적극적인 투자와 결합해 당장 1995년부터 클래식 음악을 활용하여 아기들에게 다양한 자극을 주는 비디오가 만들어지기 시작했다. 당시 조지아 주지사 젤 밀러Zell Miller가 모차르트 CD를 주州 내 신생아들에게 보내면서 이 움직임은 더욱 빨라졌다. 나중에는 아예 '모차르트 효과'라는 이름이 붙은 교육용 CD와 책까지 등장했다. 이 열기는 모차르트를 넘어 클래식 음악 전반으로 퍼져나갔다. 베토벤을 포함해서 다양한 음악이 유아교육에 적극 활용되면서 의미 없는 소음까지 교육용으로 팔려나갔다.

그러나 모차르트 효과는 과학적으로 검증되지 못했다. 어떤 심리학자나 음악학자도 쇼와 라우셔의 모차르트 효과를 재현할 수 없었다. 애팔래치안 주립대학교의 심리학과 교수인 케네스 스틸Kenneth Steele도 그런 사람 가운데 한 명이었다. 1997년 그가 지도하는 대학원생 몇 명이 비슷한 실험을 했지만 기대했던 모차르트 효과는 없었다.[6] 실험 전만 해도 스틸은 모차르트 효과를 '음악을 들으면서 나타나는 집중력의 결과'로 보았다. 그러나 집중력의 향상은 나타나지 않았다. 그 뒤 스틸이 직접 실험을 해보았지만 결과는 마찬가지였다. 이후 스틸은 모차르트 효과를 맹렬하게 비판했다. 이 효과를 주제로 여섯 편의 논문을 발표하며 모차르트 효과에 정통한 비판자가 되었다. 이 논문들 가운데 1999년 〈네이처Nature〉에 실린 공동 논문 〈모차르트 효과의 서곡인가 진혼곡인가?〉가 가장 크게 주목받았다.

그 뒤로 현재까지 모차르트 효과를 과학적으로 검증하려는 시도가 36차례 이상 있었지만 어떤 실험에서도 모차르트 효과는 나타나지 않았다. 이에 대해 학자들은 "만약 모차르트 효과가 실재한다면 그것은 '클래식 음악이 가져다준 집중력의 증가' 또는 '비과학적인 실험 상황으로 나타난 순간적인 현상'"이라고 결론지었다.


## 태교 음악부터 DHA 분유까지 등장하다

과학적으로 밝혀진 진실도 영재교육의 열기를 잠재우지 못했다. 오히려 1990년대 중반 이후 아기 천재 에듀테인먼트 콤플렉스는 정도가 더 심해졌다. 최근에는 이유식도 한몫한다. 머리를 좋아지게 하는 아기 음식이 등장한 것이다.

2003년 지방산의 일종인 DHA가 아기의 두뇌 발달에 꼭 필요한 기적의 영양소로 각광받기 시작했다. '해조류와 버섯에서 추출되는

DHA-ARA 오일(도코사헥사에노산docosahexaenoic acid과 아라키돈산arachidonic acid)이 이유식을 모유에 가깝게 만들어서 아이의 지능을 높여준다'는 것이다.

현재 '어드밴스Advance'의 시밀락, '굿스타트Good Start'의 네슬레, DHA와 ARA의 슈프림, 브라이트비기닝스 등 분유 회사들이 DHA-ARA 이유식을 팔고 있다. 브라이트비기닝스 사는 자사 분유에 첨가된 지질(생체를 구성하는 물질 가운데 물에는 녹지 않고 에테르·클로로폼·벤젠·석유 등의 유기용매에 잘 녹는 물질—옮긴이)이 아기의 두뇌와 시각 발달을 돕는다고 광고한다. 미드존슨 사의 분유 상표인 '엔파밀Enfamil A+' 역시 이 제품만이 '임상 실험에서 아기들의 지능을 향상시키는 것으로 검증된 유일한 이유식'이라고 주장한다.

두뇌와 지능 발달 열풍에서 태아라고 예외일 수는 없다. 아기의 두뇌는 엄마 뱃속에서부터 만들어지기 때문이다. 그래서 태아에게 DHA를 제공하는 임산부용 알약 '엑스펙타 리필Expecta Lipil'이 개발되었다.

이런 흐름은 태교 방법까지 바꾸었다. 베이비플러스 사는 산모의 배에 스피커를 장착하여 아기에게 음악을 들려주는 '태아용 베이비플러스 세트'를 개발했다. 베이비플러스 사에 따르면 이 제품은 산모의 심장 소리와 비슷한 16곡의 음악을 태아에게 들려준다. 각 음악의 리듬은 임신 개월 수에 따라 점차 복잡해지는데 이 리듬을 듣고 태아가 자연스럽게 배움의 첫 단계로 나아가게 된다는 것이다.

베이비플러스의 발명가이자 《태교: 모든 아이는 재능을 누릴 권리가 있다Learning before Birth: Every Child Deserves Giftedness》의 저자인 브렌트 로

건Brent Logan[7]은 ‘베이비플러스를 반복 청취하면 태아의 지능을 평균 이상으로 올릴 수 있다’고 장담한다. 한마디로 베이비플러스의 혜택을 전혀 누리지 못하는 루마니아나 러시아의 아기들은 어른이 되어서 고생하고 베이비플러스를 듣고 자란 미국의 아기들은 잘나가는 어른이 된다는 것이다.

‘베이비플러스 태교를 받은 아기들은 태어날 때 덜 울고 더 편해 보입니다. 또한 다른 아기보다 일찍 성장하며 더 탁월한 집중력을 보입니다’라는 베이비플러스의 광고 문구는 어린아이를 가진 부모들을 유혹하기에 충분하다.

베이비플러스는 내 아이가 다른 아이보다 뒤떨어지지 않을까 하는 부모들의 염려를 제품 판매에 교묘히 이용했다. 제품의 효과를 노골적으로 선전하지 않고 다만 이 제품이 ‘아동 발달을 돕고 다양한 언어를 사용하게 하면서 공간 능력을 개선시킨다’고 주장하여 관심을 유도한 것이다. 그렇게만 해도 엄마들은 재빨리 반응했다.

자녀의 발달에 대한 엄마들의 관심은 ‘타임 트래커Time Tracker’란 전기 시간 기록기의 인기에서도 잘 드러난다. 미국의 인터넷 종합 쇼핑몰 아마존 닷컴의 인기 품목 2,000위 안에 들 만큼 타임 트래커는 많이 팔렸다. 이 학습 및 놀이용 도구는 지정된 시간이 지났음을 알려주는 기존의 타이머와 작동 원리는 같지만 여기에 에듀테인먼트 시대에 걸맞은 외형과 기능을 갖추었다. 타임 트래커는 빨강, 노랑, 초록색으로 구분된 큰 플라스틱 오이 모양으로 몸통에 불이 켜지면 여섯 개의 효과음이 나면서 시간의 경과를 알려주게 되어 있다. 아이가 주어진 시간 안에 얼마나 빨리 과제를 수행하는지 보고 아이의 행동 발달 수준을 점검하는 것이다.

물론 DHA 분유와 임산부용 알약, 베이비플러스, 타임 트랙커 들의 '효능'은 과학적으로 입증되지 않았다. 하지만 이 제품들을 구입하는 부모들은 매우 진지하다. 아이들에게 풍요로운 미래를 제공하고 싶은 마음이 간절하기 때문이다.

## 확실한 근거 없는 지능 계발용 DVD

콜로라도 주에 사는 한 사십대 여성은 '재능은 내가 아이에게 줄 수 있는 최고의 선물!'이라고 자신 있게 말했다. 그녀는 임신했을 때부터 아이를 세상에서 가장 영리하게 키우겠다고 결심했다. 그래서 신생아 때부터 아기를 데리고 집 근처를 돌아다니며 주변 사물의 이름을 가르쳤다. 나중에는 플래시 카드(단어나 그림 등을 순간적으로 보여주는 학습용 카드―옮긴이)를 활용해서 일찍부터 독서 능력을 키워주었다. 그녀는 아이가 열세 살 때 대학에 입학한 것은 다 이러한 노력 덕분이라고 굳게 믿고 있다.

과거에도 자녀를 영재로 키우려는 부모는 많았다. 그러나 오늘날의 영재 콤플렉스는 예전과 다른 점이 두 가지 있다. 첫째 '열악한 유전자'를 타고난 아이도 영재로 키울 수 있다고 믿는 것이다. 둘째 더 어려서부터 아이의 재능을 키워주려고 한다는 것이다. 바로 이 두 번째 특징 때문에 부모들의 조바심은 더 커지고, '대기만성형' 아이들은 가능성 없는 아이로 낙인찍히고 있다. 그 결과 최근 10년 사이 유아용 지능 계발 플래시 카드와 DVD, 장난감, 게임 들이 그 어느 때보다 넘쳐난다.

원래 장난감은 교육적인 자극을 목적으로 만들어진 것이 아니다. 19세기에는 공장에서 만든 장난감이 매우 귀했다. 장난감은 주로 집에서 손으로 만들어졌고 일반 가정의 아이들은 언감생심 꿈도 꿀 수 없는 '사치품'이었다. 오직 부잣집 아이들만 장난감을 가질 수 있었다. 주로 사람 인형과 가구 모형이었는데 아이들은 인형을 가지고 역할 놀이를 하며 어른의 세계를 미리 경험했다. 무엇보다 당시의 장난감은 시간 보내기용이었지 오늘날처럼 교육이나 두뇌 계발용이 아니었다.

초기 공장에서 만들어진 장난감과 게임[8]은 미국인들이 아동기를 어떻게 받아들였는지와 부모들의 일반적인 소망을 잘 보여준다. 사이먼프레이저 대학교 언론학과 교수인 스티븐 클라인Stephen Kline이 쓴 《아웃 오브 가든Out of Garden》에 따르면 1883년에 처음 제작된 모노폴리(부동산을 사고파는 보드 게임—옮긴이)는 당시 한창 진행되고 있던 산업혁명을 '자본과 노동의 대립'으로 배우는 학습의 장이었다. 그러면서 비교적 여러 명이 모여서 즐기던 카드 게임이 소수의 사람들이 하는 보드 게임(종이판이나 나무판에 둘러앉아 즐기는 놀이—옮긴이)으로 변했는데 이는 '미국이 그만큼 부르주아 사회로 변화했음을 의미했다'.

20세기 초로 접어들면서 혼자 놀 수 있는 장난감이 대량으로 생산되었다. 존 로이드 라이트John Lloyd Wright가 개발한 통나무 집짓기 장난감 '링컨 로그Lincoln Logs', 1903년 크레욜라 사가 만든 '크레용 상자',

1913년 선보인 조립 장난감 '이렉터 세트Erector sets'들이 그것이다. 이 것들은 모두 새롭게 성장하기 시작한 중산층 가정의 아이들이 '집 안에 서 혼자 노는 시간'을 증가시켰다.

혼자서 갖고 노는 이 장난감들이 바로 오늘날 에듀테인먼트 제품 의 시초다. 그 뒤 파커브로스, 플레이스쿨, 밀턴브래들리 등 교육용 장 난감 전문 회사들이 줄줄이 등장했다. 초창기 교육용 장난감들은 아이 들의 성장에 필요한 도구로 인정받았지만 지능을 올려준다고 주장하는 오늘날의 장난감과는 사뭇 달랐다. 예를 들어 인형은 여자 아이들에게 엄마의 역할을 가르쳤다. 1927년 한 장난감 잡지에 실린 기사에 따르면 인형은 백인 여자 아이들에게 아기와 가정의 소중함을 가르쳐서 '낮은 출산율이 가져올 민족의 소멸'을 막아줄 하나의 방안이었다.

1902년 뉴욕 브루클린에서 첫선을 보인 '테디 베어Teddy Bear(테오 도어 루스벨트 미 대통령의 애칭이 붙은 봉제 곰 인형―옮긴이)' 역시 아이의 성장에 도움이 된다고 알려졌지만 어디까지나 아이의 정서 발달을 돕 는다는 정도였다. 아이들이 테디 베어를 만지면서 정서적인 만족감을 얻었기 때문이다. 아울러 인형을 친구 삼아 이야기를 만들면서 상상력 을 키울 수도 있었다.

이에 비하면 오늘날의 영재교육용 DVD는 철저히 시각 중심의 놀 이 도구다. 만질 수는 없지만 보면서 생각하고 그러면서 사고력을 키운 다는 것이다. 그러나 유감스럽게도 이에 대한 확실한 근거는 없다.

## 세서미 스트리트 논쟁

아기 천재 에듀테인먼트 콤플렉스의 한 특징인 '놀이를 통한 아동 발달' 연구가 시작된 것은 19세기다. 그때부터 인류학자들은 아이들의 놀이를 살아 있는 민간전승의 하나로 연구했다. 그 가운데 하나가 1913년 클리블랜드의 아이들 1만 5,000명의 놀이 행태를 분석한 연구다. 흥미롭게도 당시 이 아이들 가운데 3,171명은 '그냥' 빈둥거렸고, 531명은 연을 가지고 놀았다. 요즘 같으면 상상도 할 수 없는 결과다. 아이들이 그냥 빈둥거리도록 놔두다니! 그랬다가는 무식하고 무관심한 부모로 소문날 것이다.

20세기 들어 유치원에서 장난감이 교육적으로 활용되면서 새로운 변화가 시작되었다. 이탈리아의 교육자 마리아 몬테소리Maria Montessori는 처음으로 장난감을 이용해[9] 수학 개념을 가르쳤다. 아이들은 놀 때 적극적이기 때문에 공부를 놀이처럼 재미있게 가르친다면 공부도 적극적으로 할 것이라는 논리였다. 이 생각은 곧 일부 교육자들에게 받아들여졌다.

이와 함께 자유로운 놀이에 쓰이는 '창의력을 높여주는 장난감'을 옹호하는 견해가 등장하면서 장난감의 기능을 두고 적지 않은 논쟁이 벌어졌다. 1920년에는 컬럼비아 사범대학의 한 교수가 장난감 회사의 중역들에게 '아이들의 상상력을 자극하는 좋은 장난감을 만들어달라'고 부탁했지만 그 제안은 진지하게 받아들여지지 않았다.

오늘날에도 장난감을 둘러싼 논란은 여전하다. 무엇보다 장난감이 아이들의 상상력을 자극하기는커녕 오히려 죽인다는 비판이 적지 않다. 1957년 이 문제를 다룬 논문을 엮어 《신화론Mythologies》을 펴낸 프랑스의 사상가 롤랑 바르트Roland Barthes는 당시의 장난감을 자연의 산물이 아닌 인공의 괴물로 비판했다.[10] 특히 '오줌을 싸는 인형'과 '여자 아이에게 집안일을 가르쳐서 미래의 엄마 역할을 미리 배우게 하는 인형'에 대해서 경악했다. 바르트의 주장은 이러했다.

"이 장난감들은 아이들을 적극적인 창조자가 아닌 단순한 사용자로 만든다. '아이가 마음대로 다루면서 상상할 수 있는 장난감'이 '이미 다 만들어져서 아이를 수동적으로 만드는 장난감'보다 훨씬 낫다. 자기 주도적 놀이가 가장 우수하기 때문이다. 조립식 장난감을 가지고 노는 아이는 '새로운 것을 만들어내지 못하고 이미 만들어진 것만 사용하는 무기력감'을 느낀다. 그 장난감은 아이에게 어떤 모험도 어떤 놀라움도 어떤 즐거움도 주지 못하기 때문이다. 그 결과 아이는 어른의 세계에 참여하지 못한 채 정체된다. 오직 자기 자신만 즐겁게 할 뿐 놀이에서 어떤 것도 발견하지 못한다."

이는 물론 바르트만의 생각은 아니었다. 그는 단지 당시 아동학자들의 신념을 자신의 언어로 표현했을 뿐이다.

바르트 이후 독일 출생의 미국 정신분석학자 에릭 에릭슨Erik Erikson의 연구는 아동의 놀이 문화에 대한 논의를 더 발전시켰다. 에릭슨은 유아의 놀이가 세 단계로 발달한다고 보았다.[11] 그 첫 단계가 '자기 세계의 놀이' 단계로 이때 유아는 자기 몸을 가지고 논다. 그러다가 장난감이나 사물을 가지고 자기만의 세계를 구축하며 이기적 자아인

에고의 욕구를 충족시키는 단계로 넘어간다. 그 뒤 이 '작은 세계micro-sphere'는 다른 아이들과 함께 노는 '더 큰 세계macrosphere'로 팽창해간다. 에릭슨에 따르면 이때의 놀이는 정체성 형성에 매우 중요하기 때문에 아이들의 놀이 세계를 결코 방해해서는 안 된다. 잘못하면 놀이를 통한 사회적 학습을 심각하게 방해할 수 있다.

장난감에 대한 바르트의 주장은 오늘날에도 여전히 유효하다. 그 설득력은 시간이 지날수록 오히려 더 커지고 있다. 그러나 바르트가 이런 주장을 한 시대는 그나마 장난감이 만질 수라도 있는 것이었다. 이에 비해 오늘날 유행하는 DVD는 화면으로 보이는 '장난감 이미지'에 불과하다. 만지고 노는 장난감들도 20세기 중반부터는 그 형태가 많이 달라졌다. 1950년대부터 갑자기 텔레비전 쇼나 어린이용 영화, 인기 프로그램의 주인공들이 장난감으로 만들어져 나오기 시작했다. 아이들은 텔레비전을 보지 않을 때도 그 인형들을 가지고 텔레비전 장면을 재현하며 놀게 되었다.

그러면서 장난감에 모아졌던 교육적 야심이 더 커졌다. 예를 들면 레고 그룹의 조립식 블록 완구 상표 '레고Lego'는 이제 교육용 장난감의 대명사가 되었다. 1969년 미국 CTW가 제작한 어린이 교육용 텔레비전 프로그램 '세서미 스트리트Sesame Street'[12]는 교육용 장난감 시장의 성장에 결정적인 역할을 했다. 몬테소리의 교육철학에서 상당한 영향을 받은 세서미 스트리트는 처음부터 교육적 효과를 주목적으로 제작되었다. 이 프로그램의 제작사인 '아동용 텔레비전 워크샵'은 특히 저소득층 아이들의 교육 기회 확대에 초점을 맞췄다. 사실 이 프로그램은 1960

년대 미국에서 진행된 '빈곤과의 전쟁'의 산물로서 보건교육복지부(이후 카터 대통령이 교육 부문을 따로 떼어 교육부로 분리시켰다―옮긴이)의 재정 지원을 받아 제작되었다.

그러나 세서미 스트리트는 곧 '아이들에게는 텔레비전 시청보다 상상하면서 노는 놀이가 더 유익하다'는 비판에 직면했다. 이 비판은 아기 천재 에듀테인먼트 콤플렉스의 출현과 함께 다시 등장했다. 에듀테인먼트 DVD를 두 살 미만의 아기가 시청하는 것이 해롭다고 미국소아과학회가 강력하게 비판하고 나섰기 때문이다.

하지만 에듀테인먼트 DVD와 세서미 스트리트 사이에는 중요한 차이가 있다. 세서미 스트리트는 네댓 살 이후의 어린이를 대상으로 한 프로그램이었지만 현재 유행하는 DVD는 그보다 어린 유아들을 대상으로 한다는 것이다. 여기에는 '아직까지'라는 단서가 붙는다. 곧 아기들을 위한 세서미 스트리트가 DVD로 출시될 예정이기 때문이다.


## 지능 발달에 결정적 시기가 있다?

물론 에듀테인먼트 제품이 다 나쁘고 관련 회사들이 다 잘못됐다는 얘기는 아니다. 무엇보다 기업들은 부모들이 원하기 때문에 제품을 만든다. 그렇다면 부모들은? 자녀들의 지적 발달에 관심이 있기 때문에 이런 제품을 원한다. 그러나 기업들이 그런 제품을 원하게 '만드는' 측면도 그냥 보아 넘겨서는 안 된다.

오늘날 부모들이 에듀테인먼트 제품을 원하는 데에는 여러 가지 이유가 있다. 아기의 재능과 성공에 대한 부모들의 지나친 관심이 가장 큰 이유일 것이다. 그 다음으로는 비단 아기들뿐만 아니라 우리 인간 전체가 혜택을 받고 있는 기술의 진보를 들 수 있다. 마지막으로 우리 어른들이 어른의 눈으로 아이들의 성장을 바라본다는 점이다.

우리는 우리의 어린 시절을 더 많은 것을 배우고 즐길 수 있었던 아쉬움이 남는 시기로 기억한다. 이는 어른의 경험에 비추어 아동기를 바라보기 때문이다. 여기에 점점 치열해지고 불투명해지는 사회 분위기가 아이들도 어른처럼 배워야 한다는 생각을 부추기고 있다. 그러나 생각의 방향을 조금만 바꾸면 중요한 사실이 드러난다. 바로 에듀테인먼트 DVD를 반복 시청해서 아이들이 무언가를 배울 수 있다면 다른 반복적인 경험을 통해서도 많은 것을 배울 수 있다는 것이다. 다만 DVD 시청은 다른 경험들보다 어른들이 통제하기가 쉬워서 애용될 뿐이다.

이러한 편의성이 에듀테인먼트 놀이를 영재교육의 출발점으로 만들고 있다. 부모들의 바람대로 아이들은 DVD에서 많은 것을 배운다. 그래서 겉보기에 아무것도 배우는 것이 없어 보이는 자유 놀이보다 DVD가 훨씬 더 '교육적'으로 비쳐진다. 그래서 지금도 우리 아이들은 텔레비전 앞에 앉아 있다.

브레이니베이비의 대표 데니스 페도룩도 이러한 사실을 잘 알고 있다.

"지금 부모들은 취학 전 아이들의 지능 발달에 결정적 시기가 있다는 걸 잘 압니다. 그것은 매우 짧은 기간이죠. 그래서 그 시기를 놓치지 않고 아이들에게 최대한 많은 것을 가르치려고 애씁니다. 일단 아이들이 유치원에 들어가게 되면 아이의 뇌가 굳어져서 그 시기만큼 많은 지식을 왕성하게 받아들이지 못하기 때문입니다. 그 시기를 놓치면 기회는 다시 오지 않습니다. 그때 후회하면 너무 늦은 거죠.”

애슬레틱베이비의 창립자이자 대표인 카렌 포스터도 비슷한 생각이다.

“애슬레틱베이비 골프와 애슬레틱베이비 올스타 DVD는 아이들이 좀 더 앞선 출발점에 서도록 도와줍니다. 이 DVD를 본 아이는 나중에 실제로 스포츠를 할 수 있는 나이가 되었을 때 탁월한 능력을 보일 것입니다.”

카렌은 이 DVD의 잠재적 효과가 골프 선수 타이거 우즈Tiger Woods의 아버지가 우즈에게 주었던 영향과 비슷하다고 말한다.

“어린 시절 아버지의 영향으로 타이거 우즈의 마음에 골프가 각인되었다는 것은 누구나 다 아는 사실입니다. 그런 영향을 받는 나이가 어리면 어릴수록 성공할 가능성이 더 커집니다.”

그러면서 카렌은 마치 자사 제품들이 확실한 처방이라도 되는 양 아동 비만 문제를 언급했다. 많은 연구자들이 가만히 앉아 있는 습관이 아동 비만의 원인이라고 지적하는데 이 습관을 고치려면 앉아서 자기 회사의 DVD를 봐야 한다고 주장하는 것이다. 이 논리대로라면 건강한 몸매를 유지하고 싶은 사람은 토요일 오후마다 미식축구 경기를 시청해야 한다.

이런 주장을 펴는 곳은 유아 스포츠 DVD 회사만이 아니다. 자사 이유식을 먹이면 시력 검사표를 더 일찍 읽게 되고 탁월한 지적 능력을 갖게 되어 지능검사에서도 더 높은 점수를 받게 된다고 말하는 이유식 업체. 재능 교육은 뱃속에 있을 때부터 시작된다고 목청을 높이는 태교 음악 제작사. 이들은 태교와 유아기의 중요성을 한목소리로 얘기한다.

베이비플러스의 발명가인 브렌트 로건은 영국 다큐멘터리 텔레비전 프로그램 '놀라운 새 아기들Brave New Babies'에 출연해 이렇게 말했다.

"베이비플러스는 아기들의 '각인'을 도와줍니다. 각인의 창은 금방 닫힙니다. 일단 그렇게 되면 너무 늦습니다. 각인의 시기는 아기가 엄마 뱃속에 있을 때 찾아오고 이때부터 아기들은 놀라운 속도로 배웁니다."

이러한 주장은 극단적인 부류에 속한다. 그러나 미국의 에듀테인먼트 시장에 브렌트 로건의 태교 이데올로기가 끼친 영향력은 막강하다. 그의 주장은 유사 과학으로 포장되었기 때문이다.

이 주장들은 얼마나 믿을 만한 것일까? 이에 대한 대답을 얻으려면 요사이 유행하는 '유아기 결정론'이나 '뇌 세포 감소' '시간의 창' '뇌의 가소성可塑性' 등의 주장이 과학적 진리가 아니라는 사실을 먼저 받아들여야 한다.


## 조기교육 열풍에 불을 지핀 사건들

생후 첫 3년이 아기의 지적 · 정서적 발달에 매우 중요하다는 생각은 새로운 것이 아니다. 미국인들은 오랫동안 유아의 발달 속도를 통제하여 더 빠르게 만드는 방법을 연구해왔다. 시간을 잘 활용하여 자연을 정복한 역사를 지닌 미국인에게 이는 자연스러운 일이었다. 18세기 정치가이자 저술가인 벤저민 프랭클린이 말했듯이 시간은 돈이며 삶은 결국 시간이기 때문이다.

아동 발달 연구의 선구자인 장 피아제Jean Piaget[13]가 미국의 조기교육 강박증에 충격을 받은 일화는 유명하다. 이 스위스의 심리학자가 20세기 중반에 미국 대학에서 순회강연을 했을 때 일이다. 그가 아이들의 인지 발달 단계를 설명하고 있는데 청중 한 명이 그 단계들을 빨리 지나갈 방법은 없느냐고 질문했다. 하버드 의과대학 소아과 찰스 넬슨Charles Nelson 교수에 따르면 이 질문에 피아제는 경악했다고 한다.

1964년 저소득층 미취학 아동을 위한 연방 교육 프로그램인 '헤드 스타트Head Start'를 창립한 사람들도 조기교육의 중요성을 강조했다. 조기교육이 아이들의 미래를 결정한다고 믿었기 때문이다. 최근 10년 동안에는 사회복지 정책 차원에서 불우 아동의 조기교육에 사회적 이목이 집중됐는데, 이것이 신생아에서 세 살까지의 '결정적 시기'에 대한 대중적 관심과 오해를 불러일으켰다. 나서기 좋아하는 명사들은 유아교육에 목소리를 높였고 백악관까지 나서서 관련 회의를 개최했다. 이 흐름을 타고 모차르트 효과를 약속하는 에듀테인먼트 제품들이 줄줄이 쏟아져나왔다.

조기교육을 비판한 책 《처음 3년의 신화The Myth of the First Three Years》의 저자인 존 브루어John Bruer에 따르면[14] 《두뇌를 다시 생각하기 Rethinking the Brain》와 같은 1990년대 책들이 신경과학의 결정적 시기를 주장하면서 미국의 조기교육을 왜곡시켰다. 이런 생각을 1990년대 중반 영화배우 로브 라이너Rob Reiner가 '나는 당신의 아이입니다'라는 전국적 캠페인으로 대중화시켰다. 라이너는 '아이의 첫해가 평생 간다'는 구호를 내걸고 세 살 미만의 아기에게 책을 읽어주지 않으면 아기의 두뇌 잠재력은 심각하게 줄어들 것이라고 주장했다. 더 나아가 열 살이 되면 두뇌가 다 성장하기 때문에 그 뒤에는 부모가 해줄 수 있는 것이 없다고 경고했다.

이에 대해 브루어는 '이들의 주장은 1950년대 후반부터 1970년대까지 잠시 유행한 아동심리학 이론의 어설픈 재등장에 불과하다'고 지적했다. 라이너의 캠페인 본부에 이론적 근거를 제공한 사람이 바로 '애착 이론'으로 유명한 영국의 소아정신 분석학자 존 보울비John Bowlby였다.

조기교육 열풍에 불을 지른 두 번째 사건은 1997년 백악관에서 열린 '아동 발달 회의'였다. 여기서 '유아기의 경험이 아동의 지능 발달에 미치는 영향'이 지나치게 강조되었다.

세 번째 사건은 캘리포니아 대학 버클리 캠퍼스(UC버클리)의 마크 로젠위그Mark Rosenzweig와 일리노이 대학의 윌리엄 그리너프William Greenough가 1970~80년대에 실시한 '교육적 환경이 쥐에게 미치는 영향에 대한 실험'[15]이다.

두 연구자는 자연 상태의 서식지와 비슷한 곳에서 여러 쥐들과 함께 장난감을 가지고 노는 '교육적' 환경에서 자란 쥐와 감옥처럼 텅 빈 우리에서 홀로 자란 쥐의 뇌를 비교 분석하여, 교육적 환경에 노출된 경

험이 쥐의 뇌에 어떤 영향을 미치는지를 연구했다. 그 결과 교육적 환경
에서 자란 쥐들의 뇌가 특정 부분에 주름이 더 많이 잡힌 것으로 드러났
다. 주름이 많이 잡혔다는 것은 뇌가 더 발달했음을 의미했다. 이 연구
결과는 여론을 통해 널리 알려졌고 곧 사람의 아기와 아이들에게 적용
되기 시작했다. 그 뒤 모차르트 효과가 등장했다.


## 외국어는 어릴 때 배워야 한다?

그러나 1990년대 중반 이후 학자들이 《처음 3년의 신화》를 맹렬히
비판하고 나섰다. 윌리엄 그리너프도 자신의 연구 결과를 확대해석하
여 조기교육을 강조하는 행태를 비판했다. 그는 자신의 연구가 유아기
이후에도 뇌가 계속 발달한다는 것을 보여줄 뿐 뇌가 발달하는 시기가
정해져 있음을 입증하진 않는다고 밝혔다.

실제로 최근 대부분의 신경과학자들은 어른이 된다고 해서 흔히
생각하듯 뇌가 굳는 것은 아니라고 말한다. 우리의 뇌는 '끊임없이 스
스로 기능 향상을 꾀하는 유기체'이기 때문이다. 그래서 최근의 뇌 연구
는 여섯 살부터 아흔 살까지 나이에 따라 뇌가 어떻게 지적인 문제를 처
리하는지를 밝히는 데 집중되어 있다. 우리의 뇌가 평생 동안 어떻게 발
달하고 퇴보하는지를 분석하는 것이다.

워싱턴 대학의 소아신경학자 브래들리 쉴라가Bradley Schlaggar는 초
창기 '아이들을 위한 부모의 행동'과 '출생에서 세 살까지 운동' 들의

단체가 주장한 것처럼 두뇌 계발의 '창窓'은 어릴 때 닫히지 않는다고 강조한다.

"두뇌 계발의 창이 닫힌다고 믿으면 부모는 그 시기를 놓친 아이는 포기하고 다른 아이에게 매달리게 됩니다. 충분히 이해할 수 있는 행동입니다. 덕분에 '포기당한' 아이는 다른 것을 충분히 경험하게 되겠죠. 그러나 이 메시지는 가혹합니다."

쉴라가를 비롯한 대부분의 신경학자, 인지과학자, 심리학자, 아동 발달 전문가 들은 하나같이 에듀테인먼트 DVD와 장난감의 효과를 부정적으로 보았다. 하버드 의대 교수로서 아기 두뇌 연구의 권위자인 찰스 넬슨은 두뇌 과학의 관점에서 에듀테인먼트 DVD와 장난감이 교육적인 가치가 있다는 증거는 없다고 잘라 말한다. DHA와 ARA가 아기의 청각 반응과 망막 반응 능력을 높이는 것은 사실이지만 그로 인해 읽기 능력까지 향상된다는 주장은 과장이라는 것이다. 이것은 그가 미드 존슨 사에서 의뢰를 받아 1년간 '머리에 좋은 음식 첨가물'을 연구한 결과다.

학자들은 한결같이 유아기의 '결정적 시기'가 지나치게 강조되었다고 비판한다. 이 결정적 시기에 제한을 받는 '초기 경험 의존적' 뇌 기능이 있기는 하다. 평생의 능력을 좌우하는 이 초기 경험은 어린 시절에 형성되어야 한다. 그러나 이 기능은 평범한 삶 속에서 저절로 발달하는 정상적인 사람이라면 누구나 누리는 기초적인 것이다. 예를 들어 시각이 발달하려면 빛에 노출되어야 한다. 이는 분명 특정한 시기에 일어나야 하지만 여기에 특별한 노력이 필요하지는 않다.

이에 비해 우리 뇌의 능력은 대부분 '일반 경험 의존적'이다. 그래서 우리는 언제든지 경험을 통해 읽기와 뜨개질, 덤플링(밀가루 반죽으로 만드는 서양식 경단—옮긴이) 요리를 배울 수 있다. 초기 경험 의존적 뇌 영역과 달리 일반 경험 의존적 뇌는 시간의 제약을 받지 않기 때문이다. 따라서 개인과 특정 집단의 경험인 지식을 배우는 데 결정적 시기란 존재하지 않는다.

인지 발달 신경과학자이자 런던 대학교의 심리학과 교수인 프레드 딕Fred Dick에 따르면 외국어는 가능한 한 일찍 배우는 것이 좋다. 그러나 이 '일찍'이 유아기를 의미하지는 않는다. 그리고 비디오를 보게 하는 것보다 아이들을 모아서 외국어를 가르치는 것이 더 효과적이다. 비디오는 프랑스어나 스페인어 표현을 맥락에 상관없이 늘어놓기 때문이다.

전문가들은 에듀테인먼트 DVD와 외국어 교육용 장난감이 언어 교육에 얼마나 효과가 있는지는 검증된 적이 없다고 말한다. 언어를 배우려면 그 언어에 끊임없이 노출되어야 하는데 다른 아이들과 어울려서 노는 환경은 그 어떤 DVD보다 언어 교육에 필요한 정보를 더 많이 갖고 있다.

외국어 문법을 배우는 능력은 사춘기가 지나서야 감퇴한다는 것이 지금까지의 연구 성과들이 보여주는 과학적인 '사실'이다. 따라서 딕 교수는 어른이 되어서 외국어를 배워도 늦지 않다고 말한다.

캘리포니아 대학교의 신경과학과 교수이자 두뇌 연구의 권위자인 마이클 머제니치Michael Merzenich 역시 나이와 외국어 학습 사이에는 큰 상관관계가 없다고 얘기한다.

"쉽지는 않았지만 저는 스무 살 때 외국어를 배웠습니다. 그것이 쉽지 않았던 것은 제 머리가 굳어서가 아니었습니다. 제가 모국어를 너무 잘해서 외국어를 사용하는 습관을 들이기가 어려웠기 때문입니다."

그런데도 수많은 유아용 DVD들은 '결정적 시기'를 내세우며 믿을 수 없는 약속을 남발한다. 일부 제품은 '자녀의 뇌 세포 감소'라는 공포에 직접 호소하기도 한다. 이에 대해 신경심리학 분야의 교육 전문가인 찰스 존Charles Zorn은 뇌 세포 숫자가 아이의 지능이나 지식, 학습 능력을 나타내지는 않는다고 지적한다. 우리의 뇌는 일부러 많은 세포를 만든 뒤 필요 없는 세포는 죽게 내버려둔다. 즉 아이가 접하게 되는 환경에 필요 없는 뇌 세포들은 저절로 사라진다. 사실 뇌 세포 감소는 학습에 필요한 중요 과정이다. 우리가 읽기를 배우면 뇌는 그 학습 내용을 이동시킬 경로를 만들려고 일부러 뇌 세포를 죽인다.

이처럼 세포 감소는 신경조직이 신경 회로망을 정비하는 정상적인 방법이다. 그런데 아기의 뇌 세포 감소를 염려해 이를 억제시키려 한다는 것은 누가 봐도 비생산적인 일이다. 어떤 학자의 비유대로 '아기의 두뇌 세포가 아무리 많다고 해도 훈련된 어른 조종사를 내버려두고 아기에게 비행기 운전을 맡길 수 있는가?'

또 인지과학자들은 태아 교육 제품의 가치를 불신한다. 태아도 뱃속에서 뭔가를 배울 수는 있지만, 지나친 자극은 도리어 해가 된다는 설명이다. 뉴욕 대학교 심리학과 교수이며 《지성의 탄생The Birth of Mind》의 저자인 개리 마커스Gary Marcus는 '태교에 대한 장기간의 연구 결과가 없기 때문에 무엇이 지나친 자극인지 아무도 모른다'고 말한다. 한마디로 현 단계의 과학 지식으로는 태아의 두뇌 발달을 논할 수 없다는 것이다.


## 지나침은 모자람만 못하다

사실 영재들을 대상으로 한 신경생물학 연구는 그리 많지 않다. 에 듀테인먼트 DVD의 효과를 연구한 문헌도 찾아보기 힘들다. 헨리 카이 저 재단의 2005년 보고서[16] 〈안방 교사〉도 지금까지 살펴본 두뇌 계발 전문가들의 의견을 재차 확인하는 결과를 내놓았을 뿐이다. 이렇듯 에 듀테인먼트 제품의 효과를 장기간 연구한 적절한 문헌은 별로 없다!

연구자들이 확실히 아는 것은 잘못된 가정이 사실로 받아들여지 고 있다는 것이다. 무관심하게 방치된 고아 상태가 나쁘기 때문에 다소 지나치더라도 교육적 자극을 주는 것이 좋다는 해괴한 논리가 교육 시 장에서 득세하고 있다. 하버드 의과대학 소아과의 찰스 넬슨 교수는 이 것은 명백히 잘못된 비약이라고 말한다.

"열악한 환경의 아이들을 적절한 교육적 자극이 주어지는 정상적 인 환경으로 옮기면 당연히 좋은 결과가 나옵니다. 그러나 이미 정상적 인 환경에 있는 아이에게 더 풍부한 자극을 준다고 해서 더 좋은 결과가 나오지는 않습니다. 도리어 해로울 수 있습니다. 대부분의 아이들은 일 상생활 속에서 이미 풍부한 교육적 자극을 받고 있기 때문입니다. 에듀 테인먼트 DVD를 보는 것은 아이들이 벌써 경험한 것을 다시 보여주는 것에 불과합니다."

그러므로 아이를 벽장 속에 가두지 않는 한, 아이에게 치명적인 정신적 상처를 입히지 않고 충분한 영양을 공급한다면 아이는 스스로 배우는 타고난 능력을 발휘할 수 있다.

연령에 맞는 적절한 방법으로 교육적 자극이 부족한 아이를 도울 수 있다면 당연히 적당한 자극을 받고 있는 아이도 도울 수 있다는 에듀테인먼트 업계의 주장은 그럴듯해 보인다. 그러나 언제나 지나친 것은 부족한 것만 못하다. 그럼에도 그들은 자극이 부족한 아이를 도와 성공한 사례를 들어 아이들에 대한 지나친 간섭을 정당화한다. 그들의 주장대로 '헤드 스타트' 조기교육 프로그램에 등록했던 저소득층 아이들[17]은 그냥 방치된 아이들보다 인지적·언어적·정서적으로 많이 성장했다. 그러나 가난한 아이들이 평생 동안 부족한 교육적 자극으로 피해를 입는다는 사실이 '지나치게 많은 교육적 자극이 모든 아이에게 무조건 좋다'는 것을 의미하지는 않는다. 화초는 물이 부족해도 말라 죽지만 물을 지나치게 많이 주어도 죽기는 매한가지다. 그러므로 결핍이 나쁘기 때문에 과잉 공급해야 한다는 에듀테인먼트 생산자들의 논리는 부모들을 속이는 행위다.

그러나 교육적 효과가 없다는 것이 에듀테인먼트 제품들의 치명적 결함은 아니다. 문제는 이 제품들이 오히려 효과적인 교육을 방해한다는 데 있다. 이와 관련하여 매사추세츠 대학의 연구자들이 실시한 실험은 많은 것을 이야기해준다.[18] 연구자들은 아이들을 두 집단으로 나누어 한 집단은 사람에게서 꼭두각시 인형 조종법을 배우게 하고, 다른 집단은DVD로 인형 조종법을 배우게 했다. 그 결과 사람에게 배운 아이들은 곧바로 꼭두각시 인형을 조종할 수 있었지만 DVD로 배운 아이들은 여섯 차례나 DVD를 반복해서 본 뒤에야 기술을 익힐 수 있었다.

교육용 비디오의 효과를 입증하는 연구는 별로 없지만 그 부작용을 연구한 학자들은 적지 않다. '미국 아동의 놀 권리 협회'의 회장을 역임한 맨해튼빌 대학의 교육학과 교수 론다 클레멘츠Rhonda Clements는 미국 아이들과 그 엄마들의 야외 놀이 시간을 비교 연구했다.

이 연구에 따르면 연구 대상 아이들의 엄마들은 70퍼센트가 어려서 술래잡기나 줄넘기 등 야외 놀이를 주로 했다.[19] 반면 그 아이들은 31퍼센트만이 이렇게 놀고 있었다. 그리고 이 가운데 22퍼센트만이 한 번에 세 시간 이상 밖에서 놀았다. 이 연구에서 클레멘츠 교수는 '오늘날처럼 집 안에서 지내는 시간이 많은 것은 비록 그 시간에 공부를 하더라도 아이에게 해롭다'고 결론지었다. 재미난 사실은 이 연구를 세제 회사인 위스크가 지원했다는 것이다. 아이들이 밖에서 놀아야 옷이 더러워져 세제가 많이 팔릴 것 아닌가.


## 똑똑한 엄마들의 콤플렉스

이러한 연구 결과들이 도출됨에도 똑똑하다고 자부하는 부모들조차 아기 천재 에듀테인먼트 콤플렉스에서 벗어나지 못하고 있다.

시애틀에 사는 마흔두 살의 전문직 여성도 에듀테인먼트 제품들이 아이의 미래를 보장해주는 측면이 있다고 믿었다.

"아이들의 미래를 위해서 부모가 해줄 수 있는 것이 별로 없잖아요. 내 아들이 바깥에 나가면 어떤 날은 푸른 나무를 보고 다른 날에는 달려가는 버스를 보겠죠. 그러나 프리즘의 모든 색깔을 볼 수는 없잖아요. 저는 지금 아이에게 줄 수 있는 거라면 뭐든 해주고 싶어요. 내 아이가 늘 지적 자극을 경험했으면 좋겠어요. 제가 아는 사람들도 대부분 그렇게 생각하죠."

신문기자인 이 여성의 집에는 베이비 아인슈타인부터 베이비 범블비 제품까지 교육용 장난감이 없는 게 없다. 이 장난감들이 총명한 아이를 만드는 데 기여한다고 믿기 때문이다. 이런 식으로 베이비 아인슈타인은 시애틀과 팰러앨토의 상류층 부모들에게 팔리고 있다.

스스로 베이비 아인슈타인 마니아라고 밝힌 한 전문직 엄마는 대뜸 '뉴런(자극을 수용하고 전달하는 신경계의 구조적·기능적 단위─옮긴이)' 문제를 입에 올렸다.

"우리 뇌 속의 뉴런이 아기 때 급격히 감소한다고 들었어요. 다섯 살이면 아이의 뇌 속에 남아 있는 뉴런의 수가 급속히 적어져서 너무 늦어요. 제 염려가 지나쳐 보이죠? 하지만 뉴런이 아직 살아 있을 때 생후 첫 3년 동안 부모가 뭔가를 해줘야 한다고 생각해요. 교육용 DVD나 장난감이 아니라면 무엇으로 뉴런 수를 유지해주겠어요?"

그러나 무엇을 하든지 간에 아기 뇌 속의 뉴런은 소멸할 것이다. 불필요한 뉴런은 죽도록 예정되어 있기 때문이다.

인터넷 아마존에는 아기 교육의 필수품으로 에듀테인먼트 비디오를 극찬하는 상품평이 적지 않다. 다음은 한 소비자가 브레이니 베이비 좌뇌 계발 DVD에 대해서 올린 평이다.

"저는 몬테소리식 교육을 받았습니다. 그래서 제 아이에 대해서 기대도 크고 아이에게 무엇을 보여줄지 많이 고민합니다. 성장기는 아이의 발달에 매우 중요한 시기이기 때문입니다. 그렇게 3년 동안 키워서 그런지 이제 제 아이는 비디오를 보며 배우는 것을 매우 즐깁니다. 아이들이 아무 비디오나 보면서 시간을 낭비하도록 내버려두어선 안 됩니다. 우리에게는 비디오로 아기들을 교육할 기회가 있기 때문입니다. 이 비디오를 보면서 아이는 정말 뭔가를 배웁니다."

또 다른 사용 후기를 보자.

"두 살 된 우리 아기는 총명한 아이로 자랄 것입니다. 18개월 된 아기 가운데서 오랑우탄에 대해 말하고 원과 타원을 구분하며 우리 집 밴의 색깔이 은색이라고 말할 수 있는 아기가 몇이나 될까요? 그러나 제 아들은 합니다. 모두 이 비디오를 보았기 때문이죠."

물론 부모들이 에듀테인먼트 회사의 광고를 전부 믿는 것은 아니다. 교육용 DVD나 장난감을 사주는 부모들도 제품 홍보 문구가 부모들의 불안감을 교묘히 이용한다는 사실을 안다. 그러나 정말로 아이의 뇌가 제대로 발달하지 못할까 봐, 그래서 나중에 성공한 어른이 되지 못할까 봐 하는 노파심에서 이 제품들을 구입한다.

다음의 상품평은 이러한 부모들의 심정을 잘 대변해준다.

"어떤 엄청난 불행이 발생하지 않는 한 이걸 본 아이는 최소한 감옥에 가거나 마약에 중독되지는 않을 겁니다."

# 지루함은 기회이자 아이가 반드시 거쳐야 할 단계다

2004년 뉴욕에서 교육용 장난감 파티가 열렸다. 이 파티를 진행한 사회자는 자신을 '장난감 발견녀'라고 소개했다. 곱슬머리에 소녀 같은 목소리를 가진 이 여성의 이름은 시몬 와이즈먼Simone Weissman이었다. 그녀는 장난감들을 주방 제품처럼 진열해놓고 팔았다. 플라스틱 장난감과 플러시(긴 보풀이 있는 벨벳 같은 천—옮긴이) 장난감, 교육용 플래시 카드 들이 앞 탁자에 놓여 있었다.

파티 참석자들은 대부분 삼사십대 여성들로, 파티용 셔츠 드레스 대신에 편안한 차림으로 와인을 마시고 있었다. 여기서 시몬은 지능 계발을 돕는다는 제품을 설명했다. 설명을 마친 뒤 그녀는 친숙하게 생긴 곰 인형 쪽으로 걸어갔다. 인형의 이름은 '클래식 케이시Classical Casey', 클래식 작곡가 여섯 명의 곡이 녹음돼 있는 멜로디 인형이었다. 이 곰 인형은 옛날처럼 아이들에게 사랑을 가르쳐주는 '단순한' 인형이 아니다. 클래식 케이시는 아이의 지각 능력을 향상시키는 인형으로 홍보되었다.

그러나 파티 참석자들은 이 인형에 별다른 관심을 보이지 않았다. 엄마들은 플래시 카드를 보고도 도통 사려고 하지 않았다. 그러자 시몬은 그 카드가 ERBs(The Educational Records Bureau Test)[20] 공부에 도움이 된다고 설명했다. ERBs는 세 살 때부터 볼 수 있는 시험으로 사립 유치원에 입학하려면 반드시 치러야 한다. 그때 어떤 엄마가 이 카드 덕분에 자기 아이들이 ERBs 시험을 잘 치렀다고 자랑하자 엄마들이 그 제품을 사기 시작했다. 물론 이 엄마들이 다 아이를 사립 유치원에 보낼 만큼 여유 있는 것은 아니다. 그러나 시몬은 엄마들의 심리를 꿰뚫어 보고 있었다.

"이 엄마들은 자기 아이들이 나중에 못살면 어떡하나 미리 걱정한답니다."

그러나 부모로서 마땅히 해야 할 의무를 잘 수행하는 것이 아기 천재 에듀테인먼트 콤플렉스의 전부는 아니다. 아기들이 배울 기회를 놓친다는 것보다 더 깊은 두려움이 이 콤플렉스에 감춰져 있다. 바로 아이의 무료함에 대한 염려다. 부모들은 아이가 심심하고 지루해할까 봐 영재교육 비디오를 사주는 것이다.

유아 교육 관련 학자들은 무료함이 아동들, 특히 유아들에게는 중요한 경험이라고 입을 모은다. 심리 치료사이자 작가인 애덤 필립스Adam Phillips는 《키스하기, 간지럽히기, 지루하기On kissing, Tickling, and Being Board》에서 무료함을 이렇게 설명했다.

"무료한 아이들은 어떤 경험[21]을 기다린다. 그 기다림은 이후의 경험을 능동적으로 학습하게 하는 정신적 여유를 제공한다. 그러므로 지루함은 해로운 것이 아니라 기회이자 능력이며 아이가 꼭 거쳐야 할 발달 단계다. … 어른들은 아이가 뭔가에 흥미를 느껴야 한다고 생각한다. 아이들이 자신의 관심사를 찾고자 무료하게 시간을 보내는 것을 잘 참지 못한다. 소중한 시간을 그냥 흘려보낸다고 믿기 때문이다."

아이가 시간을 두고 자기 관심사를 찾아가는 것은 오늘날의 조기교육 흐름에 명백히 위배된다. 그러나 헌터 칼리지 영재교육센터의 도나 매슈스 소장은 부모들의 조바심이 문제라고 지적한다.

"부모들은 종종 자기 아이가 싫증을 잘 느끼고 좋은 것에 흥미를 느끼지 않는다고 생각합니다. 그러나 그것은 대부분 부모가 아이 대신 느껴주는 지루함입니다. 그래서 부모는 아이를 즐겁게 해주려고 노력하죠. 그러나 지루함은 아이에게 꼭 필요한 감정입니다. 아이들은 지루함 속에 내버려졌을 때 자기가 하고 싶은 일을 찾을 수 있습니다. 우리는 이것을 아무것도 하지 않는 시간이라고 부르죠. 누구나 자신이 원하는 것을 찾으려면 먼저 지루함 속에서 기다려야 합니다."

인지 발달 신경학자 프레드 딕 교수도 같은 의견이다.

"아이들의 감정 상태는 자연스럽게 변화하기 때문에 어른이 그 곁을 지켜줄 필요는 있지만 아이에게 끊임없는 자극을 주려고 일부러 노력할 필요는 없습니다."

영재교육 전문가에 따르면 어른의 손가락 하나도 아이에게는 어떤 교육용 DVD 못지않는 충분한 자극이 될 수 있다. 교육 전문가 찰스 존은 집 안에서 에듀테인먼트 DVD를 치워버리면 주변에 있는 모든 것이 아이에게 완벽한 장난감이 될 수 있다는 사실을 발견할 거라고 말한다. 아이들은 열쇠 꾸러미가 짤랑거리며 부딪치는 것만 보아도 즐거워한다. 아이들에게는 세상의 모든 것이 시각적으로나 청각적으로 새롭고 신비한 것이기 때문이다. 그래서 빗자루와 쓰레받기만으로도 아이를 충분히 즐겁게 만들 수 있다.

바로 이런 단순한 즐거움이 아이들이 원하는 것이다. 지루함을 지겨워하는 것은 아이들이 아니라 어른들이다. 어른들은 자기도 아기였을 때 사소한 것에 쉽게 즐거워했다는 사실을 기억하지 못할 뿐이다. 특히 어린아이들은 복잡한 자극을 받아들일 준비가 전혀 안 되어 있다. 아이를 기쁘게 하는 것은 단순한 자극이다.


## 지루함은 문화 창조의 원동력이다

왜 우리는 지루함을 혐오하는가? 비워지는 것에 대한 본능적인 두려움 때문이다. 그래서 우리는 바쁘게 돌아가는 도시 생활과 복잡한 문화에 매료되고 일상생활의 지루한 반복을 끔찍하게 싫어한다. 그러나 퍼트리샤 마이어 스팩스Patricia Meyer Spacks가 《지루함Boredom》에서 말했듯이 지루함은 문화 창조의 원동력이다. 중산층의 권태에 대한 자가 진단[22]과 그 결과물은 이 사실을 잘 보여준다.

지루함 혹은 권태는 치유해야 할 사회적 질병이 아니라 우리 사회가 더 나은 쪽으로 나아가는 데 반드시 필요한 창조의 에너지다. 지루함이라는 빈 공간이 있어야 그곳에 새로운 문화가 씌어질 수 있다.

"수면이 육체적 휴식의 절정이라면[23] 권태는 정신적 휴식의 절정이다."

독일의 철학자이자 문화 비평가인 발터 벤야민Walter Benjamin은 이렇게 규정했다.

"권태는 새로운 경험을 낳는 비전의 파랑새다. 그러나 그 새는 예민해서 우리가 조금만 부산해져도 우리 곁을 떠난다. 그래서 파랑새는 분주한 도시에서 이미 사라졌고 시골에서도 그 모습을 보기 어렵게 되었다.”

이 새로운 경험을 낳는 비전의 ‘파랑새’가 우리 아이들 곁을 떠나고 있다. 넘쳐나는 에듀테인먼트 제품들이 시끄럽게 파랑새를 쫓아내고 있다. 그냥 내버려두면 아이들은 자기 갈비뼈를 만지면서도 상상의 나래를 펼칠 수 있다. 그러나 어른의 조급함은 이를 참지 못해서 교육적 자극이라는 소음으로 아이의 성장을 방해한다. 이런 분위기를 조장하는 것이 바로 에듀테인먼트 제품의 냉혹한 상술이다.

지루함과의 전쟁! 이것은 아무 하는 일 없이 낭비되는 것처럼 보이는 유아기에 대한 부모들의 지나친 염려 때문에 발발했다. 이 염려가 아기 천재 에듀테인먼트 콤플렉스의 진짜 원인이다. 그러나 기억해야 할 것은 그 ‘낭비’가 있어야만 아이들에게 숨겨져 있는 재능이라는 파랑새가 깨어나 날 수 있다는 사실이다. ‘파랑새’는 아이의 잠재력을 실현해주는 영재의 꿈이다.

# 제3장

# 과도한
# 조기교육
# 열풍의 사례

깜짝 놀라 아이를 바라보자,[1] 남편 톰은 딸의 미래를 부러워하듯 말하더
군요.
"우리 꼬마는 음악 교습도 받고 프랑스어도 배워야 해."
이 말을 듣고 제 기분도 무척 좋아졌죠.
"그래요! 첼로는 내가 가르칠게요!"
저는 주저 없이 말했어요.

-클로드 케네슨, 《음악 신동들: 위험한 여행, 남다른 인생》

# 생후 7개월 된 아기가 탭댄스를 추다

5월 어느 주말 아침, 워싱턴 레이몬드 스포츠 경기장에서 네댓 살의 아이들이 무리를 지어 축구공을 쫓아다니고 있었다. 아이 하나가 공을 차자 노란색 유니폼을 입은 다른 아이가 파란색과 흰색 유니폼을 입은 아이들에게 공을 뺏기지 않으려고 뛰어갔다. 꼬마 선수들의 실력은 수준급이었다. 그 또래의 아이들에게서 흔히 보이는 실수나 어리광은 없었다. 이 경기는 아이들이 재미 삼아 벌이는 놀이가 아니었다. 이른바 '마이크로 리그micro-league(프로 코치들의 지도에 따라 아이들이 전문적으로 축구를 배우는 프로그램—옮긴이)' 정식 경기였다. 선수들은 이제 막 축구를 시작한 아이들이 아니라 생후 18개월부터 축구를 배워온 실력파들이었다.

비슷한 시기, 뉴욕에서는 또 다른 장면이 연출되었다. 열두 명의 아이들이 뭔가를 열심히 배우고 있었다. "안녕하세요. 브로드웨이 베이비!" 아이들의 하루는 세 명의 예쁜 선생님들이 건네는 뮤지컬 인사로 시작된다. "안녕, 매켄지! 안녕, 세바스찬! 안녕, 헤더!" 카우보이모자를 쓰고 아이들에게 뮤지컬을 가르치는 선생님들은 모두 전문 뮤지컬 배우들이다. 전문 피아노 연주자가 매주 다양한 뮤지컬 곡으로 쇼 분위기를 연출하는 이곳의 이름은 '브로드웨이 베이비Broadway Babies'로 유아 대상 뮤지컬 학교다.

이 학교는 '유명한 대가들이 만든 탁월한 교육과정'에 따라 유아들의 운동 능력과 색깔과 문자 인식 능력, 계산 능력, 사회성 등을 길러 준다고 광고한다. 보통 생후 몇 주인 아기부터 등록을 받고 서너 살에 졸업한다. 그래서 이곳에서는 생후 7개월 된 아기가 〈라이온 킹The Lion King〉 리듬에 맞추어 탭댄스를 추고 세 살 아이가 뮤지컬 〈그리스Grease〉 음악에 맞춰 '핸드 자이브hand-jive' 춤을 춘다.

선생님들은 수업 시간에 홍보 내용을 충실히 이행하려고 노력하는 모습이었다. 포시 스타일(20세기 뮤지컬을 대표하는 미국의 안무가 밥 포시가 만든 춤으로 박자에 맞춰 엄지와 중지를 튕겨 소리내기, 어깨 돌리기, 엉덩이 흔들기 들로 구성되어 있다—옮긴이)로 재즈 핸즈(손바닥과 손가락을 앞으로 쫙 펴는 손동작—옮긴이) 동작을 취하면서 아기들이 따라 하도록 격려했다. 이따금씩 뮤지컬에 어울리는 소품들이 등장하기도 한다. 탬버린과 마이크, '에그 셰이커'라고 알려진 타악기는 모두 아기들의 청각과 시각, 촉각 발달에 도움을 주는 도구들이다.

이번 주 뮤지컬은 〈애니여 총을 잡아라!Annie Get Your Gun〉였다. 그래서 타악기와 빨강, 초록, 노란색의 카우보이모자가 소품으로 정해졌다. 아기들이 모자를 쓰면서 뮤지컬은 시작된다. 세 명의 연기 지도 선생님들은 처음에는 콧소리로 노래를 부르다가 부엉부엉 울다가 '야호!' 하고 외치고 마지막으로 말과 소, 닭 소리를 냈다. 이렇게 하면 선생님들은 최소한 미국배우조합(SAG)의 수업료는 벌 수 있다.

나는야 브로드웨이 베이비!
피곤한 걸음, 끝까지 걸어가면
훗날 브로드웨이 42번가에 설 수 있겠지!
나도 쇼의 주인공이 되고 말거야!

칠판에 적혀 있는 노랫말처럼, 아기들의 수업은 완전히 '쇼'다.


## 어릴 때 가능한 한 배울 수 있는 모든 것을 배운다

최근 영재교육 물결을 타고 유행하는 것은 에듀테인먼트 장난감과 DVD 같은 교구만이 아니다. 유아 대상 재능 교육 프로그램이나 특수학교도 폭발적으로 늘어나고 있다. 이런 학교들은 이제 미국 어디서나 쉽게 볼 수 있는 영재 산업의 핵심적인 부분이 되었다. 부모들이 비싼 수업료를 치러가며 이런 학교에 자녀들을 보내는 것은 아이에게 잠재되어 있는 '다양한' 능력을 일찍부터 발굴해주기 위함이다.

그렇다고 해서 과거처럼 아이를 특정 분야의 전문가로 만들려고 하는 것은 아니다. 최근에는 다방면에 걸쳐서 아이의 모든 자질을 조화롭게 발달시키는 '전인교육全人敎育'을 추구한다. 따라서 아이들은 가능한 한 어려서부터 배울 수 있는 것은 모조리 배워야 한다. 요즘 부모들은 한 학기에 한 과목만 듣는 것으로는 부족하다고 생각한다. 축구와 음악, 베이비 사인 랭귀지, 가라테, 프랑스어 등을 조화롭게 그리고 빨리 배워야 한다.

전인적 능력에 대한 집착은 고대 그리스에서 비롯되었지만 오늘날에는 그 양상이 사뭇 다르다. 전인적 능력을 가진 아이가 나중에 커서도 전인적 어른이 된다고 믿어지고 그 능력을 키우는 것이 전적으로 부모의 책임이 되었다. 조기교육 열풍과 관련 업체들의 상술이 빚어낸 합작품이다.

'릴 킥커스Lil' Kickers' 유아 축구 교실의 유행은 그 단적인 사례다. 펜실베이니아 밸리포지에서 오리건 힐스보로까지 미 전역에 널리 퍼져 있는 이 축구 교실 가맹점의 주 고객층은 걸음마를 갓 뗀 두세 살 유아들이다. 일주일에 한 번 아기 축구 선수들은 뒤로 걷고, 거품을 밟거나 빨간 낙하산 둘레를 달리면서 운동 능력을 키운다. 또한 '골대를 배고픈 하마로 상상하고 하마에게 수박을 먹이는 방법'으로 골 넣는 훈련을 받는다. 아기 선수들이 한 발로 균형을 잡고 다른 발로 공을 차거나 공을 몰고 가는 품새는 어른 못지않다.

그러나 이것은 시작에 불과하다. 걸음마를 가르치는 '짐보리Gym-boree'는 생후 10개월 아기부터 회원으로 받는다. 로스앤젤레스의 '마이짐My Gym' 가맹점은 생후 3개월 이상의 아기들에게 '타이니 타이크

Tiny Tykes' 라는 연령별 운동 프로그램을 제공한다.

유아 대상 외국어 학원도 인기다. 요즘 미국 중산층 가정의 아이들에게 외국어 두세 개는 기본이다. 뉴욕에 있는 어린이 음악 학원 '뮤지컬 키즈Musical Kids'에 다니는 아이들은 영어와 일본어, 스페인어, 한국어, 프랑스어로 노래를 배운다. 로스앤젤레스에서 가장 인기 있는 학원은 '베이비 지니어스 예술·언어학교the Baby Genius Art & Languages School'인데, 여기서는 영어와 스페인어·프랑스어·이탈리아어·독일어·히브리어·이란어·러시아어·중국어를 가르친다. 이 학원은 수강생들이 주로 생후 10개월 무렵의 아기들이어서 '아기들의 UCLA'로 불린다. 강사들은 대부분 석·박사 학위 소지자들이다.

예전에는 유치원생 이상의 어린이들이 음악 학원에 다녔지만 요즘에는 유아들이 음악 수업을 듣는다. 브로드웨이 베이비는 하나의 사례에 불과하다. 최근 임산부들에게 인기를 얻고 있는 '휴스턴 스즈키 베이비 뮤직 프로그램Houston's Suzuki Baby Music program'은 음악과 태아의 지능 발달 사이의 연관성을 강조한다. 음악을 많이 듣는 아기는 뉴런망이 잘 발달하여 어른이 되어서 뛰어난 사고 능력을 갖게 된다는 최근의 연구 결과는 이 업체의 존립 근거다.

최근 유행하는 유아 대상 음악 학원의 또 다른 특징은 점점 소수화·귀족화되고 있다는 것이다. 브로드웨이 베이비처럼 누구에게나 입학 기회가 열려 있는 곳도 있지만 아기의 음악적 재능을 따져 교육 여부를 정하는 '정예' 학원도 있다. 뉴욕에 있는 '딜러 퀘일 음악 스쿨Diller-Quaile School of Music'이 그런 곳이다. 이 학원은 한 살 때부터 등록할 수

있는데 수강 1년 전에 시작되는 예비 과정도 있다. 어떤 아기는 태어나
자마자 이 학원 입학을 준비한다는 뜻이다.

딜러 퀘일의 두세 살을 위한 수업은 부모들이 이런 학원에 기대하
는 바를 확실히 충족시켜준다. 머리에 나비 리본을 매고 메리제인 슈즈
에 꽃무늬 드레스를 입은 여자 아이들의 모습은 어른들을 저절로 미소
짓게 한다. 이곳의 교사들은 성량이 풍부하고 잘 훈련된 목소리로 노래
를 불렀다. "작은 오리 다섯 마리가 꽥! 꽥! 꽥! 커다란 검은 고양이가 조
용히 조용히 따라오네!"

그리고 나서 교사는 가벼운 오페라 버전으로 아이들에게 이야기
했다. "여러분을 위해 간식을 준비했어요." 교사가 과자 상자를 보여주
자 아이들은 더 눈을 반짝이며 교사를 쳐다보았다. 아이들은 음악이 아
니라 간식에 매료된 것처럼 보였다.

다른 방에서는 유아들이 피아노 연주를 들으며 그 악보를 자유로
운 형식으로 그리고 있었다. 아이들은 파도 모양으로 소리의 움직임을
표현했다. 세 살 반班 아이들은 다양한 상징 체계에 익숙해지도록 도와
주는 '유리스믹스Eurhythmics(스위스의 음악교육가 달크로즈가 고안한 음악
교육 방법—옮긴이)'를 배운다. 또 원장의 설명처럼 다양한 형태의 창조
적이면서도 의미 있는 표기법을 배운다. 이 학원에서는 아이가 네 살이
되면 정식 음악교육을 받을 준비가 되었는지 수시로 점검한다. 그리고
아동 발달 전문가가 아이의 정서 발달에 관한 소견서를 작성한다.

## 구몬의 성장과 아기 수화의 유행

　　미국의 음악과 미술, 언어, 스포츠 학원은 미취학 아동의 수가 늘어나면서 함께 발전해왔다. 이와 함께 방문교사 가맹점도 그 대상층을 아주 어린아이들까지 점차 넓혀가는 추세다. SAT 수업으로 유명한 카플란 주식회사는 '스코어Score'라는 교육센터 가맹점을 운영하고 있다. 2005년 기준으로 스코어 회원 가운데 20퍼센트가 네 살에서 여섯 살의 아이들이다. 또 다른 방문교사 가맹점 업체 '실반'도 2005년부터 미취학 아동을 대상으로 하는 초급 읽기 프로그램을 시작했다.

　　방문교사 가맹점 가운데 가장 어린아이들을 대상으로 하는 곳은 '북아메리카 어린이 구몬 프로그램'이다. 여기서는 두 살 아기도 배울 수 있다. 지금으로부터 약 50년 전 일본인 교육자 토루 구몬Toru Kumon이 설립한 구몬은 오늘날 명실상부한 세계적 기업으로 성장했다. 미국에서만 13만 명의 회원이 있고 이 가운데 2만 명이 다섯 살 이하의 어린이다.

　　어린이 구몬 학생들은 구몬에서 자체 제작한 교재로 공부하는데 정해진 시간 안에 일정 범위를 실수 없이 마쳐야 한다. 보통 수학이나 읽기, 또는 두 과목 모두 일주일에 두 차례 15분씩 공부한다. 구몬에서는 연령대별로 가장 우수한 학생 20명을 선정하여 아이들의 성취욕을 높인다. 뉴욕 구몬 지점 벽에도 아이들의 이름이 붙어 있었다. '수학과 읽기는 내가 최고' '내 꿈은 대통령'이란 표어가 적힌 포스터가 눈에 띄었다. 뉴욕 구몬 지점장의 얘기로는 학부모들은 아이들이 구몬 프로그램을 통해 절제와 시간 관리, 공부 방법을 배우기를 바란다고 한다.

방문교사 수업을 듣기엔 너무 어린 유아들에게는 '베이비 사인 랭 귀지Baby Sign Language(BSL)'가 유행이다. '베이비 사인'이란 아직 자유롭 게 말을 하지 못하는 생후 8개월부터 두 살 이전의 영유아들이 말 대신 몸짓이나 손짓으로 부모와 대화하는 일종의 신체 언어다. 심지어 어떤 아기들은 어른용 수화를 배우기도 한다.

수화 수업의 유행은 1970년대 교육가 조셉 가르시아W. Joseph Garcia 의 연구에서 비롯되었다. 가르시아는 듣지 못하고 수화를 사용하는 아 기들이 청각이 정상인 아기들보다 더 세련된 방법으로 자신을 표현한 다는 사실을 알아냈다. 이 내용을 담은 《아기 수화Baby Signs》와 《아기와 함께하는 수화Sign with Your Baby: How to Communicate with Infants before They Can Speak》 《아기 수화의 기초Baby Sign Language Basics》 들이 베스트셀러가 되면서 BSL 열풍이 불기 시작했다.[2]

여기에는 BSL 교사인 조앤 아크레델로Joan Acredelo와 수전 굿윈 Susan Goodwin의 맹렬한 홍보의 공이 컸다. 이들은 《아기 수화Baby Sign Language》란 책에서 자신들의 연구 논문인 〈유아기 수화가 여덟 살 아이 의 지능에 미치는 장기적 영향〉의 내용을 적극 알렸다.[3] 미국 국립보건 원의 재정 지원을 받아 진행된 이 연구의 기본 뼈대는 웩슬러 아동용 지 능검사 2판을 사용해 수화를 배운 아이들과 배우지 않은 아이들의 지능 을 비교 측정하는 것이었다. 측정 결과 아기 때부터 수화를 배운 아이들 의 지능이 평균 12점 정도 높게 나왔다.

이 결과를 놓고 수화 옹호자들은 아기 수화가 아이들의 지능을 향 상시킨다고 주장한다. 아이들이 말을 시작하기 전에 수화를 통해 두뇌를 적극 사용하기 때문이라는 것이다. 실제로 수화는 아기들의 의사소통을 도와서 효과적으로 자기 생각을 표현하게 하고 그 결과 수화를 배운 아기가 배우지 않은 아기보다 덜 우는 것으로 나타났다. 보통 한 살 아기는 20개의 수화를 배우고 두 살 때까지 80개의 수화를 배운다. 수화 교사들은 수화가 아이의 장기적 언어 발달을 돕고 읽기 능력을 향상시킨다고 주장한다. 특히 지능이 높은 아이들에게 수화 교육의 효과가 크다고 한다. 수동적인 것보다 적극적인 것이 아이들의 성장에 더 도움이 되기 때문이다. 또한 수화가 아이들에게 자신이 중요한 사람이라는 느낌을 심어준다고 수화 교사들은 말한다.

이러한 주장이 알려지면서 미국의 도시마다 수화 교실이 생겨났다. 텍사스 휴스턴에 있는 '베이비캔사인BabyCanSign'과 시애틀의 'ASL 수화 교사 낸시 하나워Nancy hanauer'의 수업이 대표적이다. 낸시 하나워의 수업을 참관했을 때, 한 아기가 자신이 배운 것을 어른들에게 보여주었다. 그 아기는 'more'라는 단어를 수화로 멋지게 표현했다. 담당 교사는 똑똑한 제자에게 비스킷을 상으로 주고 크래커란 단어와 '물 좀 더 주세요' 라는 말을 복습시켰다. 교사들은 아기들에게 고릴라, 양, 다람쥐, 뱀, 개구리 들이 그려진 플래시 카드를 보여주며 해당 단어를 수화로 가르쳤다.

샌디에이고에서 수화 교사로 일하고 있는 한 여성은 자신의 딸에게 수화를 가르치면서 수화의 교육적 효과를 확인했다고 말했다. 아기 수화 덕분에 자기 딸이 또래 아이들보다 더 높은 집중력을 갖게 되었다는 것이다.

"만약 아이가 말할 수 있을 때까지 병아리의 탄생 과정을 가르치는 것을 미뤄두어야 했다면 작지만 소중한 학습 기회가 사라졌을 것입니다. 그러나 수화를 통해서 그것을 설명할 수 있었죠."

아기 수화 교사들과 조기교육 종사자들의 신념은 똑같다. 그것은 아직 말도 제대로 못하는 아기들에게도 그 시기에만 개발될 수 있는 엄청난 재능이 있다는 것이다. 다만 아기들은 그 재능을 혼자서는 키울 수 없다. 왜냐하면 너무 어리기 때문이다.


## 글렌 도만의 텅 빈 컴퓨터 이론

겉보기에 유아들을 상대로 한 조기교육은 그다지 해로워 보이지 않는다. 그러나 여기에는 불길한 측면이 있다. 영국 소설가 올더스 헉슬리Aldous Huxley의 1932년 명작 《멋진 신세계Brave New World》를 보면 놀랍게도 오늘날과 비슷한 '아기 학교'가 나온다.[4] 아기들은 태어나자마자 이곳에서 철저하게 훈련받는데 이 학교가 아기들의 운명을 결정한다. '네오 파블로프 통제 센터'(파블로프는 개가 주인의 발자국 소리만 들어도 침을 흘린다는 조건반사 연구로 유명한 러시아의 생리학자다 —옮긴이)라 불리는 이곳에서 아기들은 획일적인 지식과 정보를 암기하도록 강요받는다.

이와 비슷한 시기에 바이올리니스트 출신 일본인 학자 스즈키 신이치鈴木鎮一[5]가 '유아 음악교육'을 대중화시켰다. 아기에게 음악을 들게 하고 부모 또는 가족들과 함께 연습시키며 기회가 되는 대로 청중들 앞에서 연주하게 하는 것이 그의 교육 방법이었다. 1960년대 초반 미국에서 일어난 유아교육 열풍의 한 축을 담당한 유명한 교육학자 글렌 도만Glenn Doman은 이러한 스즈키식 교육 방법을 잘 알고 있었다.

1964년 도만의 책 《부드러운 혁명: 아기에게 읽기를 가르치는 방법How to Teach Your Baby to Read: The Gentle Revolution》[6]가 수백만 부 팔리는 베스트셀러가 되면서, 어린 아기도 배울 수 있다는 그의 '부드러운 혁명' 사상이 널리 퍼졌다. 이로 인해 도만은 본의 아니게 영재 산업의 선구자가 되었다. 도만은 이 책에서 다섯 살까지가 아이가 외국어를 배울 수 있는 적기이므로 이 시기에 외국어를 가르쳐야 한다고 주장했다. 이때를 놓치고 고등학생이나 대학생이 되면 결코 외국어를 잘할 수 없다는 것이다.

도만은 신생아를 '텅 빈 컴퓨터'로 보았다. 신생아는 컴퓨터처럼 한꺼번에 많은 정보를 장기간 저장할 수 있다는 것이다. 도만의 컴퓨터 비유는 이후 계속 언급되다가 1996년 〈뉴스위크Newsweek〉지의 표지 기사로 실리면서 대단한 반응을 불러일으켰다. 조기교육 신봉자들의 사례를 다룬 이 기사는 프로그래머가 컴퓨터를 처음 설치할 때처럼 아이들의 뇌도 아기 때 구조가 확정된다[7]는 내용을 담았다.

글렌 도만은 필라델피아 교외에서 뇌를 다친 아이들을 가르치는 학교를 운영했다. 그러다가 1978년 부모들을 대상으로 '아기의 지능을 높이는 방법'이란 강좌를 개설하면서 건강한 아이도 가르치기 시작했다. 이 강좌는 미국에서만 약 1만 명의 부모들이 들었고 나중에는 그 내용을 바탕으로 한 프로그램이 이탈리아와 일본, 멕시코, 싱가포르까지 퍼져나갔다. 현재 도만의 학교와 프로그램은 '인간 잠재력 성취 학교Institute for the Achievement of Human Potential(IAHP)'라는 조직이 맡아서 운영하는데 그의 딸인 재닛 도만Janet Doman이 총책임을 맡고 있다.

흥미로운 것은 IAHP의 이데올로기가 베이비플러스 사의 주장과 유사하다는 점이다. 애초에 불우한 환경의 아이들을 대상으로 했던 연구 결과가 평범한 아이들에게 확대·적용되었다는 점에서 그러하다. IAHP가 거느린 기관 가운데 하나인 '에번 토머스 학교Evan Thomas Institute'는 아기의 균형적인 발달이란 사고를 유행시켰다.

이 학교의 주장에 따르면 아이의 뇌는 여섯 살 때까지 급속하게 성장하다가 그 뒤로는 정보를 흡수하는 능력이 급격하게 떨어진다. 이 논리대로라면 여섯 살 전에 읽기와 수학, 외국어, 음악, 체육 등 모든 과목의 공부가 시작되어야 한다. 특히 도만은 체육이 모든 능력의 기초가 되는 신경과 균형 감각을 발달시켜주기 때문에 체육 활동으로 뇌를 발달시킬 수 있다고 주장했다. 신경과 균형 감각이 발달해야 몸을 마음대로 움직이며 활동할 수 있고 이를 바탕으로 신체적·학문적 능력을 키울 수 있다는 것이다. 이 논리대로라면 뛰어난 운동선수가 전인적 능력을 가진 사람이 될 가능성이 가장 높다.

'아기의 지능을 높이는 방법' 외에도 에번 토머스 학교는 바이올린과 라틴어를 중요 과목과 함께 가르친다. 또 달리기와 수영을 포함한 3종 경기도 교과과정에 포함된다. 이 학교를 우수한 성적으로 졸업한 한 어린이의 사례는 에번 토머스 학교가 아이들에게 얼마나 많은 것을 가르치는지 보여준다. 이 학생은 생후 6개월 때 '아기의 지능을 높이는 방법' 수업을 들었는데 그 뒤 1년 사이에 읽기와 수학, 음악 듣기, 걷기와 달리기, 수영, 일본어, 체육, 지능 카드 들을 모두 배웠다. 두 살 때는 문장을 말할 수 있었고 '부엉이와 고양이' 가사를 외웠으며 두 살 반 때 바이올린을 연주하기 시작했다.


## 인간 잠재력 성취 학교의 프로그램

　　신고딕 양식으로 지어진 IAHP 건물에 들어서자 한 교실에서 음악 소리가 들려왔다. 엄마들 옆에서 아기들이 8음계와 옥타브, 음자리표, 오선지 사용법, '루루루' 노래를 배우며 내는 소리였다. 다른 반에서는 에번 토머스 학교 출신 음악 교사가 학생들에게 바이올린을 가르치고 있었다. 그때 엄마들이 자기 아이의 이름을 부르는 소리가 들렸는데 그 이름들은 파커스나 다코타스보다 더 유별났다. 한 아이의 이름은 레밍턴이었고 다른 아이의 이름은 엘리자베스 여왕 시대의 극작가 이름을 딴 말로였다.

　　학교 곳곳에서 아주 어린아이들이 벽에 발을 대지 않고 물구나무서기를 하고 있었다. "너의 목표는 뭐지? 팔과 다리를 쭉 펴는 거지!" 교사가 소리쳤다. 잘하지 못하는 아이는 벽에 발을 붙인 채 32초 동안 물구나무서기를 해야 했다. 이 아이들은 보통 다섯 살로 아기 때부터 이곳에 다녔다.

이 학교의 분위기는 조디 포스터가 나오는 영화 〈꼬마 천재 테이트Little Man Tate〉를 떠올리게 했다. 영화 속에서 여섯 살짜리 천재 테이트는 영재 학교에서 또래 영재들이 지켜보는 가운데 엄청나게 어려운 수학 문제를 푼다. 그러나 영재로서의 삶은 테이트에게 고통이었다. 하지만 IAHP는 부작용은 안중에도 없는 듯 조기교육의 장점을 홍보하기에 바빴다. "진정으로 똑똑한, 그래서 많이 알고 자신감이 넘치는 아이들은 정말로 근사합니다. 그것이 이 아이들이 사랑받는 이유죠."

다른 교실에서는 한 자원봉사자가 데카르트 평면을 그리고 있었다. 뉴저지에 사는 간호사라는 그녀는 매일 아침저녁으로 두 시간 반씩 운전해서 아이들을 통학시키고 있었다. 이 엄마가 학교에서 자원봉사까지 하는 것은 교육적인 열정 때문만은 아니다. 부모가 자원봉사를 하면 아이의 수업료가 면제되기 때문이다.

자원봉사자 부모와 학생 들은 모두 유니폼을 입어야 한다. 부모들은 까만 바지와 흰 셔츠, 가죽 블레이저(스포츠 선수의 유니폼으로 애용되는 재킷―옮긴이)가 기본 복장이고, 학생들은 흰 셔츠와 파란 바지에 무지개무늬 스웨터 조끼를 입어야 한다. 여기에 학생들은 학습 수준을 나타내는 팔띠를 착용해야 한다. 학습 수준이 가장 높은 학생이 착용하는 팔띠에는 '선인先人'이라는 한자가 적혀 있다. 학생들은 특정 프로그램을 마칠 때마다 이를 일본어로 표시하는 팔띠를 찬다.

교사들의 지위 체계도 이와 비슷하다. 예를 들면 재닛 도만은 '센세이先生'로 불리는데, 이것은 일본어로 최고로 높은 선생님을 의미한다. 수업을 마친 재닛 도만과 '아버지의 사무실'로 불리는 교장실에서 이야기를 나누었다. 그녀의 아버지인 글렌 도만은 은퇴했다. 재닛 도만은 머리를 1950년대 스타일로 동여매고 치마 정장에 어울리는 엷은 갈색 구두와 스타킹 차림이었다. 여기에다 입술에 진한 핑크색 립스틱을 칠한 그녀는 마치 아이젠하워 시대 멜로드라마에 나오는 이웃 주민처럼 보였다.

재닛 도만은 부모의 적극적 참여와 도전적인 학습 과제, 균형 잡힌 교육과정을 강조했다.

“엄마들은 일찍부터 아이들을 자극해주어야 합니다. 그래야만 아이들의 재능을 제대로 계발할 수 있습니다. 반드시 엄마여야 할 필요는 없겠죠. 엄마 역할을 하는 사람이면 됩니다. 대신 그 사람은 자기가 하는 일을 아이가 이해하고 받아들이게 해야 합니다. 그러니 그 역할을 엄마가 맡는 게 가장 좋겠죠. 심장병 전문의처럼 너무 바쁜 직업을 가진 엄마는 아이에게 집중하기 어렵겠지만 말입니다.”

재닛 도만은 다른 영재교육 프로그램들은 IAHP를 어설프게 모방한 것에 불과하다고 말했다. 그러면서 생후 ‘첫 3년’의 중요성을 강조했다.

“저희가 40년 동안 해온 일을 그들은 이제야 하고 있습니다. 베이비 아인슈타인과 여러 학원들은 영재교육으로 돈을 벌고자 합니다. 그러나 단순히 몇몇 장치를 모방한다고 해서 제대로 된 교육이 될 수는 없어요. 우리가 아기에게 읽기를 가르쳐야 한다고 말하면 일부 사람들은 그것이 지나치다고 비판합니다. 그러나 그들의 생각은 진부한 상식을 옹호하는 것에 불과하고 아기 한 명 한 명에게 맞는 개별화된 수업이 가져오는 효과를 무시하는 것입니다.”

자신의 학교를 조기교육의 창시자 격으로 내세운 재닛 도만의 말이 맞든 틀리든지 간에 IAHP의 철학이 베이비 아인슈타인이 내세우는 바와 유사한 것은 사실이다. IAHP의 조기교육과 아인슈타인 비디오에는 명백한 연관성이 있다. 오늘날 조기교육 프로그램에 아이들을 보내는 부모들은 교육용 비디오와 장난감의 홍보 내용에도 공감한다. 마리아 몬테소리가 말한 ‘흡수하는 머리’에 공감하며 아기 뇌의 유연성과 흡수 능력을 믿는다. 그렇기 때문에 아기 뇌의 장점을 잘 활용하고자 조기교육과 조기교육 제품을 구입하는 것이다.


## 아이의 내재적 동기를 무시한 조기교육이 문제다

문제는 이러한 생각이 아이들의 머릿속에서 실제로 일어나는 현상과는 거리가 멀다는 사실이다. 현재의 조기교육은 어른들의 염려를 상업화시키는 방향으로 진행되었고 이것을 정당화하고자 아기의 뇌에 대한 잘못된 가정에 매달리는 것뿐이다.

어른들은 우리의 사고가 유연하지도 빠르지도 못하다고 생각한다. 그래서 내 아이는 잘 교육시켜 그렇게 만들지 않겠다고 결심한다. 아이의 뇌는 얼마나 유연한가! 우리는 우리가 아이의 미래를 결정할 수 있다고 믿는다. 재닛 도만도 ‘선택권’이라는 말을 자주 사용했다. 그녀는 IAHP의 프로그램이 ‘부모들이 자녀에게 줄 수 있는 선택권’이라고 믿었다. 사실 IAHP는 더 엄청난 이야기를 하고 있다. 자신들의 프로그램으로 더 나은 아이들을 만들면 그만큼 더 좋은 세상을 만들 수 있다는 것이다.

사실 조기교육 프로그램들이 내거는 수많은 표어들은 아이들이 아닌 어른들의 관심을 끌기 위한 것이다. 그런데 마치 아이들에게 선택권을 주는 것처럼 이야기된다. 그러나 아이들이 정말로 자신들이 원하는 것을 선택하는지는 분명하지 않다. 갓난아이들에게 주체적인 선택이란 어울리지 않는 단어이기 때문이다. 아이들의 자유의지의 범위가 어디까지인지는 아직도 논란거리다. 무엇보다 조기교육을 받았던 수많은 어른들의 이야기는 조기교육이 아이들의 자유의지를 적지 않게 왜곡하고 있음을 말해준다.

전문가들은 아이의 다양한 능력 계발을 최우선 목표로 내세우는 현재의 조기교육 행태를 비판한다. 볼 주립대학교의 영재학과 교수 트레이시 크로스Tracy L. Cross는 부모들이 신봉하는 '영재 신화'[8] 가운데 하나가 아이의 여러 가지 재능을 균형 있게 키워야 한다는 것이라고 지적한다. 그래서 부모들은 컴퓨터에 재능 있는 내성적인 아이를 컴퓨터가 아닌 다른 것, 심지어 아이가 끔찍하게 싫어하는 것에도 관심을 갖게 하려고 노력한다. 그러나 크로스 교수는 지금까지의 연구에 따르면 어려서부터 한 분야에 엄청난 시간을 쏟아부으며 노력하는 것이 그 아이가 어른이 되어서도 성공하는 비결이라고 결론짓는다.

엘리트 교육 전문가인 안데르스 에릭손 플로리다 주립대학 심리학과 교수도 같은 주장을 편다. 그에 따르면 탁월한 수학자나 하키 선수, 스크래블(알파벳이 새겨진 타일을 이용해 보드 위에 가로나 세로로 단어를 만들면 점수를 얻는 보드 게임―옮긴이) 선수, 작가는 어려서부터 꾸준히 자기 분야의 재능을 키워온 사람들이다. 스키와 스케이트, 음악도 마찬가지다. 어떤 분야에서 성공하려면 어린 나이에 교습을 시작해야 한다. 성악가의 경우 세 살에서 다섯 살 사이에 음악을 시작해야 완벽한 목소리를 얻을 수 있다.

그러나 에릭손 교수는 아무리 그래도 빨리 시작하는 것이 늘 좋은 것은 아니라고 말한다. 그는 최근에 아이들이 골프를 치는 장면이 담긴 비디오테이프를 부모들에게서 받았다고 한다. 그중에는 생후 16개월짜리 아기 골퍼도 있었다. 그는 처음에 이 아기 골퍼를 어떻게 받아들여야 할지 고민했다. 그러다가 '아이가 해야 할 일을 부모가 결정하는 것은 해롭다'는 결론에 도달했다.

"아이가 무엇을 할지 결정하는 사람은 그 아이 본인이어야 합니다. 왜냐하면 더 높은 수준에 도달하려면 끊임없이 연습에 몰입해야 하는데 억지로 그렇게 할 수는 없기 때문이죠. 조기교육으로 성공한 사람과 조기교육 때문에 실패한 사람의 차이는 내재적 동기입니다. 아이에게 무엇을 시키고 싶다면 그것을 하고 싶은 동기를 키워주는 것이 중요합니다. 현재의 조기교육은 아이의 동기를 전혀 고려하지 않는다는 것이 가장 큰 문제입니다."

# 한국계 바이올리니스트 제니퍼 고의 타오르는 열정 

제니퍼 고Jennifer Koh(한국 이름 고현주—옮긴이)가 그랬다. 음악 신동이었던 그녀는 서른 살인 현재 엄청난 성취를 거둔 바이올리니스트다. 부모의 반대를 무릅쓰고 음악에 모든 것을 걸 정도로 내재적 동기가 확고했다. 클래식 음악 잡지 〈스트라드the Strad〉는 그녀를 가리켜 '결코 사라져서는 안 되는 타오르는 열정'이라 불렀다. 스물네 살 때 출시한 그녀의 첫 음반은 엄청난 호응을 불러일으켰다. 두 번째 앨범 〈2004 바이올린 판타지2004's Violin Fantasies〉에서는 로베르트 슈만의 '바이올린과 피아노를 위한 C장조 환상곡'과 오넷 콜먼의 '트리니티 판타지 바이올린 독주곡' 그리고 슈베르트와 쇤베르크의 곡들을 연주했다.

제니퍼의 연주 인생은 일찍 시작되었다. 음악은 그녀가 배운 많은 것 가운데 하나였다. 여덟 살 때는 지역 음악 대회에서 연주했고 리듬체조와 발레, 아이스스케이트, 수영 대회에도 나갔다. 프랑스어와 러시아어도 배웠다. 한국전쟁 때 부모님이 배울 수 없었던 것을 모두 배웠다. 이 가운데 음악에서 가장 두각을 나타냈다. 불과 열한 살 때 멋진 드레스를 입고 시카고 심포니와 함께 바이올린을 독주했다. 열네 살 때 바이올리니스트 아이작 스턴은 그녀에게 커티스 음악원(필라델피아에 있는 미국을 대표하는 음악학교—옮긴이)에 입학하라고 권유했다.

그러나 음악을 하찮은 일로 여긴 부모님은 딸의 음악적 성취를 탐탁지 않게 여겼다. 제니퍼는 자신의 타고난 재능과 열정을 포기할 수 없었다. 부모님은 분노했고 딸의 성취에 대해서 어떤 칭찬도 하지 않았다.

짧은 머리의 제니퍼는 날씬한 자태에 침착한 모습이었다. 그 멋진 모습 속에 순탄치 않은 과거가 숨겨져 있으리라곤 잘 상상이 되지 않았다. 그녀는 자신의 뜻을 펼치고자 열여섯 살 때 집에서 나왔다. 오벌린 대학에서 무료 기숙사는 물론 전액 장학금과 함께 입학 허가를 받아놓은 상태였다. 그해 그녀는 유명한 차이콥스키 국제음악콩쿠르(러시아 작곡가 차이콥스키를 기념하여 1958년부터 4년마다 모스크바에서 개최되는 음악 대회―옮긴이)에서 대상을 받아서 수천 달러를 상금으로 받았다. 그러나 그녀의 가족은 여전히 냉담했다. 집을 떠난 뒤 한동안 제니퍼는 부모와 이야기를 하지 않았고 지금도 그리 관계가 좋지 않다. 그녀는 부모님의 주변 사람들에 대해서도 강한 불신을 나타냈다.

"아버지는 제가 미국인이며 연주가란 사실을 잘 받아들이지 못하셨어요. 부모님은 저를 독립된 인격체로 보지 않으셨죠. 저를 부모님의 분신처럼 생각하신 것 같아요. 어렸을 때 사람들이 저를 칭찬하면 아버지는 '오우, 아니에요. 우리 아이는 그렇게 똑똑하지 않답니다' 라고 대답하셨죠."

불편한 가족 관계 때문인지 제니퍼의 표정은 행복해 보이지 않았다. 그러나 그것은 잠시였다. 역설적이게도 부모의 강한 반대가 오늘날의 그녀를 만들었기 때문이다. 만약 그녀의 부모가 음악의 가치를 알았다면 그래서 딸이 음악 영재가 되기를 간절히 원했다면, 오늘날의 제니퍼는 없었을지도 모른다. 부모의 극성이 그녀의 열정이 자라는 것을 방해했을 테니까 말이다.

"음악은 제가 선택한 것입니다. 언제나 저는 제 자신을 위해서 연주했어요. 그것은 저만의 세계이고 제 안식처입니다. 음악은 정직합니다. 노력한 만큼 보상을 해주죠. 음악만이 저를 인정해주고 제게 기쁨을 줍니다."

제니퍼의 성공은 조기교육에 대한 에릭손의 주장과 일치한다. 부모는 아이가 어떤 일에 흥미를 갖도록 북돋아줘야 한다. 그래야 부모의 영향력이 사라진 뒤에도 아이가 그 흥미를 발전시켜나갈 수 있다. 그리고 아이는 그 흥미를 밀고 나갈 수 있는 내면의 힘을 가져야 한다. 그것은 바로 자신감이다. 자신감이 있어야 아이는 그 흥미를 전문적 능력으로 키울 수 있다.


## 다시 특별해지지 못하는 영재들

자식이 영재든 아니든 간에 성격적 결함 없이 성공해서 행복하게 잘살기를 바라는 것이 모든 부모의 마음이다. 제니퍼 고의 부모도 마찬가지였다. 다만 그들은 딸의 재능을 부정함으로써 역설적으로 딸의 성공에 기여했다. 그런 의미에서 부모의 반대도 제니퍼에겐 결코 나쁜 일이 아니었다.

에릭손은 자기 흥미를 좇아서 열정적으로 노력하는 영재도 실망스러운 미래를 경험할 수 있다고 말한다. 솔로 연주자가 되려고 25년 동안 노력한 최고의 음악가들도 일개 오케스트라 단원으로 만족해야 할 수도 있다. 에릭손이 연구한 영재 음악가들도 그랬다. 어릴 때 영재로 인정받는 것은 쉬웠지만 그 영재들과의 경쟁에서 살아남아 그 분야의 대가로 인정받기란 정말로 어렵다.

결국 어릴 때 특별했던 영재들 가운데 많은 이들은 다시 특별해지지 못했고 이것이 삶의 그늘이 되었다. 외모와 목소리가 말괄량이 주디 갈랜드를 닮은 서른다섯 살의 뮤지컬 배우 도나 린 챔플린Donna Lynne Champlin도 어려서 대단히 촉망받는 아이였다. 세 살 때 탭댄스를 배우기 시작해서 곧 재즈와 리리컬댄스(발레와 재즈댄스를 결합시킨 퓨전 댄스—옮긴이)를 배웠고 네 살 때에는 전국 댄스 대회에 나갔다. 이어서 일곱 살 때 피아노, 열 살 때 플루트, 열한 살 때는 성악 교습을 받았다. 어린 나이에도 그녀는 교습과 대회를 즐겼다. 그래서 잘할 수 있었다.

"세 살 때의 열정으로 지금까지 살았어요. 어렸을 때 저는 다른 아이들이 이해되지 않았어요. 그들은 아무 열정도 없이 빈둥거렸거든요."

그녀는 정말로 야심 많은 어른이 되었다. '연극이 너무 슬퍼서 우는 것이 아니라 그 연극에 출연하지 못해서 우는' 그런 사람이 되고 말았다. 결국 연극과 뮤지컬 무대에 오르는 직업 배우가 되었지만 가슴속에는 허전함이 남아 있다. 어릴 때부터 쏟아부은 노력을 생각하면 지금 마땅히 주연으로 무대의 스포트라이트를 한몸에 받아야 하지만 현실은 그렇지 못했다. 그래서 어릴 때부터 키워온 엄청난 기대는 충족되지 못한 채 그녀를 초라하게 만들었다.

## 아이를 아웃소싱하는 부모들

이처럼 조기교육은 충족되기 어려운 야망을 아이에게 심어주어 결과적으로 아이의 미래를 불행하게 한다. 그러나 전문가들이 조기교육에 반대하는 더 근본적인 이유는 다른 데 있다. 조기교육이 도리어 아이의 성취를 저해한다는 것이다.

템플 대학교 발달심리학과 교수로 《아인슈타인은 플래시 카드를 사용하지 않았다Einstein Never used Flashcards》를 쓴 캐시 허쉬 파섹Kathy Hirsh-Pasek은 조기교육의 가치를 검토한 뒤 '조기교육이 돈 낭비일 뿐만 아니라 아이의 발달에도 해롭다'[9]는 결론을 내렸다. 아이들이 비디오를 보면서 배우는 것은 또래들과 어울리면서 배우는 것에 비하면 지극히 사소하다는 얘기다.

"아이들은 다른 아이들과 어울리면서 세상 살아가는 법을 배웁니다. 조기교육이나 에듀테인먼트 제품은 아이들의 능동적인 학습을 어른들의 수동적인 교육으로 바꿀 뿐입니다."

허쉬 파섹 교수는 특히 조기교육이 아이들의 지적·신체적 발달을 돕는다는 주장을 강도 높게 비판한다. 베이비 사인 랭귀지 교사들이 이 수업이 아기들의 지능지수를 높여준다고 주장하는 것에 대해 도대체 어떻게 그것이 가능하냐고 묻는다. 그도 그럴 것이 아기의 지능지수가 높아졌는지 확인하려면 그전에 아기들 전체의 지능지수를 조사하여 비교 준거를 마련해야 하는데 이것이 불가능하기 때문이다. 또 허쉬 파섹 교수는 축구나 체육 수업보다 그냥 공터에서 노는 것이 훨씬 더 좋은 수업이라고 믿는다.

"조기교육 시장으로 아이들을 내모는 것은 부모가 자신의 역할을 아웃소싱(위탁 처리)하는 것에 불과합니다."

조기교육 업계 종사자들도 이런 비판을 자주 들어왔다. 그러나 그들은 조기교육의 문제를 조급한 부모들 탓으로 돌린다. 자기 아이를 다른 아이와 비교하면서 남보다 앞서기만을 바라는 부모들이 문제라는 것이다. 그러면서 일부 종사자들은 너무 어린아이들에게는 조기교육이 적절하지 않다고 솔직히 털어놓는다. 다음은 워싱턴에서 릴 킥커스 유아 축구 교실을 운영하는 한 지점장의 이야기다.

"왜 우리 아이는 아직 축구를 배우지 않느냐고 묻는 부모들이 있습니다. 그러면 우리는 그 부모를 먼저 교육시킵니다. 이 부모들은 아기가 축구를 하는 데 필요한 18개월을 기다리지 못합니다. 아기가 생후 17개월일 때 찾아와서 '겨우 한 달인데 봐줄 수 없냐'고 묻죠. 어떤 부모들은 자기 아이가 미래의 펠레('축구의 신'으로 불린 브라질의 축구 선수—옮긴이)가 될 것처럼 이야기합니다. 그러면서 우리가 시키는 연습으로는 부족하다고 여기죠. 그러나 우리는 아이들에게 필요한 것이 무엇인지를 압니다. 극단적인 부모들은 왜 아이들이 몸싸움을 하지 않느냐고 불평합니다. 그러면 우리는 말합니다. '당신 아이는 겨우 세 살입니다.' 어린아이들은 팀을 이해하지 못합니다. 우리 편과 상대편을 이해하지 못하죠. 경쟁심은 서서히 생겨나는 것입니다. 보통 네댓 살 때 생기는데, 그때도 아직 준비가 되지 않은 아이가 있습니다."

딜러 퀘일 음악 스쿨의 음악 교사 역시 비슷한 의견이다.

“때로 부모들은 두세 살짜리 아기에게 선생님의 행동을 그대로 따라 하라고 가르칩니다. 그러나 그것은 아이의 창의력을 죽이는 일입니다. 우리는 부모들에게 교사의 연주를 정확하게 따라 할 필요가 없다고 말해줍니다. 아이들이 리듬을 타기만 하면 된다고 말이죠.”

## 배움의 민주주의?

물론 조기교육 현장에 이런 부모만 있는 것은 아니다. 어떤 부모들은 아이들 교육보다 다른 학부모를 만나려고 학원을 찾는다. 그들이 아이에게 축구나 외국어를 가르치는 이유는 다른 친구들도 그렇게 하기 때문이다. 그 결과 일부 조기교육 프로그램은 작은 공동체처럼 보이기도 한다. 비록 아이 교육이 공통된 관심사이지만 다양한 사람들을 만나는 사교 현장으로 활용되는 것이다. 사회학자 로버트 퍼트넘Robert Putnam이 《혼자 볼링 치기Bowling Alone》에서 지적한 것처럼 라이온스 클럽이나 로터리 클럽 등 전통적인 공동체가 점점 사라지는 미국에서 사교육 모임이 이 공백을 채워주고 있다.

그러나 대다수 부모들이 자녀를 조기교육 프로그램에 등록시키는 이유는 아이를 다재다능한 영재로 키우기 위함이다. 네 살짜리 아들에게 구몬 프로그램을 시킨다는 한 아빠는 이렇게 말한다.

“수학은 반복이 필요합니다. 제 아들은 재능이 있지만 집 근처에는 수학을 배울 만한 곳이 별로 없어요. 그래서 아이가 세 살 때부터 일주일에 한 번씩 이곳에 옵니다. 그래서 아이는 이제 읽기도 하고 매일 숙제도 꼬박꼬박합니다. 아이 엄마가 가르치는 것을 무척 좋아하는데 책과 비디오, 단어장, 문제집을 활용하죠."

아이를 IAHP에 보내는 부모들의 열성은 더 대단하다. 적지 않은 부모들이 아이를 이 학교에 보내려고 필라델피아 근처로 이사 왔다. 그들에게는 아이의 공부가 무엇보다도 중요한 일이기 때문이다. 어떤 아빠는 한 살짜리 아이를 이 학교에 입학시키면서 울었다고 한다. 아이의 소중한 1년을 낭비한 것이 억울했기 때문이다. 그 잃어버린 시간을 보상하고자 아이에게 해줄 수 있는 것은 모두 해주기로 결심했다고 한다.

"여섯 살이 되면 뇌가 더는 발전하지 않잖아요. 그때까지만 아이의 뇌를 키울 수 있습니다. 제 아들은 요즘 '왜?'라는 질문을 달고 삽니다. 아이는 새로운 지식을 받아들이고 기억하며 배운 것을 그대로 보여줍니다."

IAHP의 다른 학부모도 여덟 살 딸아이를 위해 남편과 함께 필라델피아로 이사 왔다.

"저는 딸아이가 다양한 능력을 키웠으면 좋겠어요. 제 딸은 이미 많은 것을 놓쳤습니다. 그래서 처음부터 다시 시작하는 마음으로 교육에 신경 쓰고 있습니다. 내 아이가 어떤 교육을 받는지 보려고 늘 학교에 머물며 교사들을 보조하고 있답니다. 집에서도 가르치고 있고요. 확실히 효과가 있는 것 같습니다."

이들은 한결같이 IAHP의 교육에 만족감을 표시했다. 물론 교육비가 만만치 않다. 이는 다른 조기교육 프로그램도 마찬가지다. 브로드웨이 베이비는 45분 수업에 41달러를 내야 한다. 어린이 구몬은 한 달에 110달러, 딜러 퀘일 음악 스쿨은 일주일에 한 차례씩 1년 수업료로 1,730달러를 받는다. 점점 더 많은 부모들이 조기교육에 적지 않은 비용을 지불하고 그렇지 못하면 부모 노릇을 제대로 하지 못한다는 자책감에 시달린다.

조기교육의 효과를 확신하는 부모들에게는 이런 비용이 결코 아깝지 않다. 아이를 아기 수화 교실에 보내는 한 엄마는 '그저 아이를 소중하게 키우고 싶을 뿐'이라고 말한다.

"우리 아이는 재능을 가지고 태어났습니다. 물론 우리 아이만 그런 것은 아니겠죠. 부모로서 아이의 재능을 꼭 키워주고 싶어요."

이 엄마는 분명 실질적 민주주의의 이상을 표현하고 있다. 바로 아이가 교육받을 권리 말이다. 모든 아이는 영재로 자랄 권리가 있다. 그러나 실제로는 모든 아이에게 평등한 기회가 보장되지 않는다. 모든 부모가 비싼 사교육비를 감당할 만큼 잘사는 것이 아니기 때문이다. 그러므로 사교육 기관들이 주장하는 '배움의 민주주의'란 단지 일부 아이들에게 해당되는 말이다.

그나마 다행인 것은 있는 사람들의 특권인 사교육이 그렇게 좋은 것만은 아니라는 사실이다. 사교육을 받는 아이는 분명 어떤 점에서는 유리하겠지만 그에 못지않게 부작용도 많다. 반대로 사교육을 받지 못하는 아이들이라고 해서 교육받을 권리를 충분히 누리지 못한다고 말하기도 어렵다. 인간의 제도는 불평등하지만 그 불평등함을 상쇄하는 무언가가 세상에는 있는 법이다.

"그 아이는 가게 주인과 선생님을 연기할 뿐만 아니라 풍차와 기차도 흉내 낸다."

–발터 벤야민

"법과 질서, 상업과 이윤, 기술과 예술, 시와 지혜 그리고 과학 등 문명화된 삶의 본능적인 힘은 신화와 의식 속에 그 기원이 있다. 이 모든 것이 연극이라는 원시적 토양에 뿌리내리고 있다."

–요한 호이징가, 《호모 루덴스》

# 네 살짜리 화가 말라 올름스테드

　　알록달록한 그물 침대 위에서 말라 올름스테드Marla Olmstead는 거침없이 붓을 휘둘렀다. 바로 옆 그물 침대 위에서는 남동생 잔이 누나와 함께 재잘거리며 그림을 그렸다. 뉴욕 북부에 있는 말라의 아파트는 마치 소아과 병실처럼 아기자기했다. 사탕과 껌, 땅콩이 들어 있는 큰 유리 상자와 형광 물고기로 가득한 수족관, 큰 곰 인형, 수집용 광대 인형들, 'Midget(초소형)'이라는 단어가 새겨진 빨래판 들이 빼곡히 들어차 있었다.

　　지금 말라는 잠시 쉬고 있다. 그러나 말라는 뉴욕에서 가장 열심히 작업하는 화가로 손꼽힌다. 말라가 그린 유화 수십 점은 30만 달러를 벌어들였고 이 수익금은 곧 1백만 달러를 넘을 예정이다. 말라의 이야기는 〈뉴욕타임스〉에 세 차례나 실렸다. 또 말라는 '데이비드 레터맨 쇼'와 '엘렌 디제너러스 쇼' '오프라 쇼'에도 출연했다. '토니 단자 쇼'에서도 출연을 요청했지만 거절했다.

말라가 그린 그림은 1만 5,000달러에 팔린다. 한정판 복사본 가격이 800달러다. 2004년 여름에 열린 말라의 전시회에는 2,000명의 관객이 다녀갔고, 2005년 초에는 200명의 관객이 전시회 관람을 예약했다.

그러나 말라는 자기가 얼마나 부자인지 모른다. 그도 그럴 것이 말라는 아직 네 살짜리 어린아이에 불과하기 때문이다.

말라의 작업은 붓으로 시작되어 유화용 주걱을 거쳐 손가락으로 마무리된다. 이 손가락 작업 때문에 최근 한 작품에 '디지트Digits(손가락들)'라는 이름이 붙었다. 아버지 마크Mark 올름스테드는 말라가 기저귀를 차고 있을 때부터 뭔가를 그렸다고 말한다.

말라의 부모는 딸의 작품이 범상치 않다고 여겼다. 그래서 뉴욕 남부 도시 빙엄턴에서 카페를 운영하는 친구에게 그림 전시를 부탁했고, 2003년 카페에 작품 몇 점을 걸었다. 그런데 그 그림이 화랑 주인인 앤서니 브루넬리Anthony Brunelli의 눈에 띄어 영재 화가의 길을 걷게 된 것이다.

말라 올름스테드는 미술사가 조너선 파인버그Jonathan Fineberg가 말한 '전략적 아이다움'[1]을 자연스럽게 보여준다. '전략적 아이다움'은 지난 100년간 성인 화가들이 의도적으로 그림 속에 담으려 한 미학 기법이다. 어릴 적의 천진난만함을 원초적으로 표현하는 방법으로 그래피티 아티스트 키스 해링과 낙서 화가 장 미셸 바스키아가 이 기법을 즐겨 사용했다.

사실 미술가들은 오랫동안 아이들의 그림에 주목해왔다. 피카소는 1950년대에 아이들의 그림을 관람한 뒤 이렇게 말했다. "내가 이 나이였다면 나도 라파엘로처럼 그렸을 것이다. 다시 이 아이들처럼 그림을 그리는 데 정말 많은 세월이 걸렸다."

파울 클레와 호안 미로, 장 뒤뷔페 등 유럽의 후기 상징주의 거장들도 아이들의 그림에서 큰 영향을 받았다.[2] 1917년 미술비평가 로저 프라이Roger Fry[3]는 그 이유를 '아이들의 그림에는 천진난만한 유희가 담겨 있기 때문'이라고 분석했다. 1938년 미술비평가 로버트 골드워터Robert Goldwater[4]도 현대미술의 가장 큰 특징을 '아이의 예술'로 보았다.


## 어린아이 특유의 천진함이 무기

이렇게 아이들의 예술은 어른 화가들에게 자발성의 스승으로 인식되었지만 막상 아이들의 작품이 예술 작품으로 인정받은 경우는 드물다. 역설적이게도 아이들 작품의 순수성이 그 이유였다. 아이들은 자기 그림을 누군가 볼 것이라는 의식이 없기 때문에 순수한 창의력을 마음껏 발휘할 수 있었는데 이것이 바로 아이들의 작품이 극찬받는 진짜 이유다.

그러나 오늘날의 상황은 다르다. 'MARLA(말라)'라는 대문자가 아동 화가의 상표처럼 인정받듯이, 아이들의 그림이 예술 작품으로 팔리고 있다. 말라처럼 어린아이 특유의 천진한 장난스러움이 담긴 대중미술 기법을 다른 아이들도 사용하기 시작한 것이다. 그래서 이제는 꼬마

화가들도 큰돈을 벌어들이고 있다.

　　이런 현상은 아동 화가 말라가 갑자기 주목받게 된 이유를 부분적으로 설명해준다. 2004년에 뉴욕의 구겐하임 미술관은 말라의 작품을 크리스마스카드로 만드는 방안을 브루넬리와 상의했다. 이 구상은 실현되지 않았지만 말라의 유명세가 어느 정도인지 보여준다. 미술용품 업체인 크레욜라 사도 말라를 홍보 대사로 삼으려고 했다가 뜻을 이루지 못했다.

　　실제로 말라의 그림은 또래 아이들에 비해 탁월하다. 비평가들은 말라의 작품에는 추상성과 일관성, 뛰어난 색 감각과 균형 감각, 성숙함들이 잘 드러나 있다고 평한다. 그러나 엄밀히 말해서 말라의 작품이 비싸게 팔리는 것은 모두 브루넬리와 부모 덕이다. 물론 말라의 그림을 사는 사람들은 이 어린 소녀의 재능과 작품 세계를 인정한다. 말라의 고객 중에는 르누아르와 마티스를 소장한 화랑 주인이자 서부 해안에서 손꼽히는 예술품 수집가인 스튜어트 심슨Stuart Simpson도 있다.

　　말라의 그림은 대체로 밝다. 소용돌이와 모서리가 잘린 애매한 삼각형, 분홍색 마름모, 황토색 오렌지, 붉은 벽돌, 노란 트럭 들이 말라가 자주 그리는 것들이다. 말라의 그림은 〈캠프파이어〉〈얼굴〉〈열광〉〈사탕〉〈지금 쏴〉처럼 제목도 친근하다. 최근 작인 〈불꽃놀이〉는 1980년대 유행한 지하철 낙서처럼 파랗고 빨간 선들이 어우러진 이미지들로 구성되어 있다. 다른 그림들도 언뜻 보아선 잘 어울리지 않을 것 같은 밝은 색깔들이 원시적으로 뒤엉켜 있다.

# 놀이가 일이 된 스케이트보드 소년

스케이트보드 신동으로 알려진 여덟 살 소년 미치 브루스코Mitchie Brusco도 말라와 비슷한 경우다. 재미로 시작한 스케이트보드 타기가 말라처럼 돈 버는 일이 된 것이다. 귀여운 귀를 가진 평범한 아이 미치는 후원사를 아홉 곳이나 거느린 유명인이 되었다. 후원사 가운데 한 곳은 미치의 이름을 딴 스케이트보드 제품까지 내놓았다. 후원사들의 동기는 분명하다. 미치처럼 스케이트보드를 잘 타고 싶어하는 아이들에게 스케이트보드를 팔기 위해서다.

2004년 여름, 미치는 가장 큰 후원사인 마텔이 새롭게 선보인 세계에서 가장 비싼 장난감 자동차 '핫 휠스Hot Wheels'의 홍보 행사에 참가했다. 마텔 사는 뉴욕 맨해튼의 제이콥 재비츠 센터에 스케이트보드 무대를 만들었다. 미치는 이 자리에 모인 수백 명의 장난감 전문가들 앞에서 스케이트보드 묘기를 선보였다. 영화 촬영 때나 쓰이는 특수 조명이 킥플립 기술로 공중으로 뛰어오르고 트위스트 묘기를 선보이는 미치를 환하게 비추었다.

미치의 놀이가 일이 된 건 이보다 훨씬 전이다. 미치는 세 살 때 이미 스포츠 매니지먼트 회사인 옥타콘과 처음 관계를 맺었다. 물론 회사 관계자를 만난 것은 미치의 부모였다. 네 살 때에는 음료 회사인 존스소다의 후원을 받게 되어 티셔츠와 손목 밴드를 제공받았다. 신발과 배낭, 바지는 DC슈즈 사에서 헬멧은 트리플에이트 사에서 지원해주었다. 다섯 살 때에는 소프트럭스 사가 새로운 후원사로 나섰고, 레고스포츠 사

가 보드복을 제공했다. 최근에는 '미치 브루스코 스케이트보드 라인'
의 상표 사용료도 받고 있다. 그 과정에서 기존의 후원사 두 곳을 잃었
는데, 대신 더 많은 계약금을 받고 마텔의 핫 휠스와 비교적 자유로운
전속 계약을 맺었다.

미치를 만나러 간 날에도 방송국 리포터가 학교 앞에서 기다리고
있었다. 얼마 전에는 로스앤젤레스 명사 볼링 대회에 특별 손님으로 참
석해 보드 실력을 선보였다. 미치는 후원사인 존스소다에서 공짜 음료
를 제공받기 때문에 학교에서 파티를 열 수도 있다. 2004년 아직 일곱
살에 불과했던 미치의 미래는 이미 많은 부분이 결정되어 있었다.

이제 미치는 보드 선수로서 또래 아이들과 경쟁하는 것은 어렵게
되었지만, 그의 후원사들이 후원하는 경기에서 다양한 연령대의 보드
선수들과 경쟁하며 묘기를 선보이고 있다. 그들은 대부분 미치보다 나
이가 많고 보드도 더 잘 탄다. 오랜 기간 보드를 탔고 체격이나 체력도
더 좋기 때문이다. 비록 뛰어난 재능 덕에 많은 후원사들의 지원을 받게
됐지만 미치는 그들을 이기지 못할 것이다.


## 억대의 꼬마 스타들

네 살짜리 스타 화가와 여덟 살짜리 스케이트보드 신동은 단순히
기이한 현상이나 천박한 미국 자본주의의 산물이 아니다. 말라 올름스
테드와 미치 브루스코는 '억대의 꼬마 스타들'이라는 거대한 현상의 한

부분에 불과하다.

말라는 부모와 화랑에 수천 달러를 벌어주는 아동 화가 가운데 한 명일 뿐이다. 아동 화가의 경우 영재를 발굴하는 스카우터의 역할이 중요하다. 부모 외에도 화랑 주인, 미술 치료사 들이 그 역할을 하는데 미술 치료사들은 부모들에게 생후 6개월부터 아이를 주의 깊게 살피라고 조언한다. 그래서 미술에 대해 어느 정도 식견이 있는 부모들은 아이가 그린 그림을 JPEG파일로 만들어서 브루넬리 같은 사람에게 보낸다. 자기 아이도 말라처럼 성공하기를 바라기 때문이다.

그림은 놀이에서 돈벌이 수단으로 변한 많은 영역 가운데 하나일 뿐이다. 몇 년 전부터 평범한 어른보다 더 많은 돈을 버는 꼬마 스타들이 점점 더 늘어나고 있다. 이런 현상은 스포츠 분야에서도 마찬가지다. 레고나 버튼 같은 스포츠용품 회사들이 영재들을 후원하면서 스케이트보드나 스노보드 같은 어린이 스포츠 분야가 급격하게 상업화되고 있다. 축구와 야구, 하키 같은 전통적인 스포츠도 예외는 아니다. 축구공이나 야구방망이 하나만 있으면 되던 스포츠들이 장비와 유니폼 구입에 수천 달러가 드는 고급 스포츠로 변질되고 있다.

이런 흐름은 아이들의 놀이가 돈 주고 배우는 전문 스포츠로 변한 것과 무관하지 않다. 이제 아이들은 동네 공터에서 친구들과 공을 차지 않는다. 축구를 하려면 스포츠센터에 가서 배워야 한다. 그러다가 운이 좋으면 스포츠 스타로 발탁된다.

중·고등학교 농구 선수와 관련된 각종 순위와 정보를 제공하는 웹사이트 '후프스쿱 온라인HoopScoop Online'의 발행인인 클라크 프랜시스Clark Francis에 따르면, 농구 선수가 되려면 최소한 초등학교 4학년 때 스카우터에게 발탁되어야 한다. 일찍 발탁되면 될수록 더 좋은 조건으로 계약할 수 있다. 스카우터들은 아이가 어리면 어릴수록 그 상업적인 가치가 더 높아진다고 말한다.

당연한 얘기 같지만 재능을 일찍 계발한 아이일수록 더 우수한 능력을 갖게 된다. 그리고 그 능력은 미래의 경제적인 성공으로 이어진다. 아디다스나 리복, 나이키 같은 스포츠용품 회사들은 어린 스포츠 영재들과 전속 모델 계약을 맺고 싶어하기 때문이다. 실제로 나이키는 광고에 출연시킬 중학교 1학년 농구 선수들을 찾고 있다.

예술이나 스포츠 분야뿐 아니라 체스도 새로운 '영재 금밭'으로 떠올랐다. 다른 분야에 비해 특별한 기술이 필요 없어 어린아이가 두각을 나타내기 쉽고 우승자에게 큰 혜택이 주어지기 때문이다. 체스 영재의 부모들은 체스가 대학으로 가는 통로, 더 나아가 안정적인 돈벌이 수단이 된다고 말한다. 현재 미국의 17개 대학에서 체스 장학금을 지급하며 체스 영재들을 자기 대학에 입학시키려 노력하고 있다.

그래서 자기 아들이 너무 체스에 빠져 산다고 걱정했던 한 아버지는 체스만 잘하면 얻을 수 있는 혜택이 많다는 걸 알고 태도를 확 바꾸었다. 청소년 체스 대회에서 우승하면 4년 전액 장학금을 받으며 텍사스 대학이나 메릴랜드 대학에 들어갈 수 있다고 하니 어느 부모가 혹하지 않겠는가. 오랫동안 아이의 지능을 높이는 조기교육 수단으로 각광받아온 체스가 이제는 미래의 성공을 보장하는 티켓이 된 것이다.

이처럼 영재를 배출하는 영역은 점차 넓어지는 추세다. 어떤 분야가 됐건 남보다 뛰어나면 영재 소리를 듣는다. 그래서 아이들은 다양한 영역에서 조기교육을 받고 있다. 로봇공학, SAT, 디지털 영화 촬영 들을 집중적으로 가르치는 여름 캠프가 학부모들 사이에서 인기를 끌고 있다. 1990년대 후반부터 유행하기 시작한 어린이 대상 '전문가 캠프'는 이제 대세가 되었다.


## 노는 시간마저 잃어버린 아이들

조기교육 열풍이 학교 바깥에서만 일어나는 것은 아니다. 주로 시험에 대비하는 공부의 양이 늘면서 학교도 변하고 있다. 이제 아이들은 부모가 정한 일정대로 움직이게 되었고 그러면서 아이들의 자유 시간이 급격하게 줄어들었다.

아이들의 자유 시간 감소는 연구 결과에서도 드러난다. 미시간 대학교의 샌드라 호퍼스Sandra L. Hofferth와 존 샌드버그John F. Sandberg의 2001년 논문 〈1981년에서 1997년 사이 미국 아동들의 시간표 변화〉[5]는 16년간 세 살부터 열두 살 사이 미국 아동들의 시간 사용 추이를 분석한 것이다. 이 논문에 따르면 1981년에서 1999년 사이에 아이들의 자유 시간은 66퍼센트에서 50퍼센트로 감소했다. 반면 스포츠 훈련 시간은 59퍼센트에서 75퍼센트로, 미술 시간은 19퍼센트에서 26퍼센트로 증가했다.

아이들의 자유 시간이 줄었다는 것은 굳이 연구 논문을 들춰보지 않아도 알 수 있다. 집에서는 많은 부모들이 아이들의 늘어난 공부량과 씨름하고 학교에서도 자유 시간이 확 줄었기 때문이다. 일선 학교들은 줄어든 교육재정에도 전국적으로 실시되는 표준화된 시험에서 높은 점수를 얻어야 한다는 부담을 느끼고 있다.

조지아 주립대학 아동발달학과 교수인 올가 자렛Olga Jarrett은 조지아 주의 많은 학교들에서 자유 시간이 사라졌다고 말한다. 예전에는 놀이로 여겨지던 것들이 이제는 수업으로 편성되어 이른바 '놀이 교육'이 되었다는 것이다.

이 흐름은 다음과 같은 중요한 질문을 제기한다. 아이들의 놀이가 일이 되는 것은 언제 해로운가? 어느 정도의 훈련이 아이들에게 적절한가? 부모의 지도는 어느 정도가 적당한가? 놀이가 전문적인 일이 되면서 자유 시간이 없어지는 추세에 문제점은 없는가? 장기간의 놀이 교육이 심리적·신체적으로 아이에게 미치는 영향은 무엇인가? 부모나 어른들이 영재들을 착취하는 면은 없는가? 사회적으로 신동의 출현이 바람직한가?

아이에 대한 어른의 착취가 명백한 경우 놀이의 직업화는 해롭다. 일부 영재 매니저들의 욕심은 지나칠 정도다. 벤 발렌티Ben Valenty는 10년 동안 '어린이 피카소' '어린이 달리'를 발굴해 키워온 영재 전문 매니저다. 그는 암을 이겨낸 인간 승리의 주인공 올리비아 베넷Olivia Bennett을 아동 화가로 키웠다. 올리비아는 크고 단순한 유화를 잘 그렸다. 지금 열아홉 살이 된 동구권 출신 아동 화가 알렉산드라 네치타Alexandra Nechita도 그가 발굴했다. 그러나 그는 이제 더 이상 아동 화가를 찾아다니지 않는다. 올리비아의 가족이 그가 부당이득을 취했다고 고소했기 때문이다. 2004년에 벤 발렌티를 인터뷰했을 때 그는 자기의 잘못이 아니라고 주장했다. 올리비아의 재능이 부족해서 일어난 문제라는 것이다.

"올리비아 베넷이 원숭이라면 알렉산드라 네치타는 비틀스입니다. 둘의 재능은 비교가 안 됩니다."

다행히 소송 사건은 원만히 해결되었다. 그는 어떤 조건으로 합의했는지는 밝히지 않았다. 이처럼 미술과 스포츠 분야에서 영재들을 찾아내어 돈을 벌려는 어른들이 꾸준히 늘고 있다.

아이들의 놀이가 직업이 되는 흐름에는 '쉽게 발견되지 않지만 무시하기 어려운' 또 다른 부작용이 감춰져 있다. '영재로 인정받은 아이들이 노력하지 않아서 잠재력을 실현하지 못하면 죄책감을 느끼며 살게 된다'는 것이다.

아동발달연구소에서 아동기를 연구하는 심리학자 지아닌 로젠블룸Gianine D. Rosenblum은 부드러운 말투에 목소리가 경쾌하고 조용했다. 아이들을 상대로 일하는 사람에게는 이상적인 조건이다. 그러나 그녀가 임상 경험을 통해 얻은 교훈은 결코 부드러운 것이 아니었다.

"특정한 재능을 키우려고 하기 전에 먼저 아이들의 미래를 유연하게 바라보아야 합니다. 어떤 분야에 대단한 재능이 있다고 해서 혹은 특정 분야의 훈련을 철저하게 시킨다고 해서 아이가 나중에 그 일을 하게 된다는 보장은 없습니다."

조기 스포츠 교육은 다른 부작용도 낳는다. 바로 아이들의 부상이다. 예를 들면 골프 조기교육 붐이 일면서 많은 아이들이 머리에 부상을 입었다. 한 소아과 전문의는 조기 스포츠 교육으로 인해 어린이들 사이에 부상이 널리 퍼지고 있다고 지적한다.

"스트레스성 골절과 무릎 파열, 허리 디스크 등 예전에는 주로 어른들이 걸렸던 질병을 아이들이 앓고 있습니다. 어린 나이에 특정 스포츠만을 집중해서 배우는 것은 위험합니다."


## 노는 것은 아이들의 권리다

어려서 직업 전선에 나서는 영재들만 문제가 되는 건 아니다. 이 아이들뿐 아니라 모든 아이들의 자유로운 여가 시간이 줄어들고 있다. 앞서 살펴본 미시간 대학 연구팀의 조사에 따르면 1981년에서 1997년 사이 여섯 살에서 여덟 살 아이들이 숙제를 하는 시간이 일주일에 1시간 16분에서 2시간 8분으로 52분이나 증가했다.

연구자들은 공립학교에서 자유 시간이 줄어드는 것은 매우 심각한 문제라고 말한다. 그래서 아동 발달 연구를 하는 많은 학자들이 뜻을 같이하는 부모들과 '자유 시간 늘리기 운동pro-recess movement'에 참여하고 있다. 이 운동을 주관하는 시민단체가 바로 '미국 아동의 놀 권리 협회'로 이곳에서는 〈놀 권리Play Rights〉라는 잡지도 발행한다. 이 운동을 대표하는 인물이 미네소타 대학의 심리학과 교수인 앤서니 펠레그리니 Anthony Pellegrini[6]이다.

펠레그리니 교수가 쓴 《쉬는 시간Recess》은 이 운동의 정신을 잘 담아냈다. '아동에게는 놀 권리가 있는데 지금 이 권리가 심각하게 침해당하고 있다'는 것이 이 책의 메시지다. 책에는 휴식 시간이 충분한 아이들과 그렇지 못한 아이들의 성취도와 집중력을 각각 비교 분석한 연구가 실렸다. 펠레그리니 교수는 '휴식 시간이 아이들의 사회성을 발달시키고 의사소통 능력을 키워주며 수업 시간에 집중하게 만든다'는 결론을 내렸다. 그리고 아이들에게 요구되는 학문적 능력도 키우면서 충분한 휴식 시간도 확보하는 방안으로 '휴식 시간이 많은 긴 학기'를 제시했다.

아동심리학자들에 따르면 놀이의 핵심은 아이들 마음대로 하는 것이다. 어른들이 정한 방법으로 노는 것이 아니라 아이들이 하고 싶은 것을 하는 것이 진짜 놀이다. 이 놀이가 아동의 발달에 꼭 필요한 필수 요소라는 것이다. '놀이 연구'의 창시자는 펜실베이니아 대학의 명예교수이자 《모호한 놀이The Ambiguity of Play》의 저자인 브라이언 서튼 스미스Brian Sutton-Smith다.[7]

서튼 스미스 교수는 '아동의 놀이 시간을 없애는 것은 어른의 커피 타임을 없애는 것과 같다'고 빗대어 말한다. 이처럼 놀이는 아이들의 학습 능력 향상에 꼭 필요한 것이다. 직장인들이 커피를 마시며 다음 업무를 준비하듯 충분히 놀고 휴식을 취한 아이는 누가 시키지 않아도 공부하려고 한다. 서튼 스미스 교수는 더 나아가 놀이는 아이들의 '권리'라고 주장한다. 비록 놀이가 학습 능력을 키워주지 않는다 해도 아이들에게는 놀 권리가 있다는 얘기다.

자신의 철학처럼 여든이 넘은 나이에도 서튼 스미스 교수는 즐겁게 사는 모습이었다. 뉴질랜드에서 보낸 어린 시절도 그에게는 유쾌한 이야깃거리였고 늙음마저도 유머의 대상이었다. 그는 놀이가 아이의 사회성 발달에 꼭 필요한 시간임을 설명하며 조지 부시 대통령을 예로 들었다. "만약 부시가 잘 놀지 못했다면 다시 말해 잘 놀면서 여러 가지 사회적 능력을 키우지 않았다면 오늘날의 부시 대통령은 없었을 겁니다."

서튼 스미스와 펠레그리니에게 '자유 시간 늘리기 운동'이 전하는 메시지만큼 중요한 것은 없다. 놀이가 일이 된다면 그래서 아이들이 자유롭게 놀지 못한다면 그것만큼 아이들에게 해로운 것은 없다. 놀이가 일이 되는 현상은 과거의 암울한 시대를 떠올리게 한다. 바로 산업혁명 시기에 정점을 이룬 아동노동 착취가 그것이다.


## 전문가란 탈을 쓴 아동노동

'어린이'와 '노동'은 언뜻 어울리지 않는 말처럼 보인다. 그러나 아이들이 노동에서 벗어나 자유로운 몸이 된 것은 그리 오래된 일이 아니다. 과거에 아이들은 어린 노동자에 불과했다. 어린아이들도 어른들과 똑같이 일했고 그러면서 보수는 더 적게 받았다.

중세 유럽의 아이들은 교육을 받았다기보다는 직업훈련 명목으로 실제 어른의 일을 했다. 역사학자 스티븐 민츠Steven Mintz가 쓴 것처럼 청교도들에게도 아이들은 '자신의 직업을 통해 구원받아야 할, 훈련받고 있는 어른'에 불과했으며[8] 그렇기 때문에 가능한 한 빨리 어른의 노동에 동참해야 했다.

이처럼 과거에 아동기란 어른의 삶을 준비하는 시기였다. 아이들은 처음에는 집에서 나중에는 공장에서 일했다. 노동 의무를 지지 않는 자유롭고 보호받아야 할 대상이라는 아동 개념은 당시 사람들에게 생소한 것이었다.

프린스턴 대학 사회학과 교수인 비비아나 젤리저Viviana Zelizer는 《값을 매길 수 없는 아이의 값 매기기Pricing the Priceless Child》에서 1870년대부터 1930년대 사이에 '경제적인 가치는 없지만 정서적으로 소중한 아동'의 개념이 정착했다고 쓰고 있다.[9] 19세기에 제정된 아동노동금지법은 '아동의 일은 경제적인 목적을 위한 노동이 아니라 도덕적 발달을 돕는 학교 공부와 집안일 돕기가 되어야 한다'고 규정했다. 마침내 '긴 아동기'라는 개념이 등장한 것이다. 이때부터 아동기는 시장과 어른들의 요구에서 해방된 자유로운 시기로 인식되었다.

만약 아동기, 심지어 유아기가 다시 어른의 삶을 준비하는 기간으로 전락한다면 이는 의무교육과 아동노동금지법이 없던 시기로 돌아가는 것이다. 19세기 아이들을 착취했던 직업훈련이 '전문인'이라는 화려한 옷을 입고 다시 등장하는 것이다. 차이가 있다면 오늘날의 어린 전문가들은 상당한 보수를 받으며 다른 또래 아이들은 일하지 않는다는 것을 안다는 점이다. 물론 최근 등장하는 어린이 스타들은 주변의 부러움을 한몸에 받는다. 그러나 이를 위해 그들이 받는 스트레스는 상상 이상이다.

오늘날 열심히 일하는 아이들은 분명 이전 세기 아동기의 우울한 반영이다. 옛날에는 가난한 집 아이들이 일했다면 이제는 상류층 아이들이 혹사당한다. 바루크 셈토브Baruch Shemtov도 그랬다.

바루크는 십대 넥타이 디자이너로 2004년 명품 백화점에서 오트 쿠튀르 전시회를 개최했다. 그는 어려서 구찌 작품을 수집하다가 소년 디자이너가 되었다. 여덟 살 때 처음 디자인한 작품 제목을 자기 이름을 따서 '바이쉬BYSH'라고 붙였다. 그는 학교 수업 때문에 디자인을 마음 껏 할 수 없었다고 한다.

바루크의 사례는 조기교육에 몰두하는 부모들의 주장을 뒷받침하는 것처럼 보인다. 부모들은 아이가 정말로 그 일을 원하기 때문에 그 일만 하게 하는 것이 결코 가혹하지 않다고 말한다. 더욱이 그 일이란 것이 그림과 스케이트, 농구, 체스처럼 노는 것이라면 어떤 해로움이 있겠느냐고 반문한다.


## 아동 착취? 부모의 사랑?

미치 브루스코의 엄마는 아들의 일이 모두 그의 생각이라는 걸 거듭 강조했다.

"미치는 네 살 때부터 보드밖에 몰랐어요. 눈만 뜨면 보드를 탔죠. 심지어 거실에서 보드를 타다가 의자에 부딪힌 적도 있어요."

보드를 직업적으로 타는 것은 전적으로 아들의 선택이었다는 것

이다. 다른 어린 전문가들처럼 미치도 못 말리는 열정의 소유자다. 아무
도 미치가 보드 타는 것을 말릴 수 없었는데 무슨 강요나 훈련이 있었겠
느냐는 말이다.

"이제 미치는 4미터가 넘는 높이의 스케이트보드장에서 보드를
탑니다. 물론 미치도 우리와 같은 사람입니다. 그래서 특별 대우를 받는
걸 부담스러워하죠. 자기 모습이 담긴 포스터도 보고 싶어하지 않아요.
우리 미치의 스케이트보드를 보세요. 미치가 디자인한 거죠. 그것은 결
코 쉬운 일이 아니었어요. 그러나 회사 쪽에서 미치가 핫 휠스 보드를
디자인해주길 바랐고 거기에는 그럴 만한 이유가 있었어요. 미치가 또
래 아이들의 취향을 잘 알고 있을 거라는 얘기였죠. 만약 미치가 또래
아이들과 경쟁한다면 분명 상을 탔을 겁니다. 그러나 그럴 수가 없으니
까 대신 다른 선물을 사줍니다."

미치는 2층에서 음료수를 마시고 있었다. 비록 존스소다의 후원을
받고 있지만 다른 어린이 스타와 달리 후원사 외에 다른 회사 음료수까
지 마시지 못한다는 계약 조항은 없다. 미치는 여동생과 함께 핫 휠스
비디오게임을 하고 있었다.

"저희 어릴 때는 집에 오면 이웃 아이들과 어울리는 게 일이었죠."

미치 엄마의 말은 지금 미치가 잃어버린 것이 무엇인지 알려준다.
예전에 아이들이 자유롭게 놀았다고 해서 어른의 보살핌을 받지 못했
다는 얘기는 아니다.

미치의 엄마 제니퍼는 농구 장학금으로 대학을 다녔고, 미치의 아
빠도 대학에서 야구 장학금을 받았다. 두 사람 다 꽤 실력이 있었지만

지금 미치가 받고 있는 경제적 혜택과 대중적 관심은 얻지 못했다.

"마텔과의 계약은 미치에게 많은 기회를 줄 겁니다. 저도 그때 정말 열심히 운동을 했죠. 그러나 저에게는 후원자가 없었어요. 그래서 대학에 가서도 끊임없이 경쟁을 해야 했죠. 지금 미치에게 온 기회가 그때 저에게는 오지 않았어요."

브루스코 부부는 현재의 성공과 돈이 미치의 미래를 보장해줄 거라고 믿는다.

"미치는 이미 충분히 돈을 벌었어요. 더 이상 경기에 나가 다른 아이들과 경쟁할 필요가 없죠. 우리는 불확실한 시대에 살고 있습니다. 요즘 일자리 구하기가 얼마나 어렵습니까? 생명을 위협하는 테러리즘은 또 어떻고요. 미치가 제 나이가 되었을 때 어떤 일이 일어날지 누가 알겠어요. 그래서 미치가 큰돈을 벌고 선택권을 가졌다는 사실이 기쁩니다. 적어도 미치는 저처럼 먹고살려고 험한 일을 할 필요는 없을 테니까요."

말라의 아빠 마크 올름스테드도 이와 비슷한 이야기를 했다. 그림에 대한 말라의 열정은 전적으로 말라에게서 나온다고 했다.

"저는 단지 말라를 돕는 것에 불과합니다. 이렇게 말하면 어떤 사람들은 의심합니다. 대체 어떻게 돕길래 아이가 그렇게 그림을 잘 그리느냐고요. 그러면서 이렇게 말합니다. 네 살짜리 치곤 말라가 너무 그림을 잘 그린다고 말이죠. 하지만 말라는 정말 그림을 잘 그릴 수 있습니다. 그것도 아주 훌륭한 그림을 말이죠. 어떤 비평가들은 말라를 거북이에 비유합니다. 마치 거북이가 그린 그림을 보는 것처럼 신기하게 말라의 그림을 봅니다. 하지만 말라도 생각이 있는 사람이에요. 말라는 코끼

리나 거북이가 아니에요. 제 딸을 동물에 비유하는 것은 모욕입니다.”

말라의 아빠는 말라와 같은 아동 화가가 기존의 어른 화가들을 위협한다는 사실에 유감을 나타냈다. 실제로 대부분의 화가들은 자기 일에서 만족스러운 결과를 얻지 못한다. 그래서 말라의 아빠는 딸의 성취가 더 자랑스럽다고 말한다.

“이것이 아동 착취입니까? 만약 그렇다고 말하는 사람들이 있다면 저는 그들에게 묻고 싶습니다. 아이에게 미식축구공을 주는 것도 착취냐고 말이죠. ‘당신 아이에게 붓을 쥐어주고 억지로 그림을 그리게 해보라’고 말하고 싶습니다.”

이제 말라는 많은 이들에게 알려진 유명인이 되었지만 말라의 부모는 언론 매체를 경계한다. 말라의 엄마는 딸의 이야기가 책에 실리는 것도 달갑지 않다고 했다.

“우리에게도 사생활이 있습니다. 그래서 ‘데일리 쇼’에서도 출연을 요청했지만 저희는 나가지 않았습니다. 저는 영재라는 단어를 좋아하지 않습니다. 그런 말 때문에 각종 항의 메일을 받고 있어요. 나중에 말라가 커서 자기가 영재였다는 사실을 알고 어떻게 받아들일지도 모르겠고요. 말라가 ‘굉장한’ 아이인 것만은 분명하지만 영재라는 말을 쓰는 건 다른 이야기라고 생각합니다.”

말라의 엄마는 이렇게 얘기했지만 딸의 이야기가 책에 실리면 어떤 이득이 있느냐고 물었다. 딸이 책에 나오면 돈을 받을 수 있는지 아니면 딸의 가치가 높아지는지에 대해 적지 않은 관심을 나타냈다. 말라의 아빠는 딸의 상표 가치를 높이는 데 더 노골적이다. 그는 화랑을 돌면서 말라의 작품이 지닌 가치를 직접 설명했다. 화랑 벽에 걸린 딸의 그림을 가리키며 말라의 아빠는 말했다.

"이 그림을 작품이라고 부르는 것이 우스울 수도 있어요. 이건 엄밀히 말해서 놀이이기 때문입니다. 그러나 놀이와 예술은 서로 통하지 않나요?"

놀이와 일의 혼동은 아이들이 놀이를 통해서 돈을 버는 전문가가 되는 '놀이 회사Play Incorporated' 현상에 중요한 의문을 제기한다. 놀이 회사가 아이들의 아동기를 희생시키는 것은 아닌가? 아이들이 어린 시절에 일만 하도록 강요받는 것은 아닌가?

말라의 경우 무엇이라고 답하기 어려웠다. 최소한 말라를 만난 뒤 5개월이 지나기 전까지는 그랬다. 그런데 그때 말라의 이야기가 리얼리티 텔레비전 쇼 '60분'에 나왔다. 말라가 언론에 노출되는 것을 꺼리던 말라의 부모가 이 쇼의 인기에 끌려 딸의 작업 장면을 몰래 촬영하는 걸 허락한 것이다. 그런데 그 내용이 충격적이었다. 혼자서 그림을 그린다던 말라의 곁에서 아빠가 작업을 돕는 모습이 촬영된 것이다. 말라의 아빠가 딸에게 어떤 색깔을 어떻게 칠하라고 설명하는 소리도 들렸다. 게다가 말라의 아빠는 계속 딸에게 그림을 그리라고 강요했다. 말라가 조금 쉬고 싶다고 말해도 아빠는 허락하지 않았다.

이 이야기는 다시 우리에게 중요한 질문을 던진다. 아이의 재능을 전문가 수준으로 키우는 것이 아동 착취인가 아니면 아이의 미래를 보장해주려는 부모의 사랑인가? 이 질문에 대답하는 것은 정말 어렵다. 아이들의 노는 시간이 줄어들고 숙제가 늘어나는 현상도 이와 비슷한 의문을 던진다. 대체 어느 정도가 아이의 성취에 도움이 되는 일이고 어느 정도가 아이에게 스트레스를 주는 일인가?

많은 부모들은 이 세상이 끔찍하게 예측 불가능하다고 말한다. 아이들이 겪게 될 위험이 너무 많다는 것이다. 그러면서 많은 것을 약속하지만 최소한의 것도 보장해주지 못하는 현실에 좌절한다. 이런 상황에서 자기들이 놓친 기회를 자녀가 잡길 바라는 부모를 탓할 수만은 없다. 분명히 아이들은 앞으로 치열한 경쟁을 하며 살아야 한다. 그렇기 때문에 자기 아이가 시간을 낭비하지 않고 남보다 앞서기를 바라는 부모들의 생각이 잘못된 것은 아니다.

메릴랜드 대학교 사회학과 교수로 《불평등한 아동기Unequal Childhoods》를 쓴 아네트 라로Annette Lareau는 특히 전문직 부모들을 연구했다.[10] 그 부모들은 자녀의 재능을 키우는 것을 인생의 중요한 과제로 보고 이를 달성하고자 아이에게 매달렸다. 이에 대해 라로 교수는 '이제는 난로가 아니라 달력이 미국 가정의 상징이 되었다'고 진단한다.

"어떤 가정에서는 아이의 일정을 점검하고 관리하는 것이 지극히 당연한 일이 되었습니다. '내 아이가 자기만큼 살지 못하면 어떡하나' 하는 걱정이 중산층 부모들 사이에 퍼져 있습니다. 그래서 그들은 자녀에게 남보다 뛰어난 능력을 전해주려고 노력합니다. 그래야 자녀들이 성공할 수 있기 때문입니다. 이것이 바로 지식사회에 등장한 부의 전수 방법이자 오늘날 중산층 출신 전문가 아이들이 많은 이유입니다."

자녀의 성공을 확실한 것으로 만들고자 부모들은 자녀의 어린 시절을 '낭비'하지 않으려고 애쓴다. 그것이 미래에 자녀들이 행복하고 편안하게 사는 길이라고 믿기 때문이다. 물론 1장에서 살펴본 과학 영재 베첸 우와 첼리스트 신동 매트 하이모비츠의 경우처럼 아이가 자신이 배우는 것에 열정을 가져야만 부모의 노력은 성공을 거둘 수 있다. 베첸 우와 매트 하이모비츠는 어린 시절의 재능을 자신만의 방법으로 계발하여 부모의 투자를 헛되이 만들지 않았다.


## 놀이와 일의 행복한 만남, 자폐아 화가 조너선 러먼

극단적이기는 하지만 1987년생 화가 조너선 러먼Jonathan Lerman도 그런 경우다. 그는 자폐증을 앓는 정신지체아다. 그에게 그림은 다른 사람들에게 자신을 표현하는 유일한 방법이었다. 현재 열일곱 살인 조너선이 그린 그림은 맨해튼 KS화랑 주인인 케리 슈스를 통해 일반에 팔리고 있다. 조너선의 그림은 약 2,500달러에 팔리고 데생은 1,200달러 선에 팔린다.

조너선은 주로 인물화를 그리는데 눈과 코, 입술을 크게 그린다. 순진하게 그려진 피카소의 작품을 떠올리게 하는 그의 그림에는 천진난만한 글씨가 들어가 있다. 팝 가수 존 레넌이나 MTV 만화 캐릭터 '다리아' 같은 유명인이 그림 속 주인공으로 종종 등장한다. 물론 조너선이 그리는 인물화의 범위는 이보다 넓다. 목탄으로 르네상스풍의 초상화도 그린다. 그림 속 인물의 표정은 매우 권태로웠고 옷의 레이스와 소맷부리가 두꺼웠다.

조녀선의 그림 도구 상자는 그가 그린 얼굴로 장식되어 있다. 사람들의 표정을 읽지 못하는 것이 자폐의 주요 증상이다. 어쩌면 그 때문에 조녀선의 그림에는 항상 얼굴들이 넘쳐나는지도 모른다. 1920년대와 1930년대, 1940년대라는 글자가 휘갈겨져 있는 그의 목탄화는 매우 신비롭고 감동적이다. 다른 그림에는 일그러진 얼굴이 그려져 있는데 '하나님은 틀렸다'라는 문장이 적혀 있다. 자신의 불행을 예술로 승화시킨 조녀선의 작품에는 확실히 남다른 게 있다.

조녀선은 미술 학원의 음침한 지하실에서 그림을 그린다. 학원 건물 한쪽 편에는 공동묘지가 있고 다른 편에는 고물들이 쌓여 있었다. 그래서인지 그가 처한 상황이 더 우울하게 보였다. 그러나 이런 환경에서도 그의 열정은 뜨거웠다. 그는 헐렁한 청바지에 빨간 폴로셔츠를 입고 서로 다른 마크라메(실이나 끈을 엮어서 만드는 수예용품—옮긴이) 목걸이를 세 개나 하고 있었다. 마침 그는 좋아하는 따분한 삼류 음악을 들으며 그가 제일 좋아한다는 배우 조이 로런스의 초상화를 그리고 있었다. 캔버스 위에 조이 로런스의 사진이 붙어 있었다.

조녀선은 조기교육의 이상을 잘 실현한 아동 화가로 꼽힌다. 그림이 자아를 솔직하고 총체적으로 표현하는 수단이 되고 있기 때문이다. 언어로 자신을 잘 표현하지 못하는 그에게 그림은 자신을 표현하고 남에게 이해받는 거의 유일한 통로였다. 조녀선이 하는 놀이이자 일은 자폐아인 그가 뭔가를 할 수 있게 해줄 뿐 아니라 삶의 희열을 가져다준다.

위장병 전문의인 조녀선의 아빠는 아들의 그림이 자신을 잘 표현하지 못하는 그의 상태를 그리고 있다고 말한다. '하나님은 틀렸다'는 말은 조녀선이 자기를 자신 안에 가둔 하나님이 틀렸다고 느끼고 있음을 말해준다는 것이다.

"자주색이 너무 짙어, 너무 짙어!"

조녀선이 외쳤다. 그는 가끔 초상화에 맞는 색깔을 찾는 데 하루를 다 보낸다. 그래도 적당한 색을 찾지 못하면 다음 날에도 그 일을 계속한다. 그에겐 그림 그리는 것이 정말로 놀이이자 일이었다. 자기가 좋아서 그림을 그리면서 그 대가로 상당한 보수를 받기 때문이다. 그는 누구나 부러워하는 '놀이가 일이 되는 삶'을 살고 있었다.


## 고독한 여섯 살짜리 만화가 알렉사

놀이가 일이 된 아이들 가운데는 그 일을 계속할지 말지를 놓고 중대한 결정을 내려야 하는 경우도 있다. 여섯 살 만화가 알렉사 키친Alexa Kitchen이 그러하다. 알렉사의 부모는 딸이 하는 일을 미래의 직업으로 삼게 하는 것이 딸에게 최선일지를 놓고 심각하게 고민하고 있었다.

알렉사는 그 열정만 보아선 기성 만화가 못지않다. 벌써 '알렉사의 부엌Alexa Kitchen, the Early Years' 시리즈 1, 2권을 완성했다. 예순 살인 알렉사의 아빠는 딸의 책을 직접 출판하고 앞으로도 계속 내주려고 한다. 그러나 엄마의 반응은 냉랭하다. 키친 부부의 고민은 그들과 같은 부모들이 겪는 갈등을 단적으로 보여준다. 아이의 흥미를 재능으로 발전시켜 평생 그 일을 하게 할 것인가? 아니면 그냥 취미로 즐기게 할 것인가? 대답하기 어려운 질문이 아닐 수 없다.

알렉사의 아빠 데니스는 크럼R. Crumb과 하비 커츠먼Harvey Kurtzman 등 유명 만화가들의 책을 내는 키친출판사를 운영한다. 이런 아빠 밑에서 알렉사가 만화에 흥미를 느낀 것은 어쩌면 당연한 일이었다. 매사추세츠 주 슈츠베리에 있는 알렉사의 집에는 만화가들이 자주 드나들었다. 데니스는 딸의 재능을 확신했다.

"저희 집에 왔던 유명 만화가들이 모두 알렉사의 작품을 극찬했습니다. 그 가운데에는 카툰이 예술로 발전하는 데 결정적인 역할을 한, 지금은 고인이 된 만화계의 거두 윌 아이스너Will Eisner도 있습니다. 그 전에도 아이들이 그린 만화를 많이 보았지만 알렉사처럼 그리는 아이는 열네 살 아이들 가운데서도 볼 수 없었을 테니까요. 그 정도로 알렉사는 타고난 재능을 가졌습니다."

알렉사의 아빠는 딸의 그림을 자랑스레 보여주었다.

"이 던져진 팝콘을 보세요. 문손잡이를 잡으려고 하는 손을 보세요. 이 해골과 땀방울은 또 어떻고요. 대단하지 않나요?"

이처럼 데니스가 알렉사를 유명하게 만드는 데 열광할 때 엄마인 스테이시는 무덤덤하게 지켜보기만 했다. 만화계 명사들이 알렉사의 비범한 재능을 칭찬해도 《작가주의 만화 가격 가이드The Official Underground and Newave Comix Price Guide》의 저자 제이 케네디Jay Kennedy가 알렉사를 '만화계의 타이거 우즈'라고 불렀을 때도 그녀는 기쁨보다 걱정이 컸다. 그도 그럴 것이 본인이 어려서 '이카로스 효과'를 경험했기 때문이다. 알렉사의 엄마 스테이시는 '리틀 미스 퀸' 출신이다.

"어렸을 때 저의 외모는 사람들의 눈길을 끌었습니다. 텔레비전 연속극에도 출연했죠. 그러나 너무 어린 나이에 연기를 하도록 강요받은 것이 저에겐 큰 상처가 되었습니다. 제 어머니는 돈을 벌었지만요. 텔레비전에 아이들이 나와서 노래 부르고 춤추는 것을 보면 지금도 마음이 편치 않습니다. '리틀 미스 콜로라도' 존베넷 램지JonBenet Ramsey(램지는 여섯 살 때인 1996년 12월 폭행당하고 살해된 채 발견되었다―옮긴이)의 이야기를 듣고 마음이 너무 아팠어요. 저도 그렇게 자랐으니까요. 남부에서는 그런 게 좀 유행했거든요. 저는 알렉사만 할 때부터 쭉 미인 대회에 출전했습니다. 여덟 살 때부터 줄무늬 비키니를 입어야 했죠. 정말 끔찍했어요."

스테이시는 예쁘기만 한 것이 아니라 노래까지 잘 불렀다. 그녀의 목소리는 청중을 사로잡는 매력이 있었다.

"저는 텔레비전에 출연하려고 노력했습니다. 그래서 내슈빌 지역 헤드라이너의 오프닝 쇼도 진행했었습니다. 열 살 때 제 노래를 작곡하기도 했죠. 그렇지만 스물세 살 때 내슈빌을 떠났습니다. 제 한계를 느꼈기 때문이죠. 잘하고 싶다는 의욕은 넘쳤지만 제가 바라던 배역은 주어지지 않았어요. 너무 괴로웠습니다."

알렉사 집의 한쪽 벽에는 1980년대에 스테이시가 찍었다는 치즈 홍보 포스터가 걸려 있다. 긴 머리에 흰 부츠를 신은 앳된 소녀의 모습이었다. 스테이시는 아이들이 겉으로는 잘 드러내지 않아도 속으로는 상처받는다는 사실을 잘 안다.

"알렉사를 친구 생일 파티에 억지로 데려간 적이 있어요. 그런데 거기서 안 좋은 일이 일어났죠. 알렉사가 친구에게 줄 카드에 '네가 명왕성으로 가버렸으면 좋겠다'고 쓴 거예요. 알렉사는 세상에서 가장 좋은 일이 이 지구를 떠나는 것이라는 의미로 그렇게 썼다는데 그 친구는 그렇게 받아들이지 않았죠. 알렉사가 좀 이상한 것은 사실입니다. 그래서 학교에서 난처한 일을 많이 겪고 있고요. 물론 그런 일을 저에게는 잘 말하지 않아요. 그러나 가끔씩 이렇게 말해요. '엄마, 기분이 이상해요. 왠지 우울해요'라고요."

알렉사가 외톨이처럼 지내는 것은 분명했다. 문제는 만화가 알렉사의 고립을 더 강화할 것인지 아니면 알렉사에게 필요한 심리적 탈출구 역할을 할지다. 만약 전자라면 만화가로서의 성공은 알렉사를 더욱더 고립되게 만들 것이고 후자라면 알렉사는 만화를 통해 심리적 안정을 찾을 것이다.


## 열광적인 아빠와 걱정하는 엄마

처음 만났을 때 알렉사는 우울해 보이지 않았다. 집 안을 뛰어다니며 방에 있는 사람들을 마구 껴안았다. 알렉사는 좋아하는 사람을 만나면 그 사람 얼굴에 볼을 비빈다고 한다.

"제 이름은 A로 시작해서 A로 끝나요. 아프리카Africa나 아시아Asia도 그렇죠. 아시아는 유럽과 연결되어 있지만 아프리카와는 이어져 있지 않아요. 거기 나라들의 수도를 말해줄까요?"

알렉사는 에너지가 넘쳤다. 만화를 그리느라 조금 여위었다고 한다. 알렉사의 방에는 엄청난 양의 종이가 쌓여 있었다. 알렉사는 자기 방을 '종이 둥지'라고 표현했다.

"저는 예술가가 되고 싶어요. 예술가와 만화가가 다른가요? 저는 만화에서 소문자를 쓰지 않아요. 모든 문장을 대문자로 쓰죠. 그런데 학교에서 이것이 문제가 되었어요. 그래서 소문자를 쓰라는 선생님과 싸웠죠. 저는 소문자를 쓰고 싶지 않다고 말했어요. 그래서 선생님께 혼났지만 저는 지금도 소문자를 쓰지 않아요."

알렉사의 아빠는 이런 딸의 모습이 그저 대견한 것 같았다. 알렉사가 만화를 그리느라 고독하게 지내도 그것을 대수롭지 않게 여기는 것 같았다. 만화가로 성공하는 것이 알렉사를 더욱 고독하게 만들 수 있다는 위험성은 안중에 없었다. 그저 알렉사가 예민해지면 곧잘 머리를 흔드는데 자기도 그런 적이 있다며 가볍게 얘기했다.

"제 어머니는 만화에 대해서 아무것도 몰랐어요. 저는 초등학교 다닐 때부터 만화를 그렸죠. 그리고 열세 살 때 제 만화를 책으로 만들어 팔기 시작했습니다. 아버지가 안 계셨기 때문에 제가 돈을 벌어야 했어요."

알렉사의 아빠 데니스는 엄마인 스테이시와 달리 아이가 어른인 양 놀이를 일처럼 하는 것이 가져올 부작용을 염려하지 않았다.

알렉사의 그림은 말라의 그림처럼 추상적이지 않았다. 사람들의 얼굴로 가득 찬 그림들에서는 소녀 특유의 감수성과 경쾌함이 넘쳐났다. 마치 그 그림들이 알렉사의 외로움을 치유하고 있는 듯 보였다.

알렉사는 네 살 때 처음으로 그림에 글자를 넣어서 만화를 만들었다. 그녀의 친구이자 만화 주인공인 '커시 러시 랜드(KLL)'는 그때 만들어졌다. 알렉사의 단어 구사력은 다섯 살 때부터 어른들을 앞질렀다. 알렉사는 사전과 지도를 읽으며 그 내용을 암기했다. 그러면서 새로운 단어를 만들기 시작했다.

"알렉사가 그린 전기 스위치를 보세요. 10초 만에 그렸는데 대단하지 않나요? 이제는 무당벌레를 2분 만에 그립니다. 40센티미터 길이의 벌레를 점과 선으로 단번에 그려요. 이제 겨우 여섯 살인데. 저는 열두 살 때 겨우 기본적인 것을 그렸는데 말이죠. 알렉사의 그림은 다른 그림의 영향을 받고 있어요. 이제는 정육면체도 그리고 투시도도 그릴 수 있습니다. 초등학교 1학년들도 투시도는 아직 못 그리는데 말입니다."

알렉사의 아빠는 딸의 그림을 열광적으로 좋아했다.

"저는 정말로 알렉사 만화의 순수함을 사랑합니다. 너무 좋아서 가끔은 소리를 지르기도 하죠. 제 어머니는 제 만화에 별다른 관심이 없으셨죠. 물론 어릴 때 저는 알렉사처럼 좋은 만화를 많이 그리지 못했지만요. 저는 알렉사의 만화를 〈닉켈오디언Nickelodeon〉(다양한 주제를 다루는 어린이 잡지—옮긴이)에 보낼 생각입니다. 잡지에 99퍼센트 실릴 거예요. 그것은 알렉사에게 좋은 기회가 될 것입니다. 한 쪽당 원고료 350달러를 받으면 알렉사의 대학 학비로 사용할 겁니다."

말라의 부모만큼은 아니지만 알렉사의 아빠 데니스도 알렉사를 널리 알리는 데 적극적이었다. 저자 사인회를 열고 사인회장에 '천재 아동 화가! 두 번째 책이 나오다'라는 현수막까지 걸어주었다. 그러나 엄마인 스테이시는 그런 남편을 못마땅하게 생각했다.

"알렉사가 정말로 재능이 있을지도 모릅니다. 그러나 그것 때문에 또래들과 어울리지 못하고 있어요. 남편이 알렉사의 만화를 출판한 것은 모두 자기 좋으려고 한 일이에요. 알렉사의 성공으로 남편만 행복해하죠."

물론 스테이시도 알렉사를 자랑스러워한다. 동물원에 갔다가 그림을 그리고 싶어서 빨리 집에 돌아가려고 했던 딸의 모습을 자랑스럽게 이야기했다. 또 알렉사의 웹사이트를 꼼꼼하게 관리하는 것도 엄마 스테이시의 몫이다. 그러나 그렇다고 해서 걱정이 사라지는 것은 아니다.

"알렉사는 이제 여섯 살입니다. 만화책 출판이 아이에게 어떤 의미가 있을까요? 저는 어려서 어머니가 저를 다루는 방식에 분노했습니다. 마치 사람들을 즐겁게 하는 광대 원숭이 같았죠."

# 제5장

# 올바른 영재교육이 필요한 이유

"책과 자연이 아이들의 기쁨이 되기를!
'그 이름에 걸맞은 명예'를 누리는 지식!
그것은 권력을 주고서도 살 수 없다."

―윌리엄 워즈워스, 《서곡》

"'아동기 때부터 분명하며 쉽고 빠르게 준비된 미래'가 그를 망쳤다."

―보리스 파스테르나크

## 즐거운 영재 수업

바우어 선생이 플라스틱으로 만들어진 장난감 눈알을 던졌다. 눈알 속에는 붉은색 액체가 들어 있었다. 작은 안경을 쓴 자그마한 소녀가 그 눈알을 받았다. 소녀는 '동사는 익스포트export(수출하다)입니다'라고 얌전하게 대답한 뒤 그 눈알을 선생님에게 돌려주었다. 중년의 친절한 '전형적인' 학교 선생님의 모습을 한 바우어 선생은 그것을 받아 들고 금속 장식이 달린 나막신을 끌며 학생들 사이를 지나갔다.

이것은 일리노이 스프링필드에 있는 영재 학교를 방문했을 때 목격한 광경이다. 바우어 선생은 계속해서 25명의 아홉 살짜리 어린이들에게 '다른 나라로 물건을 보내는 것을 의미하는 동사'를 질문했다. 다음 질문으로 '적도 근처의 지역을 나타내는 형용사'를 생각하는 모양이었다. 그녀의 손이 거대한 교실용 세계지도 위에서 에콰도르와 사하라 사막을 따라 움직였다.

여기저기서 아이들의 손이 올라왔다. 바우어 선생은 파란 스웨터를 입은 아이에게 눈길을 주었다. "이퀴벌런트Equivalent(동등한)인가요?" 아이가 대답하자 선생은 '틀렸어요'라고 말했다. 아이는 선생님에게 장난감 눈알을 돌려주었다. 바우어 선생은 다른 아이를 보았다. 그 아이는 정확하게 '트로피컬tropical(열대의)'이라고 대답했다.

수업이 끝날 때쯤 바우어 선생은 다시 '익스포트'를 질문했다. 그러자 이 단어에 아이들의 관심이 집중되었다. 이 말은 아이들이 즐거워하는 주제였다. '이것은 내 것이고 저것은 네 것이다. 서로 바꾸자'를 세계적인 단위에 적용한 것이 바로 익스포트다.

"임포트Import(수입하다)는 익스포트의 반대말입니다. 이것은 다른 나라에서 물건을 들여오는 것을 의미합니다." 그러자 한 소년이 큰 목소리로 되물었다. "이라크에서 석유를 수입하는 것처럼요?"

이 말에 신이 난 아이들은 각자 입은 옷이 어디에서 수입됐는지를 확인하기 시작했다. 한 아이의 셔츠는 도미니카 공화국에서 다른 아이의 것은 엘살바도르에서 수입되었다고 신나서 얘기했다. 이 반은 4학년이다. 그러나 진짜 4학년 나이의 아이들은 월반을 해서 한 명도 없다.

이곳은 영재 학교다. 바우어 선생은 훌륭한 영재 수업이란 어떤 것인지를 보여주었다. 수업은 매우 재미있었다. 학생 수도 적고 수업 내용에 게임이 많았다. 바우어 선생은 영재를 가르치는 법을 전문적으로 훈련받았다고 한다. 그래서 아이들을 어떻게 '자기 주도 학습'으로 이끌어야 하는지 잘 알았다.

한 아이가 지도에서 떨어진 끈을 가지고 계속 딴짓을 하자 바우어 선생은 야단치지 않고 조용히 그 끈을 빼앗았다. 아이들의 행동이 지나쳐도 그녀는 화내지 않았다. 그저 흥미 있는 수업으로 아이들의 관심을 이끌어냈다. 아이들은 즐겁게 자기 옷이 어느 나라에서 생산되었는지와 20년 전에는 지금처럼 중국제 셔츠와 플립플롭(고무 슬리퍼―옮긴이)이 없었다는 사실을 배웠다.

예상과 달리 학급 분위기는 화기애애했다. 아홉 살 또는 열 살 아이들이 서로 악수하며 '셔츠와 안경이 멋지다'고 자연스럽게 칭찬을 건넸다. 복도에는 아이들이 그린 그림과 직접 쓴 '자신의 삶에 대한 시'가 걸려 있었다.


나는 할 말을 잃었다.
떨어지는 피아노가 느껴졌기 때문이다.
나는 종말이 무섭다.
그래서 양파가 잘려나갈 때 울었다.
독특한 방식으로 나는 웃기다.
나는 대수代數를 이해한다.
그러므로 나는 말한다.
언젠가 우주를 지배할 것이라고.


바우어 선생은 학생들의 재능과 단점 그리고 가정환경과 그것이 그들에게 미치는 영향을 잘 알았다. 학생들이 1990년대 초반에 생산된 볼품없는 애플 컴퓨터를 기증받아 사용한다는 점만 빼면 학교 분위기는 근사한 사립학교 못지않았다. 물론 사립학교 학생들은 거의 이용하지 않을 무료 급식을 이곳 아이들 대부분이 먹지만 말이다. 사립학교 학생들은 명문 사립 중학교로 진학하지 이 아이들처럼 한 반 정원이 35명이 넘는 일반 중학교로 진학하지 않는다. 무엇보다 사립학교 학생들은 이 아이들처럼 학교 근처에서 사람이 총에 맞아 죽는 장면을 목격하거나 퇴폐적인 문화에 노출되는 일이 거의 없다.


## 일레스 초등학교의 평등한 영재교육

일레스Iles 초등학교는 공립학교지만[1] 일리노이 주에서 일곱 번째로 우수한 영재 학교다. 이 학교는 재학생 대부분이 공부를 잘하는 것으로 유명하다. 소수민족이거나 집이 가난한 아이들도 좋은 여건의 아이들과 비슷한 성적을 낸다. 학생들 사이의 성적 격차를 줄인 일레스 초등학교의 존재는 특히 이 학교가 위치한 도시, 스프링필드에서 중요한 의미를 갖는다. 스프링필드는 전체 인구의 15퍼센트인 1만 7,000명이 흑인이기 때문이다.

그러나 영재 학교로서의 일레스는 비판의 대상이 되고 있다. 일레스의 수전 로즈Susan Rhodes 교장의 바람은 크게 두 가지다. 어린이 전문 심리학자를 일레스로 초빙하는 것과 일레스의 교육과정이 이후 중학교 교육과정으로 잘 연결되는 것이다. 특히 학습 장애나 행동 장애가 있는 영재들이나 가정환경이 불우한 영재들이 중학교와 고등학교에서도 적절한 관심과 도움을 받기를 소망한다. 그러나 이곳에 근무하는 다른 선생들처럼 로즈 교장에게도 그런 일을 해낼 능력이 없다. 기존 교사들도 영재들의 특성과 필요를 이해하고, 특히 불우한 영재들을 도울 수 있는 영재교육에 필요한 전문적인 훈련을 더 이상 받지 못하고 있다며 한숨만 쉴 뿐이다.

4년 전만 해도 일리노이 주정부는 영재교육에 1,900만 달러의 예산을 지원했다. 그러나 지금은 지원금이 한 푼도 없다. 한때 시행된 7~8일간의 영재교육 교사 연수도 사라졌다. 영재 학교 교사와 학부모들을 더 화나게 한 것은 한동안 일리노이 주 교육법에서 영재교육에 대한 언급 자체가 사라졌던 것이다. 지금은 돈은 빼고 그 말들만 다시 돌아왔다. 그래서 2001년부터 초등학교 영재들은 대부분 일반 중학교로 진학할 수밖에 없었다. 거기서 그들은 2년 전에 배운 것을 지겹게 다시 복습해야만 했다.

현재 일리노이 주의 교사와 교육공무원들은 기존 운영비의 3분의 1로 겨우 영재 프로그램을 유지하고 있다. 부족한 비용은 다른 교육재정에서 남은 돈을 끌어다가 충당한다. 이러한 현실은 영재교육의 질과 운영이 불가피하게 해당 교육구敎育區(미국의 기초 교육구는 학교를 직접 관리·운영하는 자치단체로서 주州가 설치한 일종의 지방공공단체다—옮긴이)의 경제력과 밀접하게 연관되어 있음을 의미한다. 1979년 상황은 이와 딴판이었다. 당시 일리노이 주가 450만 달러를 투자한 것을 시작으로 다른 주들도 잇달아 영재교육에 주 예산을 할당했다. 그래서 각 교육구는 영재교육에 필요한 돈을 매년 주에서 지원받았다.

‘미국영재연합’의 공교육 분야 책임자인 제인 클래런바흐Jane Cla-renbach는 일리노이 주와 미시간 주를 영재교육 재정이 급격하게 준 대표적인 사례로 지목했다. 한때 일리노이 주는 영재교육을 법으로 규정했고, 미시간 주는 그런 규정은 없었지만 2002년에서 2003년에 600만 달러를 영재교육에 투자했다. 그러나 2004년 들어 두 주 모두 재정 지원을 없앴고, 일리노이 주는 법 규정마저 폐지했다. 일리노이 주와 미시간 주만 그런 것이 아니다. 미국영재연합이 2004년에 벌인 설문 조사에 따르면 미국의 열다섯 개 주는 영재교육에 어떤 투자도 하지 않았고 다른 여섯 개 주는 1백만 달러 이하를 투자하는 것으로 나타났다.

영재교육에 대한 투자 축소는 교육재정 자체의 축소를 반영한다. 그리고 이것은 다시 전반적인 사회복지 재정의 감소를 의미한다. 그러나 영재교육의 진짜 적은 따로 있다. 바로 ‘낙제생 없는 학교 만들기No Child Left Behind(NCLB)’로 불리는 연방 교육 프로그램이다. 2002년에 제정된 ‘낙제학생방지법’은 학생들의 기초 교육을 강화하여 어떤 학생도 낙오되지 않게 하는 것을 목적으로 삼고 있다. 이론적으로는 바람직한 법안이다. 그러나 많은 교육 전문가들은 NCLB의 구체적인 내용이 엄청난 부작용을 만들고 있다고 주장한다. 무엇보다 학생들에게 표준화된 시험을 강조하는 것이 큰 문제라고 말한다.

교육 전문가인 데버러 마이어Deborah Meier는 저서 《많은 아이들이 뒤에 남았다Many Children Left Behind》에서 시험을 강조하는 흐름이 중요한 결정들을 몇몇 시험문제 출제기관의 손에 방치되게끔 만들었다고 지적했다.[2] NCLB가 미국의 교육구들이 ‘다양한 학생들의 교육적 수요를 무시하는 시험'에 매달리도록 강요했다는 것이다.

또 NCLB는 영재교육에 써야 할 돈을 다른 데 쓰도록 만들었다. 학교들이 NCLB의 요구 조건을 맞추려고 애쓰다 보니, 특히 가난한 지역의 영재교육에 쓸 돈이 없어졌다. NCLB 시행 이후 영재교육이 입은 피해는 정확히 측정하기 어렵다. 영재교육 예산이 주마다 다르게 지원되기 때문이다.

그러나 미국영재연합 소속 영재교육 전문가인 레베카 에커트Rebecca Eckert는 문제가 더 심각하다고 말한다. 교육예산이 재분배되면서 영재교육 프로그램 자체가 사라지고 있다는 것이다. 현재 학교에 근무하는 교사들의 61퍼센트가 어떠한 영재교육 관련 훈련도 받지 못했으며 연방 교육재정 가운데 영재교육이 차지하는 비율은 0.00029퍼센트에 불과하다.


## 낙제생 없는 학교 만들기의 진짜 목적

NCLB는 영재교육에 대한 모순된 사고를 잘 보여준다. 2000년 대선에서 교육 개혁은 조지 W. 부시가 강하게 제기한 쟁점이었다. 그는 자신을 '동정심 많은 보수주의자', 즉 미국의 모든 아이들을 제대로 교육시키는 데 관심이 많은 대통령 후보로 선전했다. 여기서 '동정심 많은'이란 모든 학생이 읽기와 산수에서 최소한의 성적을 거두게 하겠다는 뜻이고 '보수주의'는 여기에 연방정부의 돈을 쓰지 않겠다는 것을 의미했다. 그러나 기대하는 결과가 나오지 않으면 주정부는 대가를 치러야 한다.

이런 상황에서 일리노이 등 미국의 여러 주들이 선택할 수 있는 가장 손쉬운 방법은 영재교육 예산을 줄이는 것이었다. 그렇게 해도 정치인들이 손해 볼 것은 없었다. 영재들은 소수이고 영향력 있는 부자들은 영재 자녀를 비싼 사립학교나 영재교육에 필요한 재정을 스스로 확보할 능력이 있는 부자 동네 학교에 보내면 되었다. 그렇기 때문에 공립학교 영재들의 교육적 필요를 무시하는 것은 어떤 정치적 손해도 가져오지 않았다. 이것이야말로 넉넉하지 않는 예산 문제를 쉽게 해결하는 편리한 정치적 해결책이었다.

교육평론가 조너선 코졸Jonathan Kozol[3]처럼 미국 교육 체제를 비판하는 전문가들은 NCLB에 교육의 시장화라는 의도가 숨겨져 있다고 주장한다. 코졸은 〈뉴욕타임스〉와의 인터뷰에서 'NCLB의 진짜 목적은 국민들에게 공립학교의 실패를 생생하게 보여줘서 공립학교에 시장화 전략을 도입하는 데 필요한 여론을 조성하려는 것'이라고 비판했다.

시장화는 현재 미국 교육계의 중요한 화두다.[4] 과거에 비해 사립학교에 등록하는 학생 수가 크게 증가하고 있다. 교육부 산하 교육통계청 자료에 따르면 2004년 전체 초·중등학생의 11.5퍼센트인 600만 명의 학생이 사립학교를 다니는 것으로 나타났다. 1988년부터 2001년 사이에 사립학교 등록 학생 수가 18퍼센트나 증가했고, 2001년부터 2012년까지는 7퍼센트가 더 증가할 것으로 예상된다. 여기에다 공립이건 사립이건 간에 학생 수에 따라 예산이 배정되는 제도인 '학교 바우처 제도'도 확대되고 있다.

사립학교를 중심으로 한 교육의 시장화는 영재교육에도 중대한 영향을 끼친다. 사립학교가 공립학교를 대체하게 되면 사립학교의 비싼 학비를 감당할 수 있는 부유한 아이들만 영재교육을 받게 될 가능성이 높아지기 때문이다. 한마디로 재능의 '민영화'가 초래될 것이다.

그럼에도 영재교육 예산의 삭감은 비판적인 여론을 불러일으키지 못했다. 예산이 일률적으로 삭감되지 않은 탓에 많은 교육구와 사립학교가 이 문제를 심각하게 느끼지 않은 것도 한 이유다. 무엇보다 영재교육의 가치를 인정하지 않는 이들이 영재교육 예산 삭감을 환영하고 나섰다.

일부 교육 전문가들은 영재교육이 중산층과 상류층 아이들에게만 제공된다고 비판한다. 다른 이들은 많은 아이들이 열악한 환경에서 고생하는 상황에서 영재교육에 우선적 가치를 부여하기는 어렵다고 말한다. 재능을 지능처럼 '특정 사회의 창조물'로 보는 시각도 있다. 재능이란 실체가 없는 것인데 만약 있다고 한다면 그것은 타고난 우수성이 아니라 많은 사람들이 선호하는 특정 사고와 행동을 의미한다는 것이다. 마지막으로 선택받은 일부 아이들만 특권적 대우를 받는다는 영재교육에 대한 오래된 분노가 있다.

## 영재교육 비판론과 옹호론

컬럼비아 사범대학교의 제임스 볼런드James Borland 교수는 영재교육 비판자로 악명이 높다.[5] 그는 심지어 자기 전공을 싫어하는 것처럼 행동하기도 한다. 저자의 죽음을 선언한 롤랑 바르트처럼 그는 '영재의 죽음'을 찬양했다.

볼런드 교수는 영재성을 일종의 사회통제 방법으로 본다. 그 안에 도덕적·사회적 주장들이 교묘하게 숨어 있다는 것이다. 그러면서 영재교육이 주로 부자들에게 제공되기 때문에 불공평하고 엘리트주의적이라고 비판한다. 이미 많은 능력이 있는 영재들을 따로 모아서 가르치는 것은 그들의 미래를 더 확실하게 보장해주는 것에 불과하다고 말이다. 한마디로 영재교육이 특권층 자녀들에게 더 많은 특권을 부여하고 불우한 아이들을 더욱 불행하게 만드는 불평등한 관행이라는 것이다.

인디애나 대학의 교육학과 교수인 엘렌 브랜틀링거Ellen Brantlinger 역시 《계급 통치Dividing Classes》라는 책에서 '수준별 수업은 미국의 이상을 생각할 때 해로우며 영재교육이 학교교육의 다양성을 해치고 있다'고 주장했다. 영재교육이 엘리트 통치와 계급을 강화하는 수단이라는 것이다. 교육 비평가인 피터 색스Peter Sacks는 《표준화된 마음Standardized Minds》에서 수준별 수업을 다른 관점에서 비판했다. 영재교육이 1990년 초반 뉴저지에 있었던 제도적인 인종차별과 비슷한 유색인종 아이들에 대한 '학문적 린치'라는 것이다.

볼런드의 말처럼 공평성 문제는 오늘날 영재교육이 안고 있는 '뜨거운 감자'다. 영재에 대한 정당한 평가는 공정한 기회를 전제로 성립한다. 그런데 불평등이 만연한 미국 사회에서는 이 기회를 공정하게 배분하기가 어렵다. 언어 구사력이나 취향, 학벌 등 '문화 자본'은 가족을 통해 전달되는데 어떤 가정은 이 자본을 축적하는 데 유리한 배경을 갖고 있다. 미래의 성공에 필요한 인맥과 지식, 행동 등을 부모와 학교를 통해 전수받기 때문이다. 이런 점에서 영재교육은 계급 유지의 핵심적 수단이 된다.

그러나 그렇다고 해서 영재교육을 포기할 수는 없는 노릇이다. 영재 심리학자 줄리아 오스본Julia Osborn은 '지적 능력이 뛰어날수록 평범한 학교교육을 견디지 못한다'고 말한다. "만약 어떤 아이가 탁월한 언어와 수리 능력을 보인다면 그 아이는 반드시 또래 아이들보다 더 일찍 그 능력을 갈고닦을 수 있는 수업을 들어야 한다."

영재들을 위한 비영리단체인 '데이비슨 재능계발협회'의 창설자인 잔Jan과 밥 데이비슨Bob Davidson은 저서 《거부된 영재Genius Denied》에서 영재 학교의 영재들이 일반 학교의 영재들보다 두 배나 빨리 배운다고 주장했다.[6] 즉 '대단한 영재'들이 일반 학교에 방치되면 매년 1년씩의 성취를 포기하는 셈이다. 이것은 형평성을 위해 지불하기에는 너무 큰 비용이다.

미국영재연합에 따르면 미국에는 300만 명의 영재가 있고 이 가운데 초등학교 영재들은 새 학기가 시작되기 전에 이미 그 학기에 배워야 될 내용을 절반 정도 알고 있다. 이것은 불가피하게 수업을 지루하게 만들고 이로 인해 영재들의 20퍼센트가 도중에 학교를 그만둔다. 문제는 이들 대부분이 자기 수준에 맞는 수업을 제공받을 수 없는 가난한 지역의 영재들이라는 것이다.

영재교육 옹호자들은 '영재들은 가만히 두어도 스스로 잘한다'는 주장을 반박할 때 이 탈락 비율을 제시한다. 평범한 수업은 영재의 흥미를 떨어뜨려 아이를 무절제하게 만든다. 그래서 성적은 종종 좋지 않고 결국 학교생활에 적응하지 못하고 학교를 떠나게 된다. 적절한 교육을 받지 못한 영재는 어떤 성취도 이루지 못하고 실패한다.

그래서 전문가들은 유치원부터 고등학교 때까지 지속적인 영재교육이 필요하다고 말한다. 이는 지속적이면서 유연해야 한다. 잘 짜인 숙제와 탄력적인 소집단 편성, 월반 허용, 대학 강의도 들을 수 있는 이중 등록 허용 등이 교육의 유연성을 높일 수 있는 구체적 방안들이다.

이와 함께 교사들도 진단 평가와 압축된 교육과정 등 다양한 교수 기법을 활용해야 한다. 진단 평가는 앞으로 배울 내용에 대한 이해도를 사전에 평가하는 것으로 월반 여부를 결정하는 근거 자료가 된다. 가장 우수한 영재들이 모여 있다는 존스홉킨스 대학교 영재센터의 학생들은 보통 1년 동안 배우는 수학 과정을 3주 만에 끝내기도 한다.

압축된 교육과정도 이와 비슷하다. 아이가 배울 내용을 이미 알고 있는 경우에는 간략하게 학습하고 지나가게 하는 것이다. 지루하게 반복되는 단순한 내용은 영재들을 반항적으로 만들기도 한다. 만약 그렇게 되면 아무리 똑똑한 영재라도 영재교육 전문가들이 말하는 '학급의 골칫거리'로 전락할 우려가 있다.

# 영재를 향한 평범한 사람들의 분노

영재에게는 특별한 교육이 필요하다는 영재교육 옹호론도 넘지 못하는 벽이 있으니, 바로 영재에 대한 평범한 사람들의 분노다. 이 분노는 충분히 이해가 된다. 특정 집단이 특별한 대접을 받는다면 그것도 그 집단이 직접 나서서 그런 대접을 해달라고 요구한다면 이를 호의적으로 받아들일 사람은 별로 없을 것이다.

다른 곳과 마찬가지로 일레스 초등학교가 있는 스프링필드 지역에서도 어느 집 아이들의 특별함은 대다수 주민들의 기쁨이 되지 못했다. 어쩌면 스프링필드 사람들이 유별나게 평범함에 집착하는지도 모른다. 정말 이 도시 사람들은 '심슨 가족The Simpsons'에 나오는 것처럼 평범한 스프링필드가 되기를 바란다(이 유명한 텔레비전 애니메이션 시리즈의 주인공들은 스프링필드에 사는 것으로 나온다. 스프링필드는 미국에서 가장 흔한 지명이다—옮긴이). 이곳 사람들은 발전소 앞에서 이 발전소가 '심슨 가족'에 나오는 원자력발전소를 모델로 만들어졌다고 자랑한다.

스프링필드는 일리노이 주의 주도州都로 미국의 16대 대통령 에이브러햄 링컨이 오랫동안 살았던 곳이다. 이 도시에는 로비스트와 보험 설계사, 변호사들이 넘쳐나며 치즈와 계란 프라이를 넣은 샌드위치를 파는 가맹점들이 곳곳에 있다. 또 미국에서 가장 큰 편종編鐘이 이곳에 있다. 도시 공원의 큰 탑에 있는 이 종은 모두 67개의 종으로 이루어져 있는데 링컨과 함께 이곳 사람들의 자랑이다. 공립학교에 있는 영재교육 프로그램은 스프링필드의 자랑이 아닌 것이다.

스프링필드 사람들이 영재와 영재교육에 느끼는 적의는 단순히 싫은 감정을 뛰어넘어 가끔은 반지성주의 형태를 띠기도 한다. 그래서 영재를 둔 부모들은 주민들에게 잘 보이려고 애쓰고 다큐멘터리와 영화들도 영재들을 미화하지만 미국은 똑똑한 영재보다 멋진 아이들을 더 좋아한다. 그런 아이들이 나중에 미국을 이끌어가는 어른들로 성장하기 때문이다.

미국인들은 타고난 것이든 양육에 의한 것이든지 간에 영재란 '특권'에 병적인 분노를 보인다. 사전적으로, 즉 사회적으로 우수한 집단에 대한 옹호로 엘리트주의를 정의하면 영재는 분명 엘리트주의에 가깝다.

미국 사람들은 노력으로 얻은 탁월함과 역경을 딛고 이룩한 승리에 대단한 존경심을 품는다. 그런데 영재라는 단어는 노력하지 않고 얻어지는 어떤 것을 의미한다. 비록 그 영재가 대단히 노력한다 하더라도 영재란 무엇보다도 '우연에 근거한 앞선 출발'을 뜻하기 때문이다. 탁월한 유전자와 그 유전자를 최상으로 키우는 환경, 다시 말해서 영재의 재능은 운이라고 사람들은 믿는다.

영어로 '재능 있는'을 뜻하는 단어 'gifted'는 동사 give의 수동형이다. 뭔가를 받았다는 의미다. 그래서 갚아야 할 빚이 발생한다. 재능을 그냥 받은 만큼 사회에 봉사해야 한다는 요구[7]가 자연스럽게 나타난다. 그런데 영재에게 더 많이 투자한다는 것은 영재의 빚을 더 키우는 일이다. 바로 이 지점에서 영재에 대한 사회적 분노가 형성된다. 어떤 아이들이 다른 아이들보다 더 우수하다는 사실도 받아들이기 어려운데 그 아이들을 더 특별하게 만든다는 것은 평범한 아이들에게는 너무 불공평한 처사이기 때문이다.

우수하게 태어난 아이들이 왜 더 탁월해져야 하는가? 만약 영재가 만들어지는 것이라면 왜 사회가 많은 비용을 지불해가며 그들의 미래를 보장해주어야 하는가? 영재교육이 미국 정신에 어긋난다고 주장하는 사람까지 있다. 특별한 계층의 존재를 인정하기 싫어하는 미국 사회에서 특권적 재능을 지닌 영재들은 성가신 존재들이다.

실제로 영재들은 종종 자신들이 특별하다고 교육받는다. 이것은 끔찍한 일이 아닐 수 없다. 친구들보다 내가 낫다는 생각은 불행의 원천이 되기 때문이다. 그런데 그 재능의 가치 때문이 아니라 영재들이 다른 아이들보다 더 탁월하다는 사실로 인해 영재라는 '표지標識'는 욕망의 대상이자 분노의 대상이 된다. 점점 더 많은 미국인들이 이 표지를 추구하며 그것을 가지고 자신과 남을 판단하게 되었다.

1981년에 정신분석학자 앨리스 밀러Alice Miller[8]는 《아동기의 감옥 : 영재의 삶과 진정한 자아 찾기Prisoners of Childhood: The Drama of the Gifted Child and the Search for the True Self》를 미국에서 출판했다. 이 책은 다시 문고판으로 만들어져 1983년 《영재의 삶과 진정한 자아 찾기》라는 제목으로 출판되었다. 그런데 이 책은 제목이 암시하는 것처럼 영재에 대한 이야기가 아니다. 나르시시즘이 강한 부모들에게 상처받은 아이들에 대한 이야기다. 신랄하며 논리적으로 상당한 설득력이 있는 이 책을 출판한 뒤 밀러는 다음과 같이 썼다.

"내가 제목에 'gifted'라는 단어를 썼을 때는 공부 잘하는 아이나 특별히 재능 있는 아이를 염두에 둔 것이 아니다. 다만 가혹한 아동기를 견뎌온 우리 모두를 말하고 싶었을 뿐이다. '공부 학대라는 말할 수 없는 잔혹한 환경'에 무관심해지는 능력. 바로 그 능력 때문에 살아남은 우리의 이야기를 적고 싶었던 것이다."

영재성에 대한 열망은 부모들을 강하게 자극한다. 일곱 살 난 자기 딸이 영재라고 주장하는 엄마를 만난 적이 있는데 그 자리에서 딸에게 책을 읽으라고 강요하는 그녀의 모습은 '뮌하우젠 증후군'의 새로운 형태처럼 보였다. 다른 사람의 관심을 끌려고 일부러 아픈 척하는 것이 뮌하우젠 증후군이라면, 자기 아이가 아프다고 해서 사람들의 관심을 끄는 것은 '보호자에 의한 뮌하우젠 증후군'이라 할 수 있다. 그 엄마는 평범한 자기 딸을 재능이 있다고 말하고 있었다.

이렇게 아이의 영재성으로 자신을 포장하기를 열망하는 부모들로 인해 영재들이 사회적 공분을 사고 있다. 이들은 마치 영재 자녀를 둬야 진짜 부모인 것처럼 행동하기 때문이다. 영재 자녀를 자랑하는 것은 사회적으로 꺼리는 일인데도 이를 대놓고 하는 행태가 사회적 분노를 폭발시키는 것이다.

신경심리학자이자 영재교육 전문가인 나디아 웹Nadia Webb은 '아이를 자신의 확장판으로 보는 부모들은 나르시시즘에 걸려 있다'고 말한다. 아이의 성취를 자신의 성공으로 여기는 이런 사람들이 바로 밀러가 말한 '아이를 망치는 부모들'이다. 그리고 이들의 자녀가 사회적 공분을 일으키는 아이들, 즉 개인 교습과 비싼 사교육 프로그램으로 훈련받는 아이들이다.

# 낭만적 천재 신화에서 영재 대량생산 시대로

영재교육의 역사는 미국 공교육 체제의 신조인 '평등' 이념과 '능력주의'라는 상반된 정신의 충돌을 반영한다. 문제는 영재교육이 능력주의를 기반으로 하지만 동시에 평등에 위배되는 엘리트주의적인 것이라고 보는 일반의 시각이다.

영재교육의 역사는 아주 오래되었다. 플라톤의 '대화편'에도 그 선례가 나온다. 플라톤은 《국가론》에서 엘리트로 선발된 아이들은 열 살이 넘으면 부모가 아닌 교사들이 양육을 담당해야 한다고 주장했다. 또한 엘리트 아동은 모든 계급에서 선발해야 하고 이들에게 통치 수업을 받게 해야 한다고 했다.

능력주의에 근거한 미국 엘리트 제도의 청사진을 처음 제시한 인물은 정치가이자 철학자인 토머스 제퍼슨Thomas Jefferson과 시인이자 사상가인 랠프 월도 에머슨Ralph Waldo Emerson이었다. 제퍼슨은 신생국 미국이 '탁월한 능력을 가진 천부적인 귀족'들을 선발해서 교육해야 한다고 생각했다. "사람들 가운데는 하늘이 내린 탁월한 자들이 있다. 그들에게는 남다른 덕과 재능이 있다." 물론 플라톤 시대에는 노예제도가 일반적이었고 제퍼슨도 노예를 소유한 사람이었다.

18세기 후반 독일 철학자 이마누엘 칸트Immanuel Kant는 영재를 '정신과 결합된 고유한 상상력'의 산물로 보았다. 이러한 낭만주의의 '천재 신화'가 대중 교육에서 분리되어 특별한 방식으로 비슷하게 만들어지는 영재들의 이야기로 바뀐 것은 20세기 초였다. 프레더릭 테일러

Frederick Taylor의 과학적 관리법이나 포드 자동차의 사례처럼 영재성도 대량생산이 가능한 형태로 바뀐 것이다.

미국의 학교 체제, 특히 성적 순서에 따른 우열반 편성은 독일의 체제를 본뜬 것이다.[9] 미국 초기의 교육 개혁가인 호러스 만Horace Mann[10]은 1840년대에 미국의 학교를 프러시아 방식으로 만들어갔다. "이 학교들은 '공장에서 일할 아이들'과 '관리직으로 일할 아이들'을 효율적으로 분리했다"고 역사가 데이비드 나소David Nasaw는 쓰고 있다. 모든 학교에서 두 집단은 각각 그들의 장래 직업에 맞는 교육을 받았다.

미국 공립학교의 영재교육은 '앞선 교육'으로 출발했다. 특별한 수업이 따로 있었던 것이 아니라 단지 성적이 뛰어난 학생에게 상급 학년으로 진급하는 월반을 허용했다. 1870년대에 세인트루이스의 교육감 윌리엄 해리스Dr. William T. Harris는 영재들을 월반시키는 것의 유익함을 기록하고 더 나아가 영재들에게 도전적인 과제를 제시하며 그들을 월반시키는 계획을 제안했다.

영재를 다루는 방법은 시간이 흐르면서 발전했다. 1880년대에 뉴저지 교육구는 모든 초등학교 저학년 학생들을 능력에 따라 세 집단으로 나누었고, 1900년 뉴욕 시는 한 학교에 '상당한 수준의 영재반'을 만들었다. 1918년에는 처음으로 영재교육 프로그램이 등장했다. 그러나 오늘날까지 월반 제도가 영재를 교육하는 가장 흔한 방법이다. 영재들에게 맞는 특별한 프로그램은 별다른 체계 없이 드문드문 만들어지고 있다.

월반은 재능이 없어 고생하는 또래들에게서 어떤 것도 빼앗지 않고 공립학교에서 영재들이 재능을 키우는 첫 번째 방법이다. 많은 영재 부모들도 이 제도를 지지한다. '급진적 월반 제도 지지 모임'의 창립자인 수전 펜턴Susan Fenton도 월반을 영재교육의 대안으로 보는 학부모다. 수전은 로스앤젤레스에 사는 쉰다섯 살의 학부모로 열여덟 살 난 그의 아들 마이클이 최근에 로스쿨 입학 허가를 받았다. 마이클은 열세 살 때 대학의 조기 입학 프로그램에 참여했다고 한다.

"제 아들은 중학교 1학년 수업에 만족하지 못한 매우 재능 있는 아이였습니다. 그래서 아들이 일찍 대학에 갈 수 있도록 제가 준비했죠. 아들은 대단한 어휘력으로 교사들을 놀라게 했어요. 그때 SAT에서 1,100점을 얻었습니다. 그 뒤로 아이에게 정말 많은 시간과 돈을 썼답니다."

수전은 영재교육 프로그램보다 월반을 선호하는 많은 학부모들 가운데 한 명이다. 영재들을 위한 웹사이트나 각종 행사를 보면 요즘 학부모들이 월반을 금언처럼 따른다는 것을 알 수 있다. 영재들이 쉽게 느끼는 지루함을 월반이 예방해준다고 믿기 때문이다. 또 평범한 아이들에게 피해를 주지 않는다는 점 때문에 웹사이트에는 월반을 주장하는 목소리가 넘쳐난다. 한 여성은 소심한 교육자들에게 '월반'을 가리킬 때 쓰는 빼먹거나 건너뛴다는 의미의 '스킵skip'이란 단어를 쓰지 말라고 충고하는 글을 올렸다.

"교육자들은 학년을 '스킵'한다고 말하면서 월반하는 아이들이 뭔가 소중한 것을 빼먹는다고 생각한다. 그러나 우리 아이들은 결코 어떤 것도 빼먹지 않는다. 설령 그렇다고 해도 빼먹는 것은 아주 일부일 뿐이다. 그러므로 월반을 말할 때 써야 할 단어는 '조정하다align'이다."

월반을 가장 강력하게 주장하는 사람은 아이오와 대학 교육학과의 니컬러스 콜란젤로Nicholas Colangelo 교수다.[11] 《속는 나라: 어떻게 학교는 미국의 똑똑한 아이들을 방해하는가A Nation deceived: How Schools Hold Back America's Brightest Students》라는 책을 펴낸 그는 모든 형태의 월반을 지지하는 영재교육 전문가다. 그는 다만 부모가 월반 여부를 결정해서는 안 된다고 말한다. 해당 교육구의 월반 기준에 따라야만 부모들의 부당한 간섭을 막을 수 있다는 것이다.

콜란젤로 교수는 월반 제도에 대한 여론의 부정적인 인식과 교육자들의 태도가 이 제도의 발전을 가로막는 가장 큰 걸림돌이라고 지적한다.

"월반은 모든 아이를 비슷하게 취급해야 한다는 그들의 철학에 맞지 않기 때문이다. 그런 교육자들은 사범대학에서 영재교육 훈련을 받은 적도 없다. 그럼에도 자신들을 진보적이라고 여기고 아이들은 모두 재능이 있으니 그들에게 똑같은 교육 기회를 제공해야 한다고 믿는다. 따라서 그들에게 월반을 주장하는 것은 그들이 받아들일 준비가 안 되어 있는 것을 받아들이라고 강요하는 것이 된다."


## 월반 제도의 명암

월반은 확실히 가장 싼 영재교육 방법이다. 따로 영재교육 전문가를 교사로 채용하거나 새로운 건물을 지어서 영재교육 프로그램을 운영할 필요도 없다. 영재에게 맞는 새로운 교육 방식을 도입하는 것이 아니라 단지 교육의 속도만 조절해주는 것이기 때문이다. 이렇게 비용이 거의 들지 않기 때문에 정치적 문제를 일으키지도 않는다. 다만 월반 때문에 또래 아이들과 어울리지 못하는 영재들에게 피해가 갈 수 있다. 물론 이런 주장에 반대하는 의견도 적지 않다.

1992년 미시간 대학이 실시한 연구가 대표적이다. 국제적으로 26건의 월반 사례를 분석한 이 연구에 따르면 월반한 영재들은 학업 성적도 탁월할 뿐더러 사회성도 나쁘지 않았다. 그러나 존스홉킨스 영재교육센터 영재들의 사례를 분석한 다른 연구는 애매한 결과를 보여준다.[12] 175명의 조사 대상 영재들 가운데 95퍼센트가 월반을 긍정적으로 보았지만, 부정적인 영향을 나타낸 영재가 50퍼센트에 이르렀고 부정적인 영향만 받았다는 영재도 2퍼센트 있었다.

비교적 최근에 월반 제도를 옹호한 사람들 가운데 가장 신뢰할 만한 인물은 앞에서도 언급한 존스홉킨스 대학교 영재교육센터를 설립한 줄리언 스탠리다. 그는 평범한 학급에서 영재가 겪는 고통을 그리스 신화에 나오는 '프로크루스테스의 침대'에 비유했다(프로크루스테스는 지나가는 나그네를 집에 데려와 쇠 침대에 눕히고는 그 사람의 다리가 침대보다 짧으면 잡아 늘이고 길면 잘랐다—옮긴이). 침대 길이에 맞춰 다리가 잘려 나가듯 영재의 마음도 그렇게 된다는 것이다.

그러나 말년에 줄리언 스탠리는 월반 제도에 대해 회의적으로 변했다. 너무 이른 출발이 아이들을 종종 잘못된 길로 인도한다고 느꼈기 때문이다.

"수학과 과학을 잘하는 아이는 물리학을 공부하게 된다. 그 아이는 각 단계에서 상당한 성취를 거둘 것이다. 그러나 자기가 무엇을 원하는지 알기 전에 어떤 분야에 너무 깊이 빠져들면 자기가 원하지 않는 일을 해야만 하는 불행을 겪을 수 있다."

맥길 대학교 철학과 교수 스티븐 멘Stephen Menn도 이 견해에 동의한다. 멘 교수는 어릴 때 스탠리의 가르침을 받은 영재 학생이었다. 스탠리에게 수학 영재로 발탁된 그는 열다섯 살에 존스홉킨스 대학에서 학부와 대학원 수업을 동시에 들었다.

멘 교수는 스탠리 교수의 이야기를 하면서 목소리를 높였다. 존스홉킨스에서 공부할 때 스탠리가 마음대로 그의 성적표를 보고 조언했던 일이 아직도 불쾌한 기억으로 남아 있다. 스탠리는 그를 비롯한 영재 학생들에게 수학과 과학 수업을 억지로 듣게 했다. 이미 아는 내용이라 배울 필요가 없었는데도 말이다. 스탠리는 아이들의 성취를 자기 공으로 만들려고 했다. 재능 있는 아이들을 발굴해서 조기교육을 시켜야 한다는 자신의 생각이 옳다는 것을 증명하고 싶어했다.

지금은 멘 교수도 당시에 월반한 것을 다행스럽게 생각한다. 그러나 그의 이야기는 너무 빠른 속도로 교육받은 영재들이 겪을 수 있는 위험을 잘 설명해준다. 외부적 요인으로 너무 일찍 진로가 결정되면 아이의 재능이나 생각과는 동떨어진 엉뚱한 길로 들어설 위험성이 크다는 것이다.

그러나 토론토 대학 영문학과 교수 수잔 콘클린 악바리Suzanne Conklin Akbari는 생각이 조금 다르다. 그녀는 열다섯 살에 존스홉킨스 대학교를 다닐 수 있었던 것이 감사하다고 말했다. 월반 제도 덕분에 지겨운 고등학교 생활에서 벗어났기 때문이다.

스무 살에 회계학 석사 학위를 취득한 스물한 살의 여성 모니크 오쿠막페이Monique Okumakpeyi도 마찬가지였다. 그녀는 열한 살에 고등학교를 다녔고 사춘기 때는 고향 브루클린에서 멀리 떨어진 버지니아 대학교를 다녔다.

월반은 이제 영재들을 가르치는 '인기 있는 전략'이 되었다. 그러나 이것이 또 언제 바뀔지 알 수 없다. 영재교육 방식도 시대 흐름에 따라 변화하기 때문이다.

'영재'라는 개념을 처음으로 만든 사람은 지능검사의 전성기인 1920년 '스탠퍼드 비네Standford-Binet 지능검사'를 창안한 루이스 터먼이었다. 그는 지능이 높은 아이들에 대한 종적縱的 연구로 영재 개념을 수립했다. 그 뒤 영재 교육자인 레타 홀링워스Leta Hollingworth가 지능지수 155 이상인 학생들을 종적으로 연구한 내용을 토대로 영재교육 과정을 개발했다.[13]

홀링워스는 1936년 영재교육 기관인 '스파이어 스쿨Spyer School'을 설립했다. 그녀는 이곳에서 영재들에게 학교 공부는 물론이고 평범한 일상생활도 같이 가르쳤다. 이것은 당시 유행한 진보주의 교육 방법을 반영한 것으로 영재들이 세상에 적응하는 것을 도와주려는 것이었다. 또한 홀링워스는 영재들이 역할 모델을 찾을 수 있도록 아이들에게 위인전을 읽혔다.

## 수준별 반 편성의 문제점

영재교육의 두 번째 흐름을 주도한 것은 미국의 국가적 자존심과 밀접한 연관이 있다. 스파이어 스쿨이 설립된 지 20년이 흐른 뒤 영재교육은 새로운 전기를 맞이하는데 그 계기는 지능검사를 통한 영재의 발견에 사람들이 보낸 열광이 아니라 소련이 세계 최초의 인공위성 '스푸트니크'를 발사한 사건이다.

냉전의 절정기인 1957년 소련이 쏘아올린 스푸트니크는 미국 전체를 공포에 빠뜨렸다. 우주과학 분야에서 소련이 미국을 앞질렀기 때문이다. 미국의 학교들은 이 치욕적인 실패의 주범으로 비난받았다. 과학 교육 발전을 위해 교육 관료들이 나서야 하고 특히 미래의 우주과학자가 될 과학 영재를 키워야 한다는 여론이 들끓었다. 사람들은 영재들이 미국을 더 강하게 만드는 데 이바지하여 자신들이 받은 우수한 교육에 보답할 것이라고 믿었다.

이러한 사회 분위기는 영재들을 적극 발굴하여 특별하게 교육시키는 '영재교육의 부흥'으로 이어졌다. 미국의 민주주의를 상징하는 대중이 아닌 그들 가운데서 선발된 영재들이 '공산주의 위협에 맞서 미국을 지키는 수비군'으로 떠오른 것이다.

이때가 미국 영재교육의 전성기였다. 그러나 기간은 그리 길지 않았다. 1960년대 후반에 다시 영재교육에 대한 비판이 쏟아졌다. 지배 체제에 봉사하거나 엘리트를 양성하는 것으로 보이는 모든 종류의 프로그램이 공격을 받았다. 수준별 교육과 영재교육도 엘리트의 특권을 유지하는 수단으로 인식되었다. 1967년 미 연방 항소법원의 스켈리 라이트 Skelly Wright 판사가 내린 판결은 상징적이었다. '《영재들Gifted Children》이 라는 책에 인용된 수준별 수업에 대한 판례'의 내용은 이렇다.

"'수준별 반 편성에 사용된 적성검사'[14]는 중산층 백인 아이들에게 유리하게 만들어졌다. 그래서 차별받는 아이들, 특히 흑인 아이들은 열등반으로 가고 거기서 패배자로 졸업한다. 열등반에서 받는 질 낮은 수업과 지속되는 불리한 시험으로는 그곳을 벗어나기 어렵다."

영재교육을 포기하지 말고 거꾸로 확대해야 한다는 의견도 제기됐다. 영재교육의 장점을 좀 더 많은 학생들에게 제공해야 한다는 것이다. 1971년에 발표된 영재교육 프로그램 연구 결과인 말런드 보고서 Marland Report[15]는 다음과 같은 내용을 담고 있다.

"현재 영재교육은 충분하게 활용되지도 않고 쉽게 접근할 수도 없다. 이러한 불평등한 상황을 개선하고자 연방정부는 어떤 조치를 취해야 한다."

덕분에 1970년대 말부터는 영재교육을 받는 것이 더 쉬워졌고 영재교육이 더는 진보 진영의 적으로 간주되지도 않았다.

그런데 얄궂게도 1960년대에 진보 진영이 영재교육을 비판하면서 내세운 논리, 즉 '영재교육은 인종차별적이고 사회적·경제적 특권을 강화하기 때문에 공부 못하는 아이들에게 더 많은 교육 자원을 써야 한다'는 주장이 NCLB를 지지하는 보수파들 사이에서 다시 힘을 얻기 시작했다. 좌파는 선발 시험의 편파성을 비판한 것이었지만 우파는 이를 문제 삼지 않았다.

그러나 1960년대에 제기된 영재교육 비판 논리를 완전히 무시하기는 어렵다. 수준별 수업은 여전히 계급 특권을 강화하는 수단이 되고 있고 열등생에 대한 투자가 사회적으로 더 가치 있는 일임은 분명하기 때문이다. 그렇다면 영재교육 예산 삭감이 왜 문제가 되는가?

## 저소득층 아이들의 유일한 기회

일레스 초등학교는 이 질문에 대한 답을 제시한다. 이 학교의 영재교육은 부유한 아이들만을 대상으로 한 것이 아니기 때문이다. 일레스 초등학교는 가난한 집 아이들도 영재교육을 받을 수 있는 기회를 제공한다.

영재 자녀를 둔 적지 않은 스프링필드 부모들에게 일레스 초등학교는 자녀에게 필요한 교육을 받게 할 수 있는 유일한 기회다. 공장 노동자의 딸로 태어나 고등학교도 졸업하지 못한 메리 베스 알레한드로Mary Beth Alejandro가 바로 그런 경우다.

자신이 '문제아'였다고 말하는 메리는 스물두 살에 결혼해서 스물셋에 딸 세라Sarah를 낳았다. 그런데 남편이 갑자기 죽으면서 그녀는 알코올중독자 신세가 되었다. 심할 때는 술에 취해 맨땅에 누워 자기도 했다. 그래서 주변 사람들이 딸 세라를 돌봐주었다. 다행히 이제는 다시 딸을 돌볼 수 있을 정도로 상태가 좋아졌다. 메리에게 딸이 일레스에 입학한 것은 엄청난 행운이었다. 세라는 일명 '내글리어리Naglieri 검사'에서 높은 점수를 얻었다. 내글리어리란 다양한 도구를 이용한 비언어 인지평가시험(CAT)으로 다른 지능검사에 비해 문화적 차별이 없다고 알려져 있다.

"제대로 교육받지 못한다면 제 딸이 어떻게 될지 모릅니다."

금발에 작고 날씬한 메리와 달리 세라는 까만 피부에 엄마보다 체격이 더 좋았다. 세라는 신체적으로만 그런 것이 아니라 정신적으로도 조숙했다. 태도는 매우 모범적이었고 엄마를 부드럽게 꾸짖으며 다독거리는 등 심지어 엄마 노릇까지 했다.

메리는 올해 초에 처음으로 차를 샀다고 했다. 죽은 남편이 남기고 간 보험금으로 할부 구입했다고 한다. 그러면서 운전면허를 땄다. 그녀가 서른여섯 살이란 늦은 나이에 운전면허를 딴 데에는 숨겨진 이유가 있다. 나쁜 새엄마의 저주가 그것이다. 메리의 새엄마는 항상 그녀가 무능하다고 말했다. 그렇게 말해서 그녀를 의존적으로 만들고 마음껏 부려먹었다. 메리가 그때 얻은 마음의 병을 극복하는 데 20년이 걸렸다. 이제는 다른 사람들이 하는 일이면 그녀도 할 수 있다. 어떤 의미에서 영재 학교는 세라에게 엄마의 운전면허증 같은 것이다.

"선생님들이 세라의 그림을 학교에 걸어놓았어요. 세라는 플루트도 연주할 줄 알아요. 제 딸은 잘될 거예요. 중학교 1학년 때 고등학교 대수를 배울 거고 대학도 일찍 다닐 겁니다. 어릴 때 저는 권위를 혐오했어요. 그래서 학교도 싫었고 일도 싫어했죠. 그러나 이젠 달라요. 세라를 세상에 나오게 했으니 제 아이를 위해 최선을 다할 겁니다. 세라가 어릴 때 제가 책은 읽어주었죠. 현재 가정교육 전문가의 상담도 받고 있고요. 세라에게 많은 관심이 필요하다는 것을 알고 있습니다."

세라의 장래 희망은 수의사다. 그래서 대학에 꼭 가야 한다.


## 평등주의와 개인주의 사이에서

모든 종류의 영재교육에서 부모, 특히 엄마들은 '발로 뛰는 병사들'이다. 인터뷰했던 엄마들이 가장 많이 한 말이 '모든 것을 엄마가 한다'는 거였다. 리즐 스미스 멀더Liesl Smith Mulder도 그런 엄마였다. 일레스 초등학교에 다니는 일곱 살 소녀 말리Marlie의 엄마인 그녀는 벌써부터 딸이 일레스를 떠날 때를 걱정했다. 일반 중학교에서 지루한 교육을 받으면 일레스에서 얻은 모든 장점을 잃어버릴 것이기 때문이다.

아프리카계 미국인인 리즐은 현재 링컨랜드커뮤니티 칼리지 교수로 재직하고 있다. 그녀는 자신의 성공을 교육 덕분으로 돌린다. 그래서 말리에게도 하루 세 시간씩 책을 읽힌다. 영재 학교 일레스의 하루 권장 독서 시간은 20분에 불과하지만 교육에 대한 본인의 믿음 때문에 그렇게 한다. 리즐은 영재교육에 매우 적극적인 부모였다. 딸에게 맞는 교육을 제공하는 것이 유일한 관심사처럼 보일 정도였다.

"나이가 들수록 더 화가 납니다. 왜 우리는 각 개인에게 맞는 맞춤형 교육을 시도하지 않죠? 이곳에서 제 딸이 갈 수 있는 중학교는 콩나물시루 같은 공립학교뿐입니다. 저는 다만 말리가 뒤처지지 않기를 바랄 뿐입니다."

그러면서 일레스 학교는 말리가 정체되지 않도록 만든다고 했다. 일레스에 가보면 그 이유를 알 수 있다. 수업 시간이든 점심시간이든 이 학교는 특별했다. 허리케인과 자연재해 관련 수업과 정보처리 과정에 관한 수업도 인상적이었다. 왜 일레스가 특별한지를 잘 보여주는 집중력 있는 수업이었다. 또 일레스의 전반적인 분위기는 따뜻했다. 이는 영재들에게 꼭 필요한 것이다. 영재들은 자기만의 세계의 빠져서 고립되기 쉽기 때문이다.

점심시간이 되자 일레스 아이들은 생체 해부와 자기들끼리 만든 록밴드에 대해 진지하게 이야기했다. 어떤 아이는 케첩을 식판에 덜다 말고 몸을 흔들며 연주하는 흉내를 냈다. 또 어떤 아이는 소설을 쓴다고 이야기했다. 소설의 제목은 '프랑켄듀드Frankendude'라고 했다. 교실 복도에는 '왕따 금지 구역'이라는 표어가 붙어 있었다.

세라와 같은 아이들에게 영재교육 프로그램이 제공하는 도움은 결정적인 역할을 한다. 이 같은 수업과 환경이 없다면 이 아이들은 심각한 위험에 빠질 것이다. 리즐이 걱정하는 것처럼 평범한 학교에서 적응하지 못하고 오히려 뒤처질 위험성이 높다. 이 아이들의 잠재력이 충분하게 실현되려면 특별한 방식의 교육이 필요하다는 것은 분명해 보였다.

이것이 바로 일레스의 교사들이 아이들의 일거수일투족에 신경 쓰면서 수업 시간에 아이들 개개인에게 특별한 관심을 기울이는 이유다. 로즈 교장은 특히 교사들이 '주의력결핍과잉행동장애(ADHA 증후군)' 증상들을 확실히 인지하도록 노력한다. 불우한 환경으로 인해 학습에 어려움을 겪는 아이들에게 교사들이 특별한 관심을 갖게 하기 위해서다.

로즈 교장은 영재성과 학습 장애를 동시에 갖고 있는 아이들에게
단지 학습적인 도움만 주는 데 그치지 않는다. 이런 아이들을 위해 문학
잔치 같은 특별한 행사도 준비한다. 더 나아가 아이들에게 더 특별한 선
물, 즉 일레스 초등학교를 중학교 과정까지 확대하는 계획을 세워놓았
다. 이는 그녀가 스프링필드 주민들과 끊임없이 싸워야 한다는 것을 의
미한다.

스프링필드에는 이미 영재 중학교가 있기 때문에 일레스를 초등 ·
중등학교로 확대 개편하려는 노력은 많은 반대에 부딪혔다. 물론 스프
링필드 사람들이 가진 반反 영재교육 정서가 가장 큰 걸림돌이다. 지역
신문까지 나서서 일레스의 성공, 즉 주에서 손꼽히는 최고 학교로 자리
잡고 소수민족과 가난한 집 아이들이 탁월한 성적을 거둔 것이 일레스
의 아이들이 중학교 과정까지 일레스에서 받아야 한다는 것을 의미하진
않는다고 비판했다. 그러면서 이 신문은 소수의 아이들을 위해 엄청난
돈을 쓰는 것은 용납하기 어려운 낭비라며 더욱이 최근 심각하게 교육
예산이 삭감된 교육구에서는 있을 수 없는 일이라고 목청을 높였다. 초
등학교 교육이 중학교 교육과 연결되어야 한다는 필요성은 인정하지만
다른 학교 학생들도 이런 혜택을 누리지 못하고 있다는 것이다.

이런 상황은 일레스의 아이들이 이곳을 졸업한 뒤에는 일레스 수
준의 교육을 보장받을 수 없음을 의미한다. 이것은 단지 교육예산 문제
나 그 합리적 배분의 문제가 아니다. 영재라는 단어가 불러일으키는 갈
등에 문제의 원인이 있다.

사람들은 모든 아이의 잠재력이 충분히 발현되기를 바라면서도 특

별한 아이들이 평범한 아이들보다 더 훌륭한 교육을 받는다는 사실에 분노한다. 미국의 아이들이 다른 나라 아이들보다 뒤떨어질까 봐 염려하면서도 학교에서는 NCLB에 맞춰 아이들에게 평범한 내용을 가르치며 시험을 잘 치는 준비만 시키고 있다. 교육 경쟁력 강화에 필요한 더 복잡하고 심오한 지식은 가르치지 않는다. 시카고 학생들의 10~12퍼센트는 최소한의 기준에도 못 미치는 학력 수준을 나타냈다.

어떤 면에서 영재교육의 딜레마는 자원 배분의 문제다. 열등생과 영재 모두 특별한 관심을 받아야 한다. 이것이 한편으로는 개인의 탁월성에 환호를 보내고 다른 한편으로는 기회 균등을 자랑하는 미국이 현재 처해 있는 상황이다.


## 영재와 열등생을 모두 살리는 길은 없는가

일레스 초등학교의 사례는 예산 삭감으로 위기에 빠진 영재교육의 현실을 잘 보여준다. 더 중요한 것은 사람들이 영재교육의 보편적 가치를 잊고 있다는 점이다. 영재교육 프로그램으로 삶이 근본적으로 바뀐 사람들의 이야기는 이 보편적 가치를 다시금 일깨워준다.

루벤 카바할Ruben Carbajal도 영재교육 프로그램이 없었다면 대학에 가지 못했을 것이다. 지금 서른네 살인 그는 위스콘신의 라신에서 영재교육 프로그램 대상자로 선발됐을 때를 기억한다. 그는 '라이트하우스lighthouse('등대'처럼 사람들을 돕는 각종 프로그램에 붙는 이름으로, 여기서는 라신의 영재교육 프로그램을 가리킨다—옮긴이)’에 참석했는데 여기서는 영재와 열등생이 섞인 특별한 반이 운영되고 있었다.

루벤은 라틴아메리카 출신의 복음주의 기독교 집안의 아들이다. 그의 어머니는 열일곱 살 때 그를 임신해서 학교를 중퇴했다. 정육점 주인인 아버지도 다른 친척들처럼 대학을 다니지 않았다.

“지금의 저를 제가 받았던 영재교육 프로그램과 떼어서 생각하기는 어렵습니다. 저는 정말 공부 계획을 세우는 것이 좋았습니다. 비록 영재들이 다른 아이들보다 더 특별하다는 생각 자체는 싫어했지만 제가 매우 특별하다고 느꼈습니다.”

영재교육 프로그램은 카바할에게 사회적 지위와 친구 그리고 창의적인 학습 경험을 주었다. 그러나 고등학교에 진학하면서 영재교육 프로그램의 혜택을 받지 못하게 되어 학교를 그만둘 생각까지 했다. 그때 영재교육 프로그램에서 만난 친구가 그에게 도움의 손길을 내밀었다. 그 친구의 아버지가 존슨앤드존슨 사의 간부였는데 그 덕분에 루벤도 대학에 지원할 마음을 먹었다. 비록 제때 가지는 못했지만 그래도 대학에 갔다. 이것은 모두 영재교육 프로그램에서 만난 친구 덕분이다.

어른이 된 지금도 루벤은 영재교육 프로그램에 대한 좋은 기억이 많다. 그래서 지금 ‘영재교육 프로그램The Gifted Program’이라는 희곡을 쓰고 있다. 영재들의 독창성에 찬사를 보내는 한편으로 그들의 일그러진 자화상을 그리고 싶은 마음에서다.

루벤 카바할의 이야기는 공립학교에서 실시하는 영재교육의 중요성을 말해준다. 영제교육이 꼭 중요한 역할을 하지 않는다 하더라도, 적어도 배움이 가치 있는 사회적 상황으로 아이들을 이끌어준다고 말할 수 있다. 일레스에서 만난 아이들은 다른 교육 방식이었다면 상상할 수 없을 만큼 놀랍게 성장하고 있었다. 그러나 이에 대한 지역사회의 반응은 싸늘했다. 영재와 열등생을 똑같이 지원하는 대신에 이 둘이 한정된 예산을 놓고 싸우게 만들고 있다. 다른 아이를 밟고 일어서야만 살아남을 수 있는 잔인한 경쟁으로 영재들을 내몰고 있는 것이다.

# 제6장

# 영재를 평가할 다양한 측정 방법이 필요하다

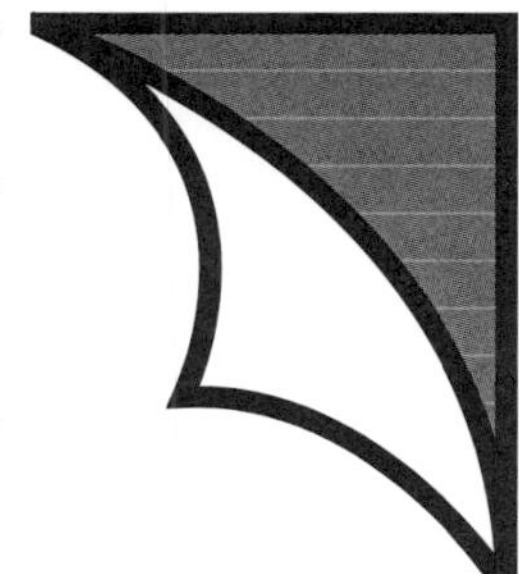

"제 지능지수 괜찮아요?"
"괜찮은 것 이상이야."
"네?"
"지금은 뭐라고 말하기 어려워. 그러나 분명한 것은 너와 찰스가 나중에 무엇을 하든 잘할 거라는 사실이야. 일단 우리 찰스가 말할 수 있을 때까지 기다려보자. 그러면 너도 알게 될 거야."

-매들렌 렝글, 《시간의 주름》

## 영재들의 축제

청중 40명을 상대로 연설하는 린다 실버먼Linda Silverman의 눈이 무테안경 뒤에서 열정적으로 커졌다. "여러분이 어떤 사람의 지능지수를 제게 말해주면 그 사람의 아들과 손녀의 지능지수를 오차 범위 10점 안에서 알려드리겠습니다."

그러고 나서 린다는 갑자기 질문을 던졌다.

"여러분은 영재를 만났을 때 무엇을 봅니까?"

예상치 못한 질문에 사람들은 당황한 기색을 보였다. 겨우 한 명이 '그녀를 사랑할 겁니다'라고 엉뚱하게 대답했다. 모두 린다의 대답만 기다렸다. 보라색과 검정색이 굽이치는 셔츠와 스커트 차림의 린다는 빔 프로젝터 쪽으로 걸어갔다. 지능의 정규분포곡선(좌우 대칭 종 모양의 곡선—옮긴이)을 보여줄 참이었다. 그녀의 태도와 차림새는 마치 추종 자들에게 신비한 계시를 전달하는 성녀를 떠올리게 했다.

어떤 의미에서 이것이 바로 그녀가 원하는 바다. 콜로라도 '지능 발달연구소'의 창립자인 린다 실버먼은 영재교육의 대가다. 그녀의 연구소에서는 매년 200명 정도의 아이들의 지능을 측정한다. 이 아이들에게 린다는 어머니 같은 존재다. 어떤 아이든 그녀를 잘 따른다. 그녀를 만나보면 그 이유를 알 수 있다. 처음 보는 사이라도 그녀는 따뜻한 포옹으로 사람들을 반겨준다. 그 포옹이 고독한 영재들에게 얼마나 큰 위로가 될지 짐작할 수 있다.

린다는 고독과는 거리가 먼 사람이다. 언제나 학부모와 교육자, 영재교육 전문가들에게 둘러싸여 있다. 2005년 8월 뉴올리언스 하얏트 호텔에서 열린 '세계영재회의'에서도 린다는 그들과 함께 있었다. 세계영재협회(WCGTC)가 주관한 이 회의도 다른 대규모 회의들처럼 주변의 쇠락한 풍경과는 어울리지 않는 고급 호텔에서 열렸다. 이런 격차는 겉보기만 그런 것이 아니다. 허리케인이 강타하기 전에도 뉴올리언스가 속해 있는 루이지애나 주의 문맹률은 미국에서 두 번째로 높았다. 그런데 바로 그곳에서 영재들의 축제가 열렸다.


## 유명한 영재 판별자

캐나다 위니펙에 본부를 둔 세계영재협회는 지난 30년간 2년마다 대규모 회의를 개최해온 국제단체다. 이 행사에는 대학교수와 학교 교사, 학교 행정가, 상담 교사, 심리학자, 정신과 의사, 영재교육 교사 등

관계자들과 수많은 학부모들이 참가한다. 세계영재협회는 다른 영재 공동체에 비해 그리 큰 단체가 아니지만 여기서 개최하는 세계영재회의는 영재들에게 상당히 중요한 행사다. 비록 '다중지능Multiple Intelligence' 이론의 창시자로 영재교육 분야의 스타인 하워드 가드너Howard Gardner 하버드 대학 교수는 참석하지 않지만 린다 실버먼을 비롯해 코네티컷 대학의 영재교육센터 소장 조셉 렌줄리Joseph S. Renzulli 등 영재교육의 대가들이 한자리에 모인다.

세계영재회의는 '영재박람회'이기도 하다. 영재교육 업체 직원들이 참가자들에게 끊임없이 이야깃거리를 제공한다. 한 간이 홍보칸은 존스홉킨스 대학교 영재교육센터를 홍보하고, 다른 칸에서는 영재교육 전문 출판사 그레이트포텐셜 프레스의 책을 보여준다.

박람회는 그 이름처럼 정말 국제적이었다. 중국과 싱가포르, 대만 등 동아시아에서도 많은 영재교육 전문가들이 참석했다. 그들은 '심리적으로 영재들의 적응 돕기' '극도로 흥분하는 영재들'과 같은 놀라운 이야기를 가져왔다.

영재교육과 관련한 독특한 하위문화들이 이 회의를 통해 다양하게 꽃을 피운다. 매년 열두 차례의 회의가 열리는데 영재 공동체 내부의 의사소통 통로 역할을 톡톡히 한다. 영재 공동체의 일원이면 적어도 1년에 한 차례 이상 이 회의에 참가한다.

이들에겐 자신들만의 언어가 있다. 지각 모달Sensory Modal, 시각적 공간 학습Visual Spatial Learning, 정서 불안 영재Doubly Exceptional 등 생소한 용어들이 인기 스타의 이름처럼 자연스럽게 오갔다. 또한 회의가 진행되는 사흘 동안 참가자들은 영재를 'the gifted'라고 부르지 않고 그냥 'gifted'라고 관사 없이 불렀다. 미국중앙정보국 요원들을 '그 요원들the CIA'이라고 부르지 않고 그냥 '요원들CIA'이라고 부르는 것과 같은 이치다. gifted의 의미가 너무나 명백해서 관사를 생략한 것이다.

여기에서는 창의적이다 못해 괴상한 행동들도 적극 권장된다. 회의 기간에 있었던 한 만찬에서는 마르디 그라(프랑스에서 사순절 전에 있는 '재의 수요일' 바로 전 화요일에 거행하는 축제로 미국 뉴올리언스 축제가 유명하다—옮긴이) 축제처럼 참석자들에게 가면까지 나눠주었다. 동물 가면을 받은 한 교사는 그 가면이 마음에 들지 않았는지 끝까지 새의 가면을 찾아다녔다. 반드시 새의 가면이어야 한다는 독특한 취향마저 존중받고 권장되는 곳이 바로 이 회의다.

린다는 회의에 참석한 수많은 영재교육 전문가 가운데 한 명이지만 그녀의 이름은 영재교육 현장에서 자주 언급된다. 이 시대 영재교육의 상징이라는 이야기까지 있을 정도다. 린다의 이야기는 2005년 〈뉴요커New Yorker〉지에 상세하게 실렸다. 그해 대단한 천재 소년 브랜든 브레머Brandenn Bremmer가 자살했는데 린다가 그를 상담하고 영재성을 판별했기 때문이다. 브랜든에 대해서는 뒤에서 자세히 얘기할 것이다.

린다는 영재 공동체에서 가장 인기 있는 영재 판별자다. 그러나 동시에 저스틴 채프먼Justin Chapman의 판별자[1]로 악명이 높다. 2000년에 린다는 당시 여섯 살이던 저스틴의 지능지수를 298 이상으로 측정했다. 이것은 그때까지 나온 지능지수 가운데 최고였다. 그 유명세로 저스틴은 벨 자전거 헬멧 CF를 찍었고 연령 차별 문제로 조지 E. 파카티 뉴욕주지

사를 면담하기도 했다. 그러나 저스틴은 곧 자살을 기도했고 2001년에는 신경쇠약으로 병원에 입원했다. 그 기간에 계속된 지능검사에서 저스틴은 평범한 지능을 보였다. 결국 저스틴의 놀라운 재능은 가난하고 야심 많은 어머니 엘리자베스Elizabeth 채프먼이 조작한 것으로 드러났다. 엘리자베스는 아들의 유아 시절을 거짓으로 꾸미고 아들에게 지능지수 검사지의 답안을 미리 가르쳐주었다. 이렇게 린다까지 속여 자기 아들을 영재로 둔갑시켰다. 저스틴의 엄마는 심지어 이웃 아이의 SAT 성적표를 아들의 것으로 위조하기도 했다.


## 영재의 다섯 가지 등급

브랜든과 저스틴의 비극도, 수십 년간 아이들 수천 명의 지능을 검사한 지긋지긋할 법한 이력도, 지능검사와 대단한 영재에 대한 린다의 열정을 꺾지 못했다. 영재 이야기를 할 때면 아직도 그녀에게선 뉴에이지풍의 신비로움이 넘쳐난다('뉴에이지'란 기존의 서구식 가치와 문화를 배척하고 새로운 대안적 가치를 추구하는 영적인 문화운동이다—옮긴이).

린다는 '플린 효과Flynn effect' [2]에 대해 설명했다. 플린 효과란 10년마다 선진국 아이들의 평균 지능지수가 3점씩 상승하고 대단한 영재들의 수도 증가하는 현상을 말한다.

"영재들의 수가 점점 늘어나고 그들이 점점 더 높은 지능을 갖게 되는 현상을 논리적으로 설명하긴 어렵습니다. 영재들에겐 뭔가 특별한 능력이 있습니다. 이 아이들은 동물에게 말을 합니다. 그러면 동물들도 대답을 하죠."

린다는 '비전 테라피Vision therapy'의 주창자이기도 하다. 시력을 향상시킬 목적으로 하는 눈 운동이 지능까지 높여준다는 것이다.

어쩌면 린다는 영재교육을 바라보는 여러 관점 가운데 뉴에이지 진영의 견해를 표현하고 있는지도 모른다. 그러나 이런 식으로 생각하는 사람은 그녀만이 아니다. 영재 공동체 구성원들은 뉴에이지의 신념인 '인디고 아이Indigo Child' 가설[3]을 종종 언급한다. 이 가설은 '지구가 영재의 재능을 필요로 하기 때문에 매우 특별한 영재들이 지구로 온다'는 것이다.

1970년대에 초심리학자 낸시 앤 태프Nancy Ann Tappe가 처음 정의한 인디고 아이는 '인디고 아우라와 예리한 통찰력을 가진 아이'라는 뜻이다. 이 아이들은 일반적으로 지능지수가 높고 탁월한 직관력을 가졌으며 가끔 주의력결핍과잉행동장애를 보인다고 한다.

린다의 위엄 어린 목소리에는 바로 이 아이들에 대한 동경이 담겨 있다. 린다를 비롯한 영재 판별자들은 특히 '비범한 영재들'에게 관심이 많다. 비판적으로 얘기하자면 이런 영재들을 중심으로 영재 스타 체계를 구축하는 것처럼 보인다. 이때 적용되는 기준은 지능지수로 표현되는 전통적인 의미의 지능이다.

이 지능은 일반적인 정신 능력으로 아이의 학교 성적을 예측하는 지능지수 점수[4]다. 지능의 측정은 심리측정학[5]의 산물이다. 심리학자도 심리측정학 도구를 사용해 개인의 심리와 태도를 측정할 수 있지만 심리측정학은 성격과 지능을 동시에 검사하면서 심리 측정 방법을 더욱 정교하게 만들었다.

린다에게는 그녀만의 영재 구분 방법이 있다. 먼저 영재인지 아닌 지를 판별할 때는 구식 스탠퍼드 비네 지능검사법인 L-M형 검사법을 사용하여 아이의 지능지수를 측정한다(많은 학자들은 이제 L-M형 검사로 는 정확한 지능을 측정할 수 없다고 말한다). 그 다음엔 지금까지의 지능 측 정 경험에 근거하여 만든 다음 기준에 따라 영재를 분류한다. 물론 공립 학교 영재교육 프로그램이 요구하는 지능지수는 이 기준과 다르고 학 교마다 또 다르다. 어떤 학교에서는 120 이상을 요구하고 130 이상을 요구하는 학교도 있다.

- 120~129: 우수한 학생advanced learners
- 130~144: 보통 영재moderately gifted
- 145~159: 우수한 영재highly gifted
- 160~174: 비범한 영재exceptionally gifted
- 175 이상: 심오한 영재profoundly gifted

보통 영재의 지능지수는 다른 학생들의 평균 지수보다 표준편차 지수의 두 배 이상 높은데 이것은 상위 2퍼센트 안에 드는 것을 의미한 다. 우수한 영재의 지능지수는 평균보다 표준편차 지수의 세 배 이상 높 은데 이것은 상위 1퍼센트 안에 드는 것을 의미한다. 비범한 영재의 지 능지수는 평균보다 표준편차 지수의 네 배 이상 높은데 이것은 상위

0.01퍼센트 안에 드는 것을 의미한다.

'다행히도' 지능지수가 200이 넘는 '심오한 영재'는 찾아보기 힘들다. 만약 그런 영재가 있다면 정말 무서울 것이다. 잠재력이 완전히 계발된 사람만큼 무서운 사람은 없기 때문이다. 이에 대해 보수적 평론가 거트루드 히멜파브Gertrude Himmelfarb는 1953년 〈코먼터리Commentary〉지에서 다음과 같이 말했다.

"오늘날의 영재는 조숙하기보다는 괴팍하다. 영재는 단순히 사회적 관습을 조금 깬 '아이의 옷을 입은 애늙은이'가 아니다. 그들은 '아이의 옷을 입은 괴물, 자연의 법칙을 깨뜨린 기형아'다."


## 상업화된 지능검사

일부 영재 회의는 지능지수를 얻는 방법을 집중적으로 다룬다. 심리학자들이 지능지수 검사가 우수한 아이를 찾아내는 가장 확실한 방법이라고 보기 때문이다. 어떤 심리학자들은 지능지수 170인 영재와 200인 영재를 구분해야 한다고 말한다. 그런데 최근 이 지능검사 방법이 상업화되는 경향이 나타나고 있다.

무엇보다 부모들, 특히 부자 부모들이 자녀의 지능검사 비용을 아끼지 않기 때문에 지능검사는 날로 번창하는 사업이 되었다. 심리학자들은 지능검사를 하려면 적어도 세 살은 되어야 한다고 말하지만 적지 않은 부모들이 두 살 이하의 아이까지 지능검사를 받게 하고 있다.

현재 미국 내 1,500개의 사립학교와 우수한 공립학교가 미국교육 평가국Educational Records Bureau(ERB)의 시험 점수를 입학 기준으로 활용하고 있다. 그래서 유치원 입학 전 아동들도 ERB에서 출제·주관하는 네 가지 시험에 응시한다. ERB는 미국교육평가원Educational Testing Service(ETS), 미국학력평가시험(SAT)과 함께 전국적인 평가 기준을 확립한 사립 평가 기구이기 때문이다. 그러나 공공 기관처럼 보이는 이 평가 기구들은 민간 기관이며 독점적인 성격까지 있다.[6] 다만 이 시험들이 필수가 아닌 선택이기 때문에 독점이 문제가 되지 않을 뿐이다.

ERB는 자신들을 '사립학교와 우수 고등학교에 학생들의 시험 성적을 신뢰할 만한 방법으로 제공하는 교육 서비스 기관'으로 소개한다. 그리고 '우수한 학교를 위한 우수한 평가 체계'를 내세우며 '어린아이들에게 시험 보는 방법을 연습시켜 점수를 부풀리지 말라'고 부모들에게 경고까지 한다. 뉴욕의 사립학교들 대부분이 입시 자료로 활용하는 '위대한뉴욕사립학교연합(ISAAGNY)'의 시험도 ERB가 감독한다.

이런 평가 시험 이외에 지능검사는 기본 검사에 속한다. 로스엔젤레스의 머맨 영재 학교처럼 많은 학교들이 지능지수로 입학 자격을 엄격하게 제한하기 때문이다. 머맨의 2006년 수업료는 1만 7,300달러였다. 물론 교복 값은 별도다. 머맨이 요구하는 최소 지능지수는 145인데 이것은 학교 설립자가 규정한 '대단한 영재들severely gifted'을 뽑는 기준이다. 바로 이 기준 때문에 머맨은 할리우드 스타들에게 인기가 높다.

이 밖에 일리노이 엘진에 있는 다빈치 아카데미 같은 사립학교들은 입학 자격으로 지능지수 125 이상을 요구한다. 콜로라도 리틀턴의 매킨토시 아카데미와 아이다호 보이시의 애로우룩 영재 학교처럼 응시자의 지능지수를 여러 입학 기준 가운데 하나로 활용하는 학교도 있다. 영재 학교에서 요구하는 최소한의 지능지수는 130이다.

영재 학교의 입학 요건은 학생의 적성과 학업 성취다. 학업 성취 평가는 수업 관찰과 점수로 수치화되는 성취도 평가로 구성된다. 이 평가 방법은 훌륭하고 탁월하다. 다만 철저하면서 정밀한 만큼 비용이 비싸다는 게 문제다. 린다 실버먼의 사무실에서 이틀 동안 진행되는 시험 비용은 시간당 250달러다.

뉴저지 로버트우드존슨 의과대학 내 아동발달연구소에서 영재 평가를 전공한 심리학자 바버라 루이스Barbara Louis는 세 차례의 면접에 1,500달러를 청구한다.

"제 고객은 주로 중상류층 가정입니다. 이 부모들은 1년에 아홉 차례나 아이들을 자유과학센터에 데려갈 정도로 교육에 많이 투자합니다."

루이스는 영재 유치원을 보낼 것이 아니라면 아이가 여섯 살이 될 때까지 기다려서 지능검사를 받는 것이 좋다고 권한다.


## 공부 잘하는 아이가 영재다?

앞에서도 언급한 신경심리학자 나디아 웹은 버지니아 주 해리슨버그에서 영재를 검사하는 영재 상담소를 운영하는데 검사 한 건당

1,000달러를 청구한다. 먼저 부모와 아이를 면담한 뒤 4시간쯤 검사를 하고, 1시간 동안 점수를 매기면서 평가서를 작성한다. 나디아 웹은 상당히 인기가 좋다. 그녀를 만나면 그 이유를 알 수 있다. 연신 '좋다like'는 단어를 쓰면서 솔직하고 친근한 매력을 풍겼다.

개인 비용으로 검사를 받을 수 있는 부유한 사람은 가난한 사람보다 훨씬 유리한 위치에 있다. 심리학자들이 영재 검사에 청구하는 비용은 보통 시간당 150달러쯤이다. 나디아는 그보다 많은 액수인 215달러를 청구한다. 의료보험이 적용된다고 해도 검사비 전체가 대상은 아니다. 그나마 비용의 일부라도 의료보험을 적용받으려면 부모가 수완이 좋아야 한다. 심리검사를 의료 행위의 일부로 인정받는 것이 쉽지 않기 때문이다.

그래서 나디아 웹의 사무실을 찾는 사람들은 대부분 검사비를 자기 돈으로 치를 수 있는 이들이다. 1,000달러를 선뜻 지불할 수 없는 사람은 그녀의 사무실에 올 수 없다. 물론 이보다 적은 비용으로 지능검사를 받을 수 있는 대학이 있기는 하다. 그러나 가장 싸다고 하는 이곳에서 보험을 적용해 청구하는 비용도 600달러 이상이다.

문제는 사설 영재 전문가가 해주는 지능검사가 아닌 그와 유사한 다른 검사는 별로 쓸모가 없다는 것이다. 나디아는 공립학교의 평가 전문가들이 하는 검사는 전혀 도움이 되지 않는다고 말한다.

"한 학교에 보통 한 명의 심리학자가 있는데 그 사람은 어떤 아이와도 친밀하고 신뢰할 수 있는 관계인 '라포르rapport'를 형성할 여유가 없습니다. 그 학교에 다니는 아이들을 어떻게 다 볼 수 있겠어요. 당연히 아이들의 부모와도 이야기해볼 기회가 없습니다. 다시 말해 그 사람은 한 아이도 제대로 알 수가 없습니다. 그래서 교사들은 학급에서 가장 똑똑한 아이, 가장 공부 잘하는 아이를 영재라고 생각하죠. 그러나 저는 달라요. 다양한 형태의 지능검사를 하면서 아이하고도 충분히 이야기하고 아이의 부모와도 이야기합니다."

예전에 영재협회와 미국영재연합의 대표를 맡았고 지금은 버지니아 대학 교육학과 교수로 있는 캐럴린 캘러핸Carolyn Callahan은 현재 〈영재교육 프로그램 스탠더드Gifted Program Standards〉지의 공동 편집자로 각 학교의 영재교육 프로그램을 평가하고 있다. 캘러핸 교수는 공립학교의 영재 선발 체계가 아주 열악하다고 말한다. 무엇보다 학교에 영재들의 지능을 제대로 측정할 수 있을 만큼 심리학자들의 수가 많지 않다. 그렇기 때문에 지능검사나 아이의 작품이 아닌 주로 학교 성적으로 영재가 선발된다.

캘러핸의 조사에 따르면 오직 플로리다 주에서만 영재 선발 지능검사가 정기적으로 실시된다. 이런 사실은 아이들의 재능을 평가하는 사설 상담소들이 호황을 누리는 이유를 설명해준다. 정해진 비용만 지불하면 누구나 언제든지 정확한 지능검사를 받을 수 있기 때문이다.

게다가 공교육에서는 영재 선발이 사교육보다 늦게 진행된다. 초등학교 2, 3학년 때 지능검사를 실시하여 3, 4학년 때 영재반을 편성하는 것이 보통이다. 그러나 영재교육을 받는 아이들은 이보다 2년 정도 빠르게 평균 대여섯 살 때 영재교육 전문가에게 지능검사를 받는다. 여기서 높은 점수를 받으면 명문 학교의 입학이 보장된다. 그래서 브라이트마인드 같은 회사들의 영재교육 상품이 불티나게 팔린다. 아이들의 지능검사 점수를 높인다고 광고하기 때문이다.

브라이트마인드 사는 엄마들에게 더 가까이 다가가고자 가정형 판매 전략을 구축했다. 친구들과 이웃을 초대하여 파티를 열 수 있는 홍보 직원을 모집한 뒤 그 자리에서 가정용품이나 화장품 대신 자사 제품을 팔게 하는 것이다. '더 좋은 성적과 높은 지능'이라는 환상적인 약속과 함께.


## 지능검사 방법의 문제점

지능검사를 이용해 아이들의 잠재력을 과학적으로 측정할 수 있다는 신념이 교육계에 널리 퍼진 것은 1920년대였다. 영재교육 주창자들처럼 지능검사 옹호자들도 이 검사가 진보적인 방법이라고 여겼다. 인종적·경제적 특권과 상관없는 개인의 능력만을 따져서 교육 기회를 배분할 수 있다고 믿었기 때문이다. 실제로 표준화된 지능검사는 소수 민족과 사회 취약층이 포함된 영재 집단을 만들었다.

지능검사는 지난 100년 사이에 다양하게 발전해왔다. 어린 영재를 선발하는 지능검사가 너무 많아서 뭐가 뭔지 잘 모를 정도다. 예를 들면 미취학 아동용 웩슬러 지능검사 4판(WISC-IV), 웩슬러 유아 및 초등용 지능검사 3판(WPPSI-III), 웩슬러 유아 및 초등용 지능검사 개정판(WPPSI-R; 린다 실버먼은 이 검사의 점수가 종종 부풀려진다고 경고했다), 스탠퍼드 비네 지능검사 4 · 5, 지능별 차이 검사(DAS), 우드콕 존슨 지능검사 3판(WJ-Ⅲ), 레이븐 누진행렬 검사, 코프먼 교육 성취도 검사(K-TEA), 라쉬 지수, 질적 지능검사, 스탠퍼드 비네 지능검사 L-M형 들이 있다.

이 가운데 스탠퍼드 비네 지능검사 L-M형이 아직까지도 큰 영향력을 발휘하고 있다. 1937년 처음 만들어진 L-M형은 1960년에 개정되었으며 1972년에 마지막으로 기준 집단을 바꾸었다.

기준 집단은 아이의 지능지수가 비교되는 집단이다. 아이의 검사 지수가 이 집단에서 어떤 위치를 차지하느냐에 따라 지능지수가 정해진다. 그러므로 기준 집단은 아이와 같은 또래여야 하는데 이것은 검사 전에 만들어지므로 이론적으로 불가능하다. 먼저 기준 집단을 검사해서 그 평균과 표준편차를 구하고 여기에 검사자의 점수를 비교해서 지능지수를 산정하기 때문이다.

그래서 가장 가까운 과거에 측정된 집단을 기준 집단으로 삼는 것이 바람직하다. 그런데 L-M형은 1972년의 아이들을 여전히 기준 집단으로 삼고 있다. 이제 어른이 된 30~40년 전 아이들과 지금 아이들의 지능지수를 비교하는 것이다.

이런 이유로 L-M형 검사에서는 아이들의 평균 지능지수가 상승하고 영재들의 수도 증가하는 플린 효과가 자연스럽게 나타난다. 옛날 아이들을 기준으로 요즘 아이들의 지능을 검사하기 때문이다. 그 결과 가끔 240 이상의 기가 막힌 지능지수가 나오기도 한다.

또한 L-M형의 내용은 우스꽝스러울 정도로 시대에 뒤떨어졌다.

지금은 전혀 쓰이지 않는 'milksop(물렁한 사람)'이란 단어가 문제에 나올 정도다. 응시자들의 정신연령을 기록하는 것도 L-M형의 문제점으로 지적된다. 이는 정신장애를 가진 아이들에 대한 모독이다. 그래서 다른 검사법은 정신연령을 쓰지 않고 대신 표준편차를 남긴다.

L-M형을 비판하는 사람들은 많다. 스탠퍼드 비네 지능검사 5를 만든 사람 가운데 한 명인 제롬 새틀러Jerome Sattler는 L-M형은 낡아빠진 지능검사 방법이라고 맹렬하게 비난했다. "기준은 변해야 한다. 사람들도 변하고 아이들도 변하기 때문이다. 정말 과학적인 방법으로 지능을 측정하고자 한다면 50년이나 지난 낡은 방법을 버려야 한다."

문제가 되는 것은 L-M형만이 아니다. 다른 검사 방법들도 여러 가지 이유로 비판받는다.

오늘날 지능검사의 최대 쟁점은 검사 방법을 '문화적으로' 공정하게 만드는 것이다. 즉 알게 모르게 검사 방법에 스며들어 있는 인종적·사회적 편견을 없애는 것이다. 기존의 검사에서는 지능지수가 인종에 따라 다르게 나왔다. 그래서 조지메이슨 대학교 심리학과 잭 내글리어리Jack Naglieri 교수가 만든 것이 앞서 세라가 보았다고 한 '내글리어리 검사'다.

내글리어리 교수는 웩슬러 지능검사와 스탠퍼드 비네 지능검사는 모두 언어 중심 검사이기 때문에 문화적 편견이 심하다고 보았다. 그래서 문화적으로 공정한 비언어적 인지평가시험(CAT)을 만들었다. 일레스 영재 학교에서 사용하는 지능검사가 바로 이것이다.

"재능을 폭넓게 정의해야 합니다. 우리는 학식은 없지만 똑똑한 사람들을 알고 있습니다. 흔히 사람들은 성과와 능력을 혼동하는데 지능은 능력을 말합니다."

그러나 유감스럽게도 내글리어리의 교정도 완벽하지 않았다. 아이오와 대학교 데이비드 로먼David Lohman 교수를 비롯한 비판자들은 CAT가 의도는 좋지만 완벽한 평가 도구는 못 된다고 말한다. 비언어적 재능은 아이가 비언어적인 영역에서 우수하다는 것을 의미하는데 학교 교육은 높은 수준의 언어 능력을 요구하기 때문이다. 그래서 로먼 교수는 비언어적 검사는 다른 검사법의 보조 수단이지 그 자체만으로 쓸모가 없다고 주장한다. 그리고 학업 재능은 기본적으로 학업 성취를 측정해서 판단해야 한다고 지적한다. 미래의 학교 성적을 예측하는 가장 좋은 방법은 상징·언어수학·공간 체계를 활용하여 이성적으로 사고하는 능력을 살펴보는 것이다.

그런데 공립학교에서는 재원이 한정되어 있어 종합적인 검사를 시행하기 어렵다. 비용이나 시간이 언제나 부족하기 때문에 아이들에게 다양한 지능검사를 실시할 수도 없고, 아이들 한 명 한 명을 제대로 살펴볼 수도 없다. 전국의 공립학교에 영재 전문가가 몇 명 있는지도 알 수 없다. 주마다 여러 가지 여건이 다르기 때문이다. 영재교육을 '특별교육'이라는 이름으로 보호하는 주가 아니라면 제대로 된 영재 선발을 기대하기는 어렵다.

공립학교에서 지능검사를 실시하는 경우 보통 아동용 웩슬러 지능검사 3판과 스탠퍼드 비네 5를 검사법으로 사용한다. 이 검사들은 언어 구술시험과 시각 및 공간 능력 측정 시험으로 구성되는데 시험 시간은

1시간이다. 평가자는 하위 검사 점수를 종합하여 지능지수를 산출한다.

시각 및 공간 능력 측정 검사는 주어진 그림에 맞는 모양을 빨간색과 흰색 블록으로 만드는 것이다. 구술시험은 단어를 정의하고 그 함축적 의미를 설명하는 것이다. 단어의 어감을 얼마나 잘 이해하는지에 따라 점수가 달라진다. 보통 포크fork나 머그잔mug과 비슷한 단어를 찾는 데서 시작하여 'harangue'처럼 어려운 단어를 설명하는 것으로 끝난다. 높은 점수를 받으려면 harangue의 두 가지 의미 '열변'과 '질책'을 모두 말할 수 있어야 하고 이 단어에 담긴 부정적인 의미도 이해해야 한다.

웩슬러 지능검사에서는 주어진 그림에서 빠진 것을 찾으라고 요구한다. 보통 '코가 없는 아이'나 '왼쪽 레이스가 없는 구두' 아니면 '버클 없는 벨트' 같은 그림이 주어진다. 이것은 아이가 그림의 세부적인 사항을 얼마나 집중해서 보는지를 평가한다. 시각적으로 비슷한 부분을 말하라는 문제도 있다. 정원의 호스와 비치 볼, 개 등 여러 개의 그림을 제시한 뒤 사물의 유사점을 찾게 하는 것이다.


## 공부 못하는 유전자가 따로 있다?

100년 전만 해도 지능검사자들은 평가 문항을 직접 만들어서 사용했다. 그런데 그 기본 전제나 내용 구성이 오늘날의 것과 크게 다르지 않았다. 탁월한 고전 《인간에 대한 오해The Mismeasure of Man》에서 진화생물학자 스티븐 제이 굴드Stephen Jay Gould는 '초기 지능검사자들은 기억력과 언어 이해력, 어휘력, 시간 및 공간 인지력, 눈과 손의 조정 능력, 유사성 인식, 판단력, 비교와 대조, 산술적 추론 들을 평가하려고 했다'[7]고 썼다.

미국에서 처음 널리 퍼진 지능검사 방법은 스탠퍼드 비네 검사다. 1905년 프랑스 심리학자 알프레드 비네Alfred Binet가 체계화시킨 지능검사법을 스탠퍼드 대학의 루이스 터먼이 발전시킨 것[8]이다. 터먼은 지능에 대해 획기적인 발상을 한 사람으로 영재교육을 강력하게 옹호했다. 그는 영재교육을 영재를 선발하는 도구로 보았고 이를 통해서만 영재들에게 알맞은 교육을 제공할 수 있다고 믿었다.

《천재와 바보Genius and Stupidity》를 쓴 터먼은 타고난 천재였다. 터먼의 이야기를 다룬 책 《터먼의 아이들Terman's Kids》에서 조엘 슈르킨Joel Shurkin은 '저소득층 사람들이 고생하며 사는 것이 타고난 유전자 때문인지 아니면 열악한 가정환경과 나쁜 학교교육 때문인지를 놓고 터먼은 고민했다'고 썼다.

그 결과 터먼은 통계학적 증거도 없이 타고난 유전자가 그 이유라고 결론지었다. 터먼이 직접 사용한 표현을 빌리면 '흑인들이 머리가 나쁜 것은 흑인이기 때문이다'. 혈통이 원래 그렇기 때문에 흑인의 지능은 낮다는 말이다. 굴드가 지적한 것처럼 터먼은 인종과 계층에 대해 이단적인 생각을 했고 그것의 타당성을 밝히는 것을 자신의 업으로 삼았다.

터먼을 유명하게 만든 것은 '캘리포니아 도시 지역에서 선정한 지능지수 135 이상인 1,528명의 영재들'에 관한 연구였다. 터먼은 이를 위해 교사 추천으로 학생들을 선발했는데 여기에 벌써 학교 성적을 근거로 한 교사들의 편견이 들어 있을 수밖에 없었다. 연구 대상 아이들을 '터마이트Termites(흰개미들)'라고 부른 이 연구는 이후 심리학 분야의 장기적인 종적 연구의 본보기가 되었다.

터먼의 연구는 지금까지도 가장 오래 지속된 심리학 연구로 남아 있을 만큼 오랜 기간에 걸쳐 진행되었다. 그는 1921년부터 10년 간격으로 재능이 영재에게 미치는 영향을 측정했다. 1992년에 마지막 자료가 수집되었는데 이 자료에 대한 연구는 아직도 진행되고 있다.

터먼은 이 연구를 통해 영재교육의 유용성을 입증하려고 했다. 충분한 교육 기회와 가족들의 지원을 받은 영재들은 탁월한 재능을 지닌 어른으로 성장한다는 것을 보여주고자 했다. 영재들은 단지 '쓸모없는 괴물'이라는 당시 편견에 맞서 영재교육을 옹호하려고 했다. 그는 영재들이 현실 생활에서도 대단한 잠재력을 가졌고 이로 인해 탁월한 삶을 살 것이라고 믿었다. 단순히 영재들을 선발하는 것에 그치지 않고 이 아이들을 통해 인간 마음의 본질을 탐구하려는 형이상학적 열정도 품었다.

지금까지 살펴본 것처럼 지능검사의 역사는 다음의 세 가지 쟁점을 통해 발전해왔다. 첫째, 지능검사로만 개인의 지적 능력을 평가할 수 있다는 주장이다. 둘째, 지능검사가 만들어지는 방식이다. 즉 지능검사에 비주류에 대한 편견이 스며 있다는 것이다. 셋째, 지능검사가 실시되는 방식이다. 지능검사는 종종 사회적 편견을 반영하는 방식으로 실시되었고, 이는 인종차별 논란을 일으켰다.

# 지능검사가 유일한 기회인 아이들

1983년에 하워드 가드너는 지능검사와 SAT 시험에 나타난 지능검사의 한계를 《다중지능Multiple Intelligence》이란 책에서 비판했다.[9] 지능검사는 주로 언어적·논리적 능력을 측정하는데 재능에는 다른 영역도 있다는 것이다. 그러면서 신체적인 재능과 사회적인 재능을 예로 들었다.

유감스럽게도 '다중지능' 이론이 출현한 지 10년이 흐른 뒤 지능 개념은 원시시대로 퇴보했다. 1994년 명망 높은 학자들인 리처드 헌스타인Richard J. Herrnstein과 찰스 머리Charles Murray가 공동 집필한 《벨 커브 The Bell Curve》[10]가 지능의 인종차별적 관점을 옹호했고 이 책이 사회적 논쟁을 불러일으키며 베스트셀러가 된 것이다.

여기서 '벨 커브bell curve'란 종鐘 형태의 곡선을 말하는데 헌스타인 등은 지능의 분포곡선을 이 벨 커브로 제시했다. 이 곡선의 양쪽 끝에는 '지식 엘리트cognitive elite'와 '지식 천민cognitive underclass'이 있다. 헌스타인과 머리는 미국 노동시장을 종적으로 분석한 10년치 연구 결과물을 분석하며 1979년부터 1만 2,500명의 젊은이들을 추적 조사했다. 그 결과를 바탕으로 대상자들을 '높은 지능을 가진 좋은 직장의 영재들'과 '낮은 지능을 가진 실업 청년'으로 나눈 것이 바로 벨 커브다.

이 책이 일으킨 논란은 크게 두 가지로 나눌 수 있다. 먼저 고정된 수치로 표현된 지능지수만이 개인의 지적 능력을 나타낸다고 간주하고 이 수치를 근거로 사람들의 지적 서열을 매기는 것이 과연 타당하냐는 것이다. 둘째, 이 책에서 제시한 흑인과 백인 사이의 지능지수 차이는 평균 15점인데 그 원인을 유전적인 요인에서 찾는 것이 타당하냐는 말이다.

이들의 주장은 공공연한 인종차별을 다시 유행시킬 게 뻔했다. 그러나 역사적 사실을 살펴보면 두 번째 주장이 틀렸다는 것이 명백히 드러난다.

한때 아일랜드 신교도들은 가톨릭교도들보다 교육도 잘 받았고 사회적으로 상류층에 속했다. 그런데 신교도들과 가톨릭교도들 사이의 지능지수가 평균 15점 차이가 나는 것으로 조사됐다. 두 집단의 구성원은 모두 백인이었지만 사회적 차별이 지능지수의 차이로 나타났던 것이다. 그러나 헌스타인과 머리는 이 사실을 언급하지 않았다.

물론 이러한 주장은 원래부터 인종차별적 견해를 갖고 있던 사람들에게만 공감을 얻었다. 인종차별주의자들은 이 책의 내용을 근거로 자신들의 잘못된 행동을 정당화했다. 그들은 사회적 약자를 위한 교육은 시간 낭비라고 믿었다. 당연히도 이 책은 옹호보다는 비판을 많이 받았다. 특히 1995년에 출간된 UCLA 대학의 역사학과 교수 러셀 제이코비Russell Jacoby와 작가 나오미 글라우버먼Naomi Glauberman이 편집한 《벨 커브 논쟁The Bell Curve Debate》은 서문에서 '벨 커브가 억압된 반자유주의적 정서에 궤변적인 충동질을 하고 있다'고 맹비난했다.

그러나 보스턴에 본부를 둔 교육 관련 협회 '공정한 평가'의 공동 이사 몬티 네일Monty Neill은 지능검사는 어떤 형태로든 본질적으로 인종차별을 극복할 수 없다고 말한다. 지능지수는 타고난 능력이 아니라 배운 것을 측정하는 것인데 모두에게 학습 기회가 공평하게 배분되지 않기 때문이다. 따라서 지능검사는 사회적·문화적 차별에 따라 불공평하게 배분된 교육 기회의 결과를 확인하는 것에 불과하다.

그러나 지능검사 비판자들이 놓치는 사실 가운데 하나는 그래도 스탠퍼드 비네 지능검사가 가난한 영재들이 영재교육을 받을 수 있는 거의 유일한 통로라는 것이다. 돈이 없어서 개인적으로 지능검사를 받을 수 없는 영재들에게 학교에서 받는 지능검사는 교사의 추천보다 더 확실한 기회를 제공한다.

또 웬만한 심리학자라면 지능검사의 단점을 검사 과정에서 어느 정도 보완할 수 있다. 만약 영어를 잘 못하는 이민자의 아이라면 언어 능력 검사 문항을 좀 다르게 바꿔줄 수 있고 문제를 천천히 푸는 아이라면 시간을 더 줄 수도 있다. 그러나 이미 지적했다시피 공립학교에는 아이 한 명 한 명을 배려하며 검사를 해줄 심리학자[11]의 수가 절대적으로 부족하다.

지능검사 결과는 학교에 더 좋은 교육을 요구할 수 있는 근거가 된다는 점에서 영재들에게 중요한 '증거자료' 같은 것이다. 어떤 아이의 지능지수가 155가 나왔다면 그 부모는 지능지수 결과를 학교에 제출하며 '이것이 내 아이가 특별한 교육을 받아야 하는 이유'라고 당당하게 말할 수 있다. 결국 돈이 없어서 아이의 권리를 제대로 보호해주지 못하는 부모의 자녀들만 미래를 운에 맡기는 셈이다.

# 영재교육에서 소외된 영재들을 구제할 방법

제대로 된 지능검사를 받지 못해서 영재가 되지 못한 아이들의 미래는 누가 보상해줄 것인가? 이런 아이들의 재능을 발굴해줄 방법은 없을까?

다행히도 영재교육 프로그램에서 소외된 아이들에게 기회를 제공하자는 움직임이 북미 지역에서 일어나고 있다. '발굴되지 못한 수학 영재Junior Undiscovered Math Prodigy'라는 뜻의 '점프JUMP'는 말 그대로 영재교육을 받지 못하는 수학 영재들을 위해 1998년 존 마이턴John Mighton이 캐나다에서 만든 수학 교육 프로그램이다.

캐나다의 수학자인 마이턴은 이 프로그램을 통해 '수학에서 낙제한 학생도 충분히 미적분을 배울 수 있다'는 것을 증명하려고 했다. 그의 아파트에서 처음에 시작된 점프 프로그램은 이제 수천 명의 학생들을 불러 모을 만큼 크게 성장했다. 일선 교사와 학부모들도 점프 학습 지도서를 이용해 아이들을 지도하는데 이 책은 2005년에 1만 6,000부나 팔렸다.

마이턴은 자신도 어렸을 때 수학을 잘 못했다고 말한다. 그에게 수학은 정말 지루한 과목이었다. 그러던 어느 날 우연히 읽게 된 영재에 대한 글이 그의 인생을 바꾸었다. 그는 누구나 영재가 될 잠재력을 가지고 태어난다는 글의 내용을 가슴 깊이 새겼다. 그래서 자기가 할 수 있는 뭔가를 하기로 결심했고 그 결심은 큰 성공으로 이어졌다.

점프에는 열두 살이 되었는데도 2의 배수를 알지 못하는 학생도

있고 소년원 출신의 학생도 있었다. 마이턴은 이런 학생들을 자신만의
교수법으로 열심히 가르쳤다. 한 단계 한 단계 조금씩 난이도를 올리면
서 천천히 가르친 것이다. 그랬더니 3년 뒤 놀라운 결과가 나타났다. 수
학을 정말 못했던 아이들이 자기 학년의 수학뿐 아니라 고학년 수학 문
제까지 척척 풀어낸 것이다.

“수학은 가장 쉬운 과목입니다. 수학이 어렵다고 느껴지는 이유
는 기초가 없는 상황에서 어려운 문제를 풀기 때문입니다. 그러면 수학
은 무시무시하게 어렵게 느껴지고 이런 경험을 몇 번 하면 자신감이 떨
어지죠. 자신감이 사라지면 결코 수학을 잘할 수 없습니다. 학생들은
가까운 어른들에게 자기 실력을 과시하고 싶어합니다. 그렇기 때문에
기초를 잘 잡아주고 자신감만 심어준다면 어떤 아이라도 수학을 잘할
수 있습니다.”

마이턴은 이런 내용을 바탕으로 《능력의 신화The Myth of Ability》라는
책도 썼다.[12]

마이턴의 성공 비결은 학생 한 명 한 명에게 맞는 독창적인 교육
방법을 찾아낸 데 있다. 수학을 가르칠 때 보통은 구체적인 사례를 가르
치고 이를 통해 추상적인 원리를 가르친다. 그러나 어떤 아이는 추상적
인 사고를 먼저 하고 어떤 아이는 언어 능력이 뛰어나다. 그러면 앞의
아이에겐 추상적인 원리를 먼저 가르치고 뒤의 아이에게는 풍부한 언
어 표현으로 수학 내용을 설명하면 된다. 이해되지 않는 공식을 무조건
외우게 하는 단순한 방법을 버리고 내용을 먼저 이해시키는 것이 그의
비결이었다.

점프는 낙제생을 놀랍게 변화시킨 많은 프로그램 가운데 하나에 불과하다. 워싱턴 주에는 저소득층 아이들에게 중국어와 아랍어를 가르치는 '세계는 하나One World Now'라는 주정부 단체가 있다. 또 '프렙 포 프렙Prep-for-Prep'이나 '올리버Oliver 프로그램'처럼 재능은 있지만 가난하거나 소수민족인 아이들에게 사립학교 진학을 돕는 프로그램도 있다.

## 정열적으로 공부하는 영재의 행동 방식이 중요하다

올리버 프로그램은 소수민족 아이들을 사립학교에 보내는 프로그램이다. 2004년 650명의 아이들이 이 프로그램으로 경제적 지원을 받았고 이 가운데 94퍼센트가 기숙사 학교에 들어갔다. 이 아이들의 36퍼센트는 아이비리그(미국 동북부에 있는 예일·코넬·컬럼비아·다트머스·하버드·브라운·프린스턴·펜실베이니아 대학이 속한 여덟 개의 명문 대학—옮긴이)에 진학했다.

프로그램 개시 행사에 참석한 학부모들은 주로 어머니들이었는데 외국인이 운영하는 사립학교에 아이를 보내는 것이 걱정되는 모습이었다. 어떤 어머니는 프로그램 담당자에게 아이가 다니게 될 학교를 방문해도 되는지 물었다. 그렇다면 이 프로그램에 선정된 아이들도 영재일까?

이 질문에 대해 올리버 프로그램의 요한 존슨Johan Johnson 대표는 영재라는 말은 중요하지 않다고 대답했다. 정말 이곳에서는 영재라든가 지능검사라는 등의 말은 전혀 들을 수 없었다. 여기서는 다만 입학 요건으로 정열적으로 공부하는 것, 즉 '영재의 행동 방식gifted behavior'[13] 을 요구했다.

영재의 행동 방식이란 말은 코네티컷 대학교 영재교육센터의 조셉 렌줄리 소장이 만든 용어다. 그가 말하는 영재 개념은 배움에 대한 헌신과 폭넓은 사고방식, 도덕적인 성품과 밀접한 관련이 있다. 영재성 이란 무엇보다 영재가 하는 행동을 의미하는 것이기 때문에 영재의 행동 방식이란 말은 합당한 용어 같다. 그러나 여전히 명확하지 않은 개념 이다. 영재를 찾는 것만큼이나 영재들의 행동 유형을 찾는 것도 쉽지 않 다. 우리가 영재들의 행동을 보고 바로 영재성을 인식할 수 있다면 이것 이 가장 만족스러운 개념일 테지만 말이다.

다행히도 나는 이것을 뉴올리언스에서 직접 보았다. 세계영재회 의가 열린 호텔을 빠져나와 그 근처에서 열리는 십대 작가 두 명의 출판 기념회에 참석했을 때다. 작가들의 집에서 열린 파티는 '마을 이야기 프로젝트Neighborhood Story Project'의 행사이기도 했다.

마을 이야기 프로젝트의 추진자는 공립학교 선생님인 어브램 히 멜스타인Abram Himelstein과 레이철 브뢴린Rachel Breunlin이었다. 2004년에 십대 학생 여섯 명이 자신들과 가족, 동네 사람들의 이야기를 모으면서 이 프로젝트는 본격적으로 추진되었다. 이렇게 모아진 이야기들은 편 집을 거쳐 2005년 드디어 책으로 출판되었다. 학생들은 인세로 1,000 달러씩 받았다. 이 학생들은 모두 흑인이었고 책을 펴내기 전까진 아무 도 이들의 재능을 알아주지 않았다. 이 가운데 한 명은 루이지애나 주에서 악명 높은 맥도노 고등학교에서도 퇴학당할 뻔한 문제아였다.

　행사장에서는 공동 저자인 열여덟 살의 샘 와일리Sam Wylie와 그 여동생 알레Arlet가 사람들에게 대접할 새우와 대구 요리를 준비하고 있었다. 와일리 남매는 허리케인 카트리나의 피해가 가장 심했던 지역인 나인스워드에서 자랐다. 그곳은 여기저기에서 ‘사람을 죽이지 마!’라는 문구를 쉽게 볼 수 있는 험악한 동네였다. 이곳의 이야기를 사실적으로 쓴 것이 바로 남매의 책《믿음과 소망 사이에서Between Piety and Desire》이다. 이 책에서 샘은 이렇게 말했다.

　“이곳의 삶은 커다란 그물과 같다. 나인스워드는 사람들이 물고기를 많이 잡는 곳이다. 그러나 나는 넓은 바다로 나아가고 싶다. 내 여자 친구 룰렛Roulette도 나와 같이 가고 싶어한다. ‘그녀와 함께 가는 것’은 그녀의 이름처럼 룰렛을 의미한다. 기회의 인생이라는 것이다. 비록 바다가 깊고 거칠어서 위험하지만 그래도 나는 그 기회를 붙잡으러 넓은 곳으로 가는 것을 결코 포기할 수 없다.”

　샘은 또한 아버지에 대해서도 썼다.

　“아버지는 아마추어 마술사였다. 아버지는 종종 사람이 사라지게 하거나 사람을 둘로 자르는 상자를 만드셨다. 한번은 아버지가 그 상자를 시험하면서 나를 상자 안에 넣으셨다. 그때 형제들이 나를 찾는 소리가 들렸다. 샘은 어디 있지? 샘이 어디로 간 거지? 사실 나도 내가 어디에 있는지 몰랐다. 그래서 대답할 수 없었다. 상자 안에서 나왔을 때 마치 다른 세계로 온 것 같은 느낌이 들었다. 아버지에게는 뭐라 설명하기 어려운 힘이 있는 것처럼 느껴졌다.”

히멜스타인 선생의 말로는 뉴올리언스 주에서 이 책의 판매 부수는 '해리포터 시리즈' 다음이다. 만약 지능검사나 교사 추천 방식으로 영재를 선발했다면 이 아이들은 선발될 수 없었을 것이다. 영재교육 전문가 벤저민 블룸Benjamin Bloom의 말처럼 영재들의 재능을 키우려면 엄청난 지원이 필요하기 때문이다. 그래서 대부분의 경우 부유한 부모들만이 자녀의 영재성을 확인하고 그에 맞는 특별 교육을 시킬 수 있다. 삼류 학교를 그럭저럭 다니면서 겨우 기본 검사만 받는 가난한 아이들은 아무리 엄청난 재능이 있어도 영재로 선발되거나 영재교육을 받기 어렵다.

물론 가끔은 와일리 남매처럼 좋은 선생님을 만나 운 좋게 발견되기도 한다. 히멜스타인 선생은 다른 선생들처럼 학교 성적으로 아이들을 판단하지 않았고 학교에서 소외된 아이들에게 관심을 쏟았다. 이 열정 덕분에 책이 출판되기 전까지는 아무도 몰랐던 아이들의 숨겨진 재능이 빛을 볼 수 있었다.

마을 이야기 프로젝트는 단순히 하나의 수업이 아니라 마을 사람들이 참여해서 함께 꾸려가는 능동적인 사업을 만들었다는 데서 의의를 찾을 수 있다. 이것은 세계영재회의의 린다 실버먼 등이 추구하는 극소수의 영재만을 위한 교육과는 정반대 개념이다. 자신들만의 독특한 교육적 필요를 이런 사업으로 충족시킨 이곳 아이들은 행운아들이었다.

이런 기쁨도 잠시, 몇 주 뒤 나인스워드는 태풍으로 물에 잠겼다. 세계영재회의에 참석했던 영재교육 전문가들이 모두 대학이나 영재

학교, 직장으로 돌아간 뒤였다. 그들은 텔레비전으로 이 재난을 목격하면서 영재교육에 대한 확신을 더욱 굳혔을 것이다. 자연과 가난 앞에 무기력한 사람들을 보라. 우리 아이들의 미래를 운에만 맡길 수는 없지 않은가.

점프의 창립자 마이턴은 이렇게 말했다.

"만약 모든 교사가 학생들에게 높은 학습 목표를 설정해주고 학생들이 그 목표에 도달할 수 있도록 헌신한다면 영재교육은 필요 없을 것입니다. 저는 아이들의 머리를 믿습니다. 뇌는 스스로 자신의 능력을 키워나가는 잠재력을 가지고 있기 때문이죠."

## 영재교육의 대가들

영재 공동체에서 여러 사람들을 인터뷰하는 동안 내내 머릿속을 떠나지 않는 의문이 있었다. 자녀가 최고의 전문가에게 지능검사를 받아야 한다고 믿는 부모의 아이는 과연 운이 좋은 것일까?

영재 전문가이자 신경심리학자인 나디아 웹은 반드시 그렇지 않다고 말한다. 나디아의 고객 가운데는 자녀 교육에 모든 것을 쏟는 부모가 적지 않다. 그들은 각종 영재 관련 메일 서비스를 받아보고 그것도 부족해서 최신 영재 정보를 얻고자 컴퓨터 앞을 떠나지 않는다.

이들이 바로 가끔 나디아 웹의 일에 시비를 거는 사람들이다. 나디아가 조금만 잘못해도 그것을 부풀려서 인터넷 사이트 게시판에 도배

하는 예민한 사람들 말이다. 물론 이들은 나디아의 열렬한 지지자들이기도 하다. 그러나 자신들의 요구를 잘 들어주지 않으면 분노하고 그 분노를 곧장 행동으로 옮긴다. 자신들은 특별한 영재를 둔 특별한 부모여서 오직 전문가에게만 이해받을 수 있다고 생각하기 때문이다.

이런 부모들은 정말 특별한 전문가를 간절히 바란다. 그래서 먼 곳에서도 직접 나디아를 만나러 온다. 다른 주는 물론이고 심지어 다른 대륙에서도 찾아온다. 이들은 매사추세츠 주나 유럽에는 자기 아이를 제대로 평가해줄 전문가가 없다고 믿는다. 이들의 '순례'는 보통 린다 실버먼을 거친 뒤 세 명의 유명 전문가들을 만나는 것으로 끝난다.

이들이 영재교육의 대가들에게 높은 지능지수를 받아 영재로 인정받고자 하는 것은 미국적인 '특별함에 대한 욕구'와 관련이 있다. 리처드 매드슨Richard Madsen과 로버트 벨라Robert Bellah 등이 쓴 《마음의 습관Habits of the Heart: Individualism and Commitment in American Life》에 따르면 과거에는 이 욕구가 공동체적 책임감 때문에 균형을 이뤘고 인간적이었다.[14] 이웃에 대한 돌봄이 있었기 때문에 별다른 문제를 일으키지 않았다. 그러나 영재교육으로 추구되는 특별함은 그 정도가 지나쳐서 절제는커녕 미국의 공동체 의식마저 위협하고 있다.

어떤 의미에서 영재 엘리트의 배타성은 영재교육의 열망이라고 할 수 있다. 심리학자 데이비드 헨리 펠드먼David Henry Feldman과 엘렌 위너가 잘 표현한 것처럼 재능 있다는 말에는 정의상 배타적으로 특별하다는 의미가 들어 있다.[15]

펠드먼은 《자연의 계략Nature's Gambit: Child Prodigies and the Development of Human Potential》에서 신동은 본질적으로 소수 집단일 수밖에 없다고 했다. 그들의 존재는 자연의 질서를 깨뜨려서 인간이 누리는 경험의 연속성과 안정성, 예측성을 파괴하기 때문이다. 그래서 실제 교향곡을 작곡한다든가 체스 대가를 이기는 아이는 드물다. 펠드먼은 이런 신동을 '자연의 순리를 파괴'하는 괴물로 규정했다.

《영재들Gifted Children》에서 위너는 단순히 영재 수업을 받는 아이와 진짜 영재를 구분했다. 위너에 따르면 진짜 영재들은 정말 어린 나이에 어떤 영역을 완전히 통달한다. 즉 한 영역에서 보통 아이들보다 더 빠른 진보를 성취한다. 그들에게는 너무 쉽기 때문이다. 그러면서 그 영역의 과목 또는 활동에 놀라울 정도로 집착한다.


## 영재라는 꼬리표를 달기 위한 지능검사는 소용없다

다행히도 모든 부모가 영재교육에 열광하는 것은 아니다. 자녀에게 영재교육을 시킬 만한 여유가 있으면서도 그렇게 하지 않는 부모도 적지 않다. 뉴욕에 사는 서른여섯 살의 엄마 애드리안은 두 딸의 교육에 대해 이렇게 이야기했다.

"우리도 아이들이 나중에 하버드에 가기를 바라죠. 그러나 유치원 때부터 그렇게 치열하게 경쟁하는 것은 아니라고 봐요. 뉴욕의 유치원들은 입학 경쟁이 너무 치열해요. 이곳에서는 네 살짜리 아이가 명문 유치원에 들어가려고 면접시험을 보는 것이 자연스럽죠. 그것이 부모의 지위를 나타내기 때문입니다. 사립학교도 마찬가지더군요. 그곳도 경쟁이 치열합니다. 그래서 우리는 아이들을 공립학교에 보낼 생각입니다. 사립학교에 들어가려고 경쟁하는 것은 아이들에게나 저희 부부에게나 끔찍한 일이에요. 아이들이 하버드에 가는 것도 좋지만 그것을 위해 우리가 현재 할 수 있는 것은 별로 없다고 생각해요. 일찍부터 명문학교에 다닌다고 해서 아이들이 나중에 더 행복해지거나 더 성공적인 삶을 살 거라고 생각하지 않아요."

미국영재연합의 영재 전문가 레베카 에커트도 같은 생각이다.

"자녀가 지능검사를 받기를 바라는 부모에게 우리는 그 이유를 물어봅니다. '검사를 받으면 무엇이 변합니까? 그것이 아이를 가르치는 데 좋은 영향을 주나요?'라고 질문합니다. 아이에게 지적인 자극을 주려고 한다고 하면 그때야 비로소 지능검사를 적극 권장하죠."

컬럼비아 사범대학 제임스 볼런드 교수도 부모들의 욕심이 지나치다고 말한다.

"어떤 부모들은 유치원 선생님에게 자기 아이를 영재로 불러달라고 부탁한답니다. 그들은 어릴 때의 재능을 지나치게 강조합니다. 저도 부모이기 때문에 그들의 걱정을 잘 이해합니다. 그러나 부모가 마음의 여유를 가져야 아이들도 좋은 영향을 받을 수 있습니다."

지능검사를 하는 유일한 이유는 '교육적 수정'에 있다고 버지니아 대학의 캐럴린 캘러핸 교수는 지적한다.

"영재 꼬리표는 아무것도 아닙니다. 물론 영재 자식을 두면 기분은 좋겠죠. 그러나 검사받는 아이들은 틀릴 때까지 계속해서 질문에 대답해야 합니다. 이것은 아이에게 끔찍한 경험이자 엄청난 스트레스입니다. 두 시간 반 동안 어른과 일대일로 마주앉아 있어야 하는데 대부분 영재라는 이름을 얻는 데 실패하죠."

린다 실버먼과 그 동료들에게는 중요한 임무가 있다. 그것은 무시무시한 영재를 찾는 것이다. 린다와 학부모들은 지능검사를 교육적 수정에 필요한 것으로 보지 않는다. 아이들의 인생에 큰 축복이 될 엄청난 기회로 믿는다.

두 딸의 영재교육을 거부한 애드리안은 옳다. 그러나 그것은 영재라는 '표지'와의 만남을 몇 년 미룬 것에 불과할지도 모른다. 그래서 몇 년 뒤 그녀의 아이들도 영재교육의 대가인 린다 실버먼을 만나게 될지도 모른다.

"작가인 아버지 루진은 자기 아들이 무엇이 될지 종종 생각했다. 아들 루진은 종종 달콤한 백일몽에 빠졌는데 그때마다 거실에서 피아노를 엄청나게 쳤기 때문이다."

-블라디미르 나보코프, 《변명》

## 홈스쿨링의 예

아이들은 차려 자세로 서 있었다. 열두 살의 막내 피닉스Phoenix가 발레봉 옆에서 긴 오른쪽 다리를 뒤로 뻗었다. 오빠인 열일곱 살의 오스틴Austin과 열다섯 살의 블레이크Blake는 쇼팽의 전주곡에 맞춰 꼿꼿한 자세로 무릎을 굽히는 플리에 동작을 취했다. 이 모습을 보며 엄마인 베스 베스Beth Bess가 말했다.

"발레는 아이들이 배우는 한 가지 재주에 불과합니다. 제 아이들은 많은 것을 배워서 잠재력을 충분히 실현시킬 것입니다. 그러면 정말 탁월한 사람이 될 거예요."

베스의 아이들은 선택받은 종족처럼 보였다. 모두 키가 크고 날씬했으며 까맣게 빛나는 눈과 머리카락을 가지고 있었다. 이 아이들의 선생님은 전직 무용수인 엄마 베스였다. 엄마가 직접 가르치지 못하는 과목은 까다롭게 선정된 개인 교사나 학원을 통해 배운다.

그 결과 오스틴은 열세 살에 이미 대학을 다녔고, 라틴어와 일본어도 배웠으며, 말을 탄 채 창을 쓸 줄도 알았다. 현재 세 아이 모두 할리우드 영화에서 엑스트라로 활약하고 있으며 피아노를 치면서 노래도 잘 부른다. 오스틴은 아리스토텔레스의 책을 재미로 읽으며 블레이크는 심심풀이로 라디오와 시계를 분해하고 조립한다.

"아이들 엄마의 극성을 이해하는 데 15년이 걸렸습니다."

베스의 남편은 흑인으로 키가 크고 잘생긴, 한마디로 영화배우 율브리너 같았다. 소방관인 그는 전통주의자였다. 처음엔 그도 아내의 홈스쿨링Home Schooling(자녀를 학교에 보내지 않고 집에서 직접 교육하는 방식—옮긴이)을 이해하지 못했다. 그러나 그것의 놀라운 성과를 보게 되면서 이젠 아내의 강력한 지지자가 되었다.

버지니아 주 매튜스에 있는 베스의 집에는 설탕 음료가 없다. 대신에 스테비아(감미료로 사용하는 국화과 식물—옮긴이) 차에 얼음을 넣어 마신다. 거실에는 도서관 책들과 〈내셔널 지오그래픽National Geographic〉지가 사방에 깔려 있고 둥근 난로 주변에 아이들이 앉아 있었다. 피닉스는 조용히 책을 읽으며 가끔씩 일어나서 스트레칭을 하기도 했다.

야심만만한 연기자인 블레이크는 로스앤젤레스에 오디션을 보러 갈 계획을 세우고 있었다. 세 아이들은 테렌스 맬릭Terrence Malick 감독의 영화 〈뉴 월드The New World〉에서 아름다운 토박이 미국인들로 출연한 적이 있다. 오스틴은 사업도 구상하고 있었다. 이렇게 베스의 아이들은 어느 누구도 평범해 보이지 않았다. 그러나 그들의 순수함과 부드러움은 이들이 아직 어리다는 사실을 상기시켜주었다.

장남 오스틴은 자신에게 어른의 권리가 주어지지 않는다는 것이 불합리하다고 느끼는 듯했다. 어른보다 훨씬 유능한 미성년자들이 많은데 말이다. 오스틴은 대부분의 시간을 동생들과 보낸다. 아무하고나 친하게 지내려고 하지 않기 때문이다. 그래서 친구도 없고 친구를 만들고 싶은 생각도 없다.

오스틴은 나름대로의 영재관이 있었다.

"우리는 일반적인 영재의 기준에 맞는 것 같지 않아요. 물론 사람은 혼자 살 수 없지만 다른 사람들에게 제한받지 않고 자신만의 탁월성을 추구해야 한다고 생각해요. 남들에게 인정받는 데 필요한 지능검사 같은 것은 우리에게 필요하지 않아요."

그는 대학 진학 문제를 아직 결정하지 못했다. 열두 살 때 대학에서 강의를 들었는데 그 기억이 좋지 않다. 그는 평범한 대학생들을 이해하지 못했고 그들과 어울리지도 못했다.

"저는 그들처럼 생활할 수가 없었어요. 그들은 마리화나도 피우고 종종 파티를 열어 진탕 놀았죠. 그것을 보고 나니 대학에 가기가 정말 싫어졌어요. 그러나 대학은 복권 같은 것이어서 그냥 포기하기도 아깝죠. 저는 플라톤의 《국가론》을 좋아합니다. 소수의 재능 있는 사람들이 통치 엘리트가 되고 나머지 사람들은 그들의 통치를 받는 노동자가 되어야 한다는 말이 맞다고 생각해요."

엄마 베스는 이런 아들의 생각이 어떠냐고 나에게 물었다. 그녀는 체코 출신의 강인한 여성이었다. 자신의 아이들처럼 키가 크고 사랑스러운 외모를 가진 베스는 시간제 식물학자이며 부업으로 뜨개질바늘을

판다. 그녀가 오스틴의 말을 어떻게 생각하느냐고 물었을 때 그들에게
는 세상과 소통하는 통로가 없다는 게 느껴졌다. 사실 이것은 이 가족들
의 내면에서 끊임없이 일어나는 질문이었다. ‘고고하게 일반 사람들과
다른 삶을 추구하며 사는 것이 과연 바람직한 것인가?’라는 쉽게 대답
하기 어려운 질문이 아이들 내면에 깊숙이 자리 잡고 있었다. 물론 그
답은 정해져 있었다. 이미 그런 삶을 추구하며 사는 그들에게 다른 대답
은 없었다. 베스는 말했다.

"물론 저는 아이들을 미술 학원에 보냅니다. 도서관에도 데려가고
요. 그러나 그래도 우리는 여전히 고립된 세계에 살고 있죠."

저녁 시간이 되자 가족들이 모두 부엌으로 향했다. 베스의 남편이
식탁에 앉아 그릇에 묻어 있는 때를 가리키며 웃었다. 그는 아내의 서툰
살림 솜씨를 곧잘 놀렸다. 실제로 집 안은 청결과 거리가 멀어 보였고
가족들은 모두 그것을 웃어넘겼다. 자녀들에게 쏟는 베스의 ‘위대한 헌
신’에 비추어 보면 그런 일은 전혀 중요하지 않았다.


## 완벽한 대안교육 체계

베스는 가정에 완벽한 대안교육 체계를 구축했다. 그러나 그것은
경제적으로 매우 부담스러운 선택이었다. 로마 문명 전공자에게 개인적
으로 역사 수업을 받는 식이기 때문에 비용이 만만치 않다. 한 달에 아이
한 명당 성악 개인 지도비가 80달러씩이고 피아노 교습비는 142달러다.

그래서 베스의 남편은 소방관 일 외에도 두 가지 부업을 더 한다.

"먼 곳에 갈 때가 많지만 아직도 18년 된 낡은 차를 타고 있습니다. 아이들 교육을 위해서 엄청난 비용을 지불하고 있죠."

그는 소방서에서 제도적 인종차별을 경험하면서 아내의 교육 방식을 더욱더 신뢰하게 되었다. 그 교육은 자신이 겪는 차별을 아이들은 받지 않도록 만들어줄 것이다.

"아이들의 독립성은 놀랍습니다. 아이들은 자기들끼리 이집트 문화를 연구하고 있습니다. 또 오스틴은 회사를 설립하고 혼자서 회사 터를 알아보러 다닙니다. 적법하게 회사를 설립하고자 자기 돈으로 변호사도 고용했답니다."

그는 오스틴이 어른들만 볼 수 있는 어려운 책을 읽는 것을 보고 크게 감명받았다. 대학교 화학 교재였다. 오스틴은 아홉 살 때 이미 영국의 우주물리학자 스티븐 호킹Stephen Hawking의 《시간의 역사A Brief history of Time》를 읽었다.

그는 이 모든 교육이 어떤 결과를 가져올지 불안하지만 궁금하다고 했다. 베스는 남편이 무엇을 말하는지 잘 안다. 그들은 흑인 남편과 백인 아내로 버지니아 주 여러 도시에서 20년 동안 살았다. 그러면서 겪은 여러 가지 일들은 그녀가 더 이상 학교를 신뢰하지 못하게 만들었다. 그래서 베스는 아이들을 학교에 보내지 않기로 결심했다.

베스의 아이들은 매들렌 렝글의 소설 《시간의 주름》에 나오는 어린 주인공들 같았다. 똑똑해서 외로운 아이들은 소설 속에서 어둠의 세력에 맞서 싸운다. 물론 베스의 아이들이 맞서 싸우는 어둠의 종류는 그

들과 다르다. 그것은 십대 아이들이 흔히 보이는 반항적인 기질과 방탕
함이다.

베스의 아이들은 또래 아이들과 달리 모범적으로 산다. 또래들과
어울리지 않기 때문에 그 영향을 받을 일도 없다. 아이들은 주로 피아노
를 치거나 부엌에서 어려운 수학 문제를 풀면서 시간을 보낸다. 아니면
히브리어와 그리스어 성경을 해석하는 설교를 들으며 그 내용에 대해
함께 토론하기도 한다. 그러니 또래들과 어울린 경험이 있을 리 없었다.

"피닉스는 니트웨어 사업을 시작했습니다. 아직 열두 살이지만 충
분히 해낼 수 있을 거예요. 우리 아이들이 하는 일은 공립학교에 다녔다
면 결코 할 수 없는 일들입니다. 저희 가정은 일종의 선구자 역할을 하
고 있다고 볼 수 있죠. 저는 아이들에게 필요한 교육이 이런 것이라고
생각합니다. 살아 있는 교육이죠. 제 아이들은 직접 곡식을 수확하고 통
나무집도 만들어봅니다. 오스틴은 회사를 차렸고 블레이크는 에이전시
와 함께 일합니다. 피닉스는 네 살 때부터 춤을 배워서 이제 완전히 프
로 댄서입니다. 이 모든 것을 통해 제 아이들이 꿈을 이룰 수 있는 기반
을 만들어주고 싶어요."


## 아이 교육을 직접 관리하는 자녀 매니저 🌿

영재 자녀를 학교에 보내지 않고 부모가 집에서 직접 가르치는 것
은 '자녀 매니지먼트extreme parenting'라는 커다란 현상의 일부에 불과하

다. 자녀 매니지먼트는 아이가 어릴 때부터 취미나 재능을 계획적으로 키우며 부모가 직접 아이들의 교육을 관리하는 것이다. 보통은 학교 바깥에서 아이에게 필요한 교육과정을 부모가 직접 설계하고 시간표에 따라 아이들을 관리한다.

베스가 하는 것 같은 홈스쿨링도 자녀 매니지먼트 방법 가운데 하나다. 비록 미국에서는 대부분의 홈스쿨링이 종교적 이유에서 시행되지만 재능 교육을 이유로 홈스쿨링을 하는 가정이 점차 늘어나고 있다. '미국홈스쿨링연구소'의 자료에 따르면 홈스쿨링을 받는 학생의 수가 2002년 170만 명에서 2003년 210만 명으로 크게 증가했다.

이른바 '자녀 매니저' 엄마들은 공립학교에서는 영재 자녀들의 교육적 필요를 채워줄 수 없다고 믿기 때문에 홈스쿨링을 선택한다. 영재들을 위한 비영리단체인 '데이비슨 재능계발협회'의 창설자인 잔과 밥 데이비슨이 《거부된 영재》에서 밝힌 바로는 미국에서 영재교육을 시키는 가정의 절반 정도가 홈스쿨링을 하고 있다. 비록 절반이 넘는 주들이 영재교육을 제공하지만 단어 놀이처럼 형식적인 것에 그치는 경우가 많아 영재들에게 실질적인 도움을 주지 못하기 때문이다.

그래서 자녀 매니저 부모들은 지능지수 160 이상인 '심오한 영재'들을 다루는 '측정 불가능한 지능지수 회의'나 '심오한 영재 회의'들에 참여하며 필요한 도움을 얻는다. 이 회의들은 회원 보호 차원에서 외부인의 접근을 쉽게 허용하지 않는다. 많은 심오한 영재들이 대중매체에 꾸준히 노출되는 현실만 아니라면 매우 그럴 듯한 이유다. 심오한 영재들은 평균 표준편차 지수의 대여섯 배 이상 높은 지능지수를 가진 아이들이다. 그래서 이들의 이야기는 언제나 과장되기 마련이다. 영재 부모들은 이런 회의에 참석하여 영재교육과 관련한 다양한 정보를 얻고 영재 공동체와 접촉한다.

다양한 영재교육 리스트서브(미국에서 가장 인기 있는 우편 목록 관리용 소프트웨어—옮긴이)를 통해 정기적으로 주고받는 메일도 영재 관련 최신 정보를 얻는 주요 통로다. 필요한 정보가 있을 때는 영재교육 웹사이트에 접속해서 직접 검색한다. 이 밖에도 영재나 그 부모들을 대상으로 하는 다양한 수업과 프로그램이 있다. 이렇게 영재 자녀를 키우는 방법을 스스로 끊임없이 연구하는 부모가 바로 자녀 매니저다.

이 부모들은 보통 자녀를 우수한 명문 사립학교에 입학시키거나 음악학교처럼 특별한 기관에 보낸다. 이 학교들은 방과 후와 주말에도 다양한 재능 교육을 아이들에게 제공한다. 그렇지 않은 부모들은 집에서 직접 아이들을 가르친다. 비싼 학비를 감당할 만한 경제적 여유가 없는 평범한 가정이나 중산층이 주로 이 방법을 선택한다. 이것은 모두 공립학교가 영재교육에 부적절한 곳이라는 것을 공공연하게 선포하는 행위다.

공립학교 교육을 거부하는 것은 부분적으로 공교육 체계의 근간이 되는 '교육 기회의 평등'이라는 교육철학을 거부하는 것이다. 여기에는 부모들의 다른 걱정도 반영되어 있다. 자녀가 공립학교에서 적절한 교육을 받지 못할 것이라는 우려 말고도 아이가 학교 규범에 적응하지 못할 것이라는 염려도 이들을 자녀 매니저로 나서게 한다.

실제로 일부 부모들은 예민한 자녀가 학교에서 왕따를 당할까 봐 걱정되어서 자녀를 공립학교에 보내지 않는다. 독특한 자기 아이가 행여나 괴짜로 아이들에게 놀림받을 수 있다는 두려움 때문이다. 또 다른 부모들은 아이들이 자신만의 속도로 자기 관심사를 진지하게 추구할 수 있도록 돕고자 그렇게 한다.


## 모든 것을 아이에게 쏟아붓는 부모들


직업군인 남편을 둔 조지아 주 포트베닝에 사는 안젤라 굴드Angela Gould도 자녀 매니저 엄마다. 안젤라는 아들 에이단Aidan의 지능지수가 160으로 나오자 곧바로 홈스쿨링을 결심했다. 물론 자신이 여섯 살 아이에게 끔찍한 일을 한다고 주변 사람들이 수군거리는 것도 잘 안다. 그러나 그녀에게는 선택의 여지가 없었다. 에이단은 엄마가 주는 책을 모두 '삼켜버렸기' 때문이다.

플로리다 주 라르고에 사는 개리 롭슨Gary Robson도 마찬가지였다. 그의 여섯 살 난 아들 레이Ray는 체스 챔피언이다. 그도 아들의 체스 실력이 가져다줄 미래에 큰 기대를 걸고 있었다. 체스 대회가 있는 날이면 부자는 아침 6시에 일어나 두 시간 동안 차를 타고 경기장으로 간다. 지역 대회는 더 이상 레이의 목표가 아니다. 체스 실력을 연마하려면 더 우수한 선수들과 경기를 해야 한다. 그래서 롭슨 부자는 종종 실력 있는 상대를 찾아 장거리 여행을 한다. 이미 시카고와 테네시·펜실베이니아 주, 뉴욕 등을 돌았고 조지아 주에서 열린 전국 대회와 캔자스 주에서 열린 미국 청소년 체스 오픈 대회에도 참석했다.

"아이에게 지고 싶은 어른은 없습니다. 레이는 체구가 좀 작아요. 그래서 체스판을 보려면 무릎을 꿇고 앉아야 합니다. 아니면 재킷을 깔고 앉아야 눈높이가 맞죠. 저도 이따금씩 레이와 체스를 둡니다. 그때마다 레이가 제 머릿속을 꿰뚫어 보는 듯한 느낌을 받습니다. 그러면 조금 섬뜩합니다. 어떻게 여섯 살짜리가 어른보다 더 체스를 잘할 수 있겠습니까? 하지만 제 아들은 정말 그렇습니다."

이렇게 말하고 나서 개리는 도널드 홀Donald Hall의 시 〈내 아들, 나의 분신My Son My Executioner〉[1]을 낭송했다.

내 아들, 나의 분신

나는 너의 팔을 잡고 있다.

…

비록 우리의 몸은 썩어가지만

너의 울음과 배고픔은 기록되고 있다.

우리 스물다섯 스물둘 시절에는

삶이 영원히 지속될 줄 알았는데

너의 삶이 지속되어 가는 것을 보며

이제 함께 죽어가는 거야.

"이 시는 아버지를 넘어선 아들을 노래하고 있습니다. 저도 제 아들을 따라갈 것입니다. 옛날에 아들에게 제대로 못한 것을 생각하면 후회가 많이 됩니다. 솔직히 많이 늦었지만 이제부터라도 제 모든 것을 아들에게 쏟아부을 겁니다. 그것이 아들을 통해 제가 사는 길이라고 믿습니다.”


## 잘못된 칭찬은 엄격함만큼 아이에게 해롭다

자녀 매니지먼트는 분명 재능 있는 아이를 키우는 효과적인 전략이지만 이를 위해 부모가 치러야 하는 대가는 만만치 않다. 더 나아가 이것의 효과도 100퍼센트 장담하기 어렵다. 부모의 간섭이 지나쳐서 아이에게 오히려 해가 되는 경우도 있다. 특히 아이의 미래를 향상시키는 차원을 넘어 부모가 아이 삶의 일부가 되려고 하면 문제는 심각해진다.

자녀 매니지먼트를 하다가 본인의 삶이 극적으로 바뀐 부모도 있다. 스테파니 톨란Stephanie Tolan이 그랬다. 영재를 둔 부모이자 영재교육 자문가인 그녀는 ‘어른 영재gifted ex-children’라는 신조어를 만들어낸 소설가이기도 하다.

스테파니 톨란은 아들을 위해 수많은 영재 회의를 쫓아다니다가 자신도 영재였다는 사실을 뒤늦게 깨달았다. 영재교육의 선구자 레타 홀링워스를 다룬 영화를 보다가 문득 그 사실을 알았다. 그러자 그때까지 잘 이해할 수 없었던 일들이 갑자기 이해되기 시작했다. 왜 직장 상사와 잘 어울리지 못했는지, 왜 종종 깊은 고립감에 빠져들었는지 등을 그제야 이해할 수 있었다. 그 뒤 그녀는 이 깨달음을 바탕으로 자신과 비슷한 사람을 돕기로 결심했다. 남다른 재능을 타고난 탓에 세상에서 이해받지 못한 채 묻혀 지낸 어른 영재들의 편지를 받아서 그들에게 답장을 보내주기 시작한 것이다.

오늘날 자녀 매니지먼트의 세계는 정말 다양하다. 느슨하게 자녀를 관리하는 부모에서부터 자녀의 일거수일투족을 통제하는 부모까지 헌신의 정도가 제각각이다. 지나친 자녀 매니저 부모들은 자녀에게 영재라는 꼬리표를 붙여주려고 안간힘을 쓴다.

뉴욕 시립대학교 대학원 교육학과 교수이자 《영재라는 오명The Stigma of Genius: Einstein, Consciousness, and Education》의 공저자인 조 킨첼로Joe Kincheloe는 이런 현상을 경계했다. 영재성과 영재교육, 지능 측정에 대한 연구[2]를 통해 영재라는 표지의 문제점을 밝혔다.

킨첼로는 어떤 이름으로든 아이를 규정하는 것은 아이를 무기력하게 만든다고 주장했다. 아이를 영재로 규정하든 학습부진아로 규정하든, 둘 다 아이를 실패자로 만든다는 것이다.

스탠퍼드 대학의 사회심리학자인 캐럴 드웩Carol Dweck도 공부 과정에서 쏟은 노력이나 열정이 아닌, 아이의 높은 시험 점수나 남다른 재능을 칭찬하는 것은 무척 해롭다고 말한다. 드웩은 1990년대 이후 '어른의 말이 아이의 공부에 미치는 영향'을 연구해왔다. 그러면서 한 가지 흥미로운 실험을 했다.

연구팀은 비언어 지능검사를 받은 아이들을 지능지수와 관계없이 두 집단으로 나눈 뒤 한 집단에게만 재능이 있다고 말해주었다. 그랬더니 재능 있다는 얘기를 들은 아이들은 더 이상 공부를 즐기지 않았고 자기 점수에 대해서 거짓말하기 시작했다. '노력을 많이 했다'고 칭찬받은 아이들보다 '머리 좋다'고 칭찬받은 아이들의 성적이 더 낮게 나왔다. 전통적으로 아이들에게 강한 동기를 부여한다고 여겨져온 칭찬이 이 실험에서는 정반대의 결과를 낳은 것이다.

지금까지 부모들은 아이를 너무 엄격하게 대하는 것이 해롭다는 얘기만 들었다. 그러나 드웩의 연구[3]는 잘못된 칭찬도 엄격함만큼이나 해롭다는 것을 보여준다. 그런데 그 잘못된 칭찬의 대표적인 말이 부모라면 누구나 쉽게 하는 '너는 머리는 정말 좋은데'이다. 아이를 영재로 키우려고 하는 부모는 자기 아이를 영재라고 부르고 싶어한다. 그러나 그 결과는 오히려 아이의 정신 발달을 저해한다.

아동심리학자와 교육학자들은 어려서부터 부모에게 '관리'받은 아이들은 나중에 자기 관리 능력을 상실한다고 경고한다. 무엇이든 부모가 대신 선택해주는 아이들은 자율성을 키울 수 없고 더 나아가 다른 사람들과 쉽게 어울리지 못한다. 아이들은 어른이 되어도 부모의 도움을 받아야 한다. 이런 부모를 '헬리콥터 부모helicopter parents'[4]라고 부른다.

윌리엄 스트로스William Strauss와 닐 하우Neil Howe가 공동으로 저술한 《새 천년 세대, 대학에 가다Millennials Go to College》에서 처음 나온 헬리콥터 부모라는 말은 자녀 주변, 특히 학교 근처를 맴돌며 자녀의 모든 일에 그때마다 간섭하는 극성 부모를 가리킨다.

# 천재 소년 브랜든의 죽음

2005년 3월의 비극은 자녀 매니지먼트의 위험에 대한 뜨거운 논쟁을 불러일으켰다. 당시 열네 살이었던 천재 소년 브랜든 브레머가 자살한 것이다. 브랜든이 속해 있던 영재 공동체는 죽음의 원인을 찾아내려고 애썼다. 브랜든은 살아서나 죽어서나 그 공동체에 상징적인 존재였기 때문이다. 그는 살았을 때 가장 우수한 영재에 속했다. 그리고 죽어서는 지능지수 160 이상인 아이들이 받는 심리적 고통을 상징하는 존재가 되었다.

심오한 영재들의 세계에서 브랜든의 죽음은 공감을 불러일으켰다. 브랜든처럼 그들은 삶의 어려움에 민감했다. 이 사건 이후 부모들은 자기 아이를 더 보호해야 한다고 믿게 되었으며 그 결과 더 적극적으로 자녀들을 관리하기 시작했다. 부모들은 예민한 아이들이 더 편하게 살면서 제 가능성을 실현할 수 있는 환경을 만들어주어야 한다고 믿었다.

앞서 언급한 베스 가족도 영재 회의 자리에서 브랜든을 잠시 만난 적이 있다. 그래서 베스도 브랜든의 소식을 듣고 혼란에 빠졌다. 그러나 브랜든의 죽음은 자기 아이들에겐 평범한 삶이 고통이라는 그녀의 확신을 강화시켰다. 그녀는 이 세상은 자기 아이들처럼 특별한 아이들에게 행복한 장소가 아니라는 것을 깨달았다. 그녀는 아들 오스틴이 열 살 때 겪은 우울증을 떠올렸다.

"우리 아이들이 총으로 자살할 거라고는 생각하지 않아요. 신앙이 있으니까요. 아이들은 집에서 설교를 듣고 성경을 공부하고 가끔은 신학적인 토론도 한답니다."

테네시 대학교 4학년인 열다섯 살 아들을 둔 게이 매카터Gay McCarter도 브랜든을 알았다. 그녀도 영재 회의에서 브랜든을 보았다. 게이의 아들 알렉스Alex는 두 살 때 바이올린을 배우고 싶다고 말했다. 그래서 검은 띠를 따려고 가라테를 배우면서 바이올린도 같이 배웠다. 곧 아들은 게이의 일과가 되었다. 아침부터 밤에 잠들 때까지 아들에게 홈스쿨링을 시켰기 때문이다. 그 덕분에 알렉스는 아홉 살 때 잭슨스테이트커뮤니티 칼리지와 멤피스 대학교에서 강의를 들었고 열한 살 때부터 멤피스 대학에서 정식 학생으로 과학 강의를 듣기 시작했다.

게이는 브랜든의 죽음이 맛과 소리, 냄새, 감정에 민감한 영재들의 특성과 관계가 있다고 생각한다. 영재 공동체의 다른 부모들처럼 그녀도 아들의 예민함을 느낀다. 한마디로 모든 영재는 약하다.

"영재들은 예민하기 때문에 호르몬의 변화에 극단적으로 반응합니다. 우리는 모든 것을 알렉스에게 맞춥니다. 알렉스에게 필요한 것이면 무엇이든 해주죠. 우리의 삶은 알렉스를 중심으로 변화되었습니다."

브랜든이 자살한 것이 정말로 허약한 감정 때문이었을까? 영재 특유의 예민함 때문이었을까? 그러나 이에 대해 섣부른 추측을 해서는 안 된다. 브랜든이 자살하기 1년 전에 그와 그의 엄마 패티 브레머Patti Bremmer를 인터뷰한 적이 있다. 다른 영재 부모들처럼 브레머 부부도 엄청난 시간을 아이 교육에 투자하고 있었다. 그의 집은 하루에 차 두세 대만이 지나다니는 조용한 도로 옆에 있었는데 브랜든이 여섯 살이 되면서 고등학생 수준의 숙제를 가져오는 우편 배달차가 이따금씩 방문하게 되었다. 그때 브랜든은 네브래스카 대학의 원격 강의를 들으며 숙제를 하고 이에 대한 평가를 주고받았다.

브랜든은 열 살 때 대학에 입학하면서 전국적인 화제가 되었다. 브랜든의 엄마 패티는 일주일에 두 번씩 280킬로미터가 넘는 거리를 운전해서 아들을 콜로라도 대학교에 등교시켰다. 그러면서 브랜든은 글을 쓰고 음악을 연주했고, 패티는 아들이 녹음한 CD를 제작하여 팔았다. 그 가운데 '엘리먼트Elements'는 뉴에이지 전자키보드 연주자인 야니Yanni의 앨범과 느낌이 비슷했다. 브랜든의 CD는 주로 그가 만든 웹사이트에서 팔았는데 그 이유는 엄마 패티의 책을 함께 팔기 위해서였다. 패티는 《돌고래와의 약속Tryst with Dolphins: Party to Die For》과 《지명된 희생자Victim Wanted: Must Have References》 같은 미스터리 소설을 쓰고 있었다.

패티 브레머는 단순한 영재 엄마가 아니었다. 그녀는 다른 영재 부모들의 역할 모델로서 영재교육의 선동자이자 조직자였다. 몇 년 전에는 영재들에게 대학 장학금을 지급하는 비영리단체인 '미국영재장학재단'도 설립했다. "저는 정부가 영재들을 위해서 무언가를 할 수 있다고 믿지 않습니다. 이것이 제가 나서는 이유입니다."

2004년에 만났을 때 브랜든은 열네 살이었다.

"저는 여섯 살에 고등학교에 들어갔습니다. 모든 시험을 우편으로 치렀죠. 편했어요. 근처 고등학교에 다닐 필요가 없었으니까요. 저는 달랐고, 지금은 제가 남과 다르다는 사실에 익숙합니다. 저는 지금 행복해요. 제가 있는 곳에 만족합니다. 제 부모님은 열린 분들이고 저를 잘 돌봐주십니다. 아주 어린 나이에 친구도 없이 학교를 다녔지만 그래도 부모님의 보살핌이 있었기에 잘 다닐 수 있었습니다. 저는 쉬는 것을 좋아하는데 그럴 때면 묵상을 합니다. 특별한 것을 생각하는 것은 아니고 단지 마음을 깨끗하게 하는 것입니다. 그러나 매일 학교 숙제를 하다 보면 그럴 시간이 없을 때가 많아 아쉽습니다. 그래서 최근에 대학을 그만두고 농장 일을 돕고 있습니다.”

영재에 대해 어떻게 생각하느냐는 질문에 브랜든은 이렇게 대답했다.

“모든 사람은 다릅니다. 어떤 사람들은 다른 사람들보다 더 빠르게 지식을 흡수합니다. 이런 사람들이 영재라고 불리죠. 그러나 미국은 완벽함을 요구하는 사회입니다. 이것이 영재들에게 적지 않은 스트레스가 된다고 생각합니다.”

당시 이 ‘완벽함’이라는 말이 흥미롭게 들렸었다. 사실 재능을 완벽함으로 오해하는 교육 체계가 자신의 재능을 자유롭게 키워가려는 영재들의 발목을 잡고 있기 때문이다. 브랜든이 대학을 그만둔 것도 완벽함에 대한 부담 때문이었을 것이다. 그는 홈스쿨링에 대해서 이렇게 말했다.

“부모님이 저를 보호하려고 하신다는 것을 잘 압니다. 학교가 아이들 각자의 필요를 충족시켜줄 수 없기 때문에 저도 나중에 제 아이를 집에서 가르칠 생각입니다. 사실 학교 공부는 너무 지루합니다. 시험도 지겨웠죠. 시험이 쉬웠기 때문에 더욱더 지겨웠습니다.”

영재들은 평범한 상황에 잘 적응하지 못한다. 브랜든도 그랬다. 고등학교에 잠깐 다녔을 때 수업 진도가 너무 느려서 5분 안에 할 수 있는 것을 45분 동안 배우는 고통을 겪어야 했다. 무엇보다 그런 그를 이상하게 쳐다보는 다른 학생들의 눈길이 견디기 어려웠다. 피아노 개인 교습 때도 마찬가지였다. 그는 많은 피아노 선생들을 거쳤는데 그 한 명 한 명이 모두 지겨웠다. "그분들은 모두 악보를 보고 즉석에서 연주하게 했습니다. 그것은 제가 정말 싫어하는 일이었어요."

브랜든은 계속해서 다름에 대해서 이야기하고 싶어했다. "물론 저는 제가 남들과 다르기 때문에 다른 대우를 받아야 한다고 생각하지 않습니다."

브랜든의 엄마 패티에게는 어린 브랜든을 대학에 보내는 것이 지나친 처사가 아니었다. 그것은 아들의 행복과 더 나은 삶을 위해 꼭 필요한 일이었다. 패티는 말했다.

"브랜든은 키우는 데 돈이 많이 드는 아이입니다. 그러나 돈을 치를 만한 가치가 있죠. 제 아들은 정말 대단한 기억력을 가지고 있어요. 한번 보면 놀랄 거예요. 정말 모든 것을 기억하죠. 심지어 클래식 음악마저 그 내용을 정확하게 기억합니다."

패티는 브랜든이 무엇이든지 열심히 배운다고 했다.

"브랜든은 무엇이든 알아서 공부합니다. 세 살 때부터 음악 수업을 받아서 음악 이론도 많이 알고 있죠. 그래서 수업을 듣지 않고도 학점을 인정받을 수 있었습니다. 다만 고등학교에 잠깐 다닌 적이 있는데 그때의 일이 별로 좋지 않은 기억으로 남아 있어요. 조금만 독특해도 놀림을 당하는 곳이 그곳이니까요. 집에서 배웠다면 그런 일은 없었겠죠. 브랜든은 18개월 때부터 책에 빠져 살았는데 사람들이 아이 주변에 책을 놓으면 안 된다고 충고할 정도였습니다. 그렇게 어린 아기가 마름모 무늬의 탁자 테두리를 집중해서 보는 걸 보고 우리는 이 아이가 보통 아이가 아니라는 것을 깨달았습니다."

브랜든은 열 살이 되기 전에 고등학교를 졸업하고 싶어했다. 그때 엄마는 열 살 전에 고등학교 2, 3학년 과정을 마칠 수 있는 방법은 없다고 타일렀다. 그러나 아이의 혁신적인 정신에 공감했다.

"저도 브랜든과 비슷합니다. 저 역시 자유를 좋아합니다. 저도 어릴 때 브랜든과 비슷한 아이였어요. 저는 브랜든을 서른아홉 살에 낳았습니다. 나이 든 산모가 영리한 아이를 낳는다는 연구 결과가 있었죠. 나이가 들면 자궁에서 특별한 화학반응이 일어난다더군요."

패티는 정말 그 연구를 믿는 듯했다. 여기에 나이 든 부모가 아이와 더 오랜 시간을 함께 보내기 때문에 그럴 것이라는 자신의 견해까지 덧붙였다. 그러면서 자기 자신이 특별하다고 믿는 아들의 견해에 동조했다.

"제 아들은 이 세계에 속해 있지 않아요. 그래서 근처의 홈스쿨링을 받는 아이들과도 어울리지 않죠. 브랜든에겐 끈끈한 우정이 필요 없답니다."

'브랜든은 저세상에서 최선을 다할 수 있을 것이라고 느꼈던 것 같다. 그의 정신은 이 세상의 제약을 받기에는 너무 강했기 때문이다' 라고 브랜든의 사망 기사는 쓰고 있다. 엄마 패티 브레머는 아들의 죽음에 대해 이렇게 말했다.

"제 아들은 자신이 떠날 시간이 왔다는 것을 알았던 것 같아요. 더 이상 미룰 수 없었던 것이죠. 종교마저 초월한 아이였으니까 가능한 일이었겠죠. 브랜든의 영적 수준에 비하면 대부분의 종교는 초등학교 수준이라고 할 수 있습니다. 그래서 대부분의 사람들은 제 아들을 이해할 수 없었습니다. 제 아들의 영적 수준은 그들에게 충격적이었고 심지어 어떤 경외감마저 불러일으켰습니다. 그리고 우리는 그것을 통해 많은 것을 배울 수 있었습니다."

그리고 덧붙였다.

"그렇다고 제 아들이 다른 사람들에게 어떤 영향력을 행사하고자 한 것은 아닙니다. 다만 영적 세계와 긴밀하게 연결되어 있었기 때문에 다른 사람들의 필요와 욕구, 아픔을 예민하게 느꼈던 것입니다. 그날도 무언가에서 강한 충격을 받은 것 같아요. 어쩌면 자신의 장기를 다른 사람에게 기증하고자 자신이 이 세상을 떠나야 할 때가 온 것이라고 느꼈는지도 모르죠. 브랜든의 신장은 두 사람에게 간은 한 아기에게 그리고 심장은 어떤 소년에게 이식되었습니다."

## 우울한 영재들

아무도 브랜든이 왜 죽었는지를 밝혀내지 못했지만 그의 죽음이 일으킨 파장은 컸다. 브랜든도 사회적 불안과 심리적 스트레스를 경험했을까? 자살은 그가 사회적으로 적응하지 못했음을 나타내는 증거가 아닐까? 부모에게 홈스쿨링을 받았기 때문에 사회에 적응하지 못한 것일까? 아니면 그가 적응하지 못해서 홈스쿨링을 해야만 했을까? 수많은 의문들이 영재 공동체 안에서 증폭되었다.

브랜든은 영재들이 특별하다는 생각을 싫어했다. 과거 영재였던 어른들처럼 미래가 뻔한 아이로 취급받는 것에 분노를 느꼈는지도 모른다. 사람들이 자살하는 데는 여러 가지 원인이 있지만 브랜든의 경우에는 정확한 원인을 알기가 더 어렵다. 지금까지 알려진 바로는 유서를 남기지 않았기 때문이다. 브랜든의 엄마 패티는 아들이 고통받았다는 주장을 부인했다. '브랜든은 결코 어떤 것과도 갈등하지 않았습니다. 단지 남다른 세계에서 살았을 뿐입니다.' 패티가 보내온 이메일 내용은 그랬다.

미국 국립정신보건연구소의 2001년 연구[5]에 따르면 브랜든 브레머가 자살한 나이, 즉 열 살에서 열네 살의 자살률은 10만 명 가운데 1.5명으로 낮다. 이에 비해 열다섯 살에서 스물두 살 젊은이들의 자살률은 이들의 사망 원인 가운데 세 번째를 차지할 정도로 높다. 10만 명 가운데 9.9명이 자살을 한다.

영재들을 대상으로 한 자살 연구는 없지만 자살의 원인인 우울증이 영재성과 일정한 상관관계가 있다고 보는 연구자들이 있다. 트레이시 크로스Tracy L. Cross, 캐린 거스트 브레이Karyn Gust-Brey, 보니 볼P. Bonny Ball 교수에 따르면 영재의 자살에 관한 연구는 많지 않다.[6] 이들은 다른 두 가지 연구를 상세히 설명하며 자살과 연관이 있는 영재의 특성으로 완벽주의와 고립감, 유별난 감수성 등을 꼽았다. 그러면서 고독과 자기 비하, 급격한 성적 하락, 학교 수업에 대한 지나친 집중, 빈번한 감정 변화 등이 원인이 되어 자살에 이른다고 분석했다. 대학에 다니는 영재들이 다른 대학생들에 비해 신경질적인 완벽주의에 더 많이 시달린다는 1995년 연구도 인용했다.

물론 홈스쿨링을 받는 영재들이 모두 또래들에게서 고립되는 것은 아니다. 그러나 만약 고립된다면 이는 우울증의 원인이 된다. 《영재 바로 알기》에서 도나 매슈스와 조앤 포스터Joanne Foster가 쓴 것처럼 '불리하게' 남다른 문제아들[7]에 비해 '유리하게' 남다른 영재들은 사회적 관심과 지지를 얻지 못한다.

게다가 영재라는 꼬리표는 아이들에게 정체성의 혼란을 가져다준다. 왜 내가 다른 아이들과 달라야 하는가? 이렇게 반문하며 자기에게 주어진 영재라는 표지를 잘못된 것으로 여기고 거부한다. '사기꾼 신드롬imposter syndrome'으로 알려진 이 현상은 영재들에게서 종종 나타난다. 다른 아이들과 다르다는 사실이 영재들에게는 큰 고통이기 때문이다.

영재 공동체의 다른 부모들처럼 게이 매카터도 자기 아이들이 영재이기 때문에 예민하다고 믿고 있다. 이러한 믿음을 지지하는 전문가들도 있다. 엘렌 위너는 《영재들》에서 '어떤 영재들은 색깔과 소리, 기후, 감정에 예민하게 반응한다'[8]고 썼다. 영재교육 자문가 데버러 루프Deborah Ruf도 《뒤로 처진 영재들Losing Our Minds: Gifted Children Left Behind》이란 책에서 영재들의 수준 높은 감정이입 능력과 감정의 격렬함[9]을 사실적으로 기록했다.

이러한 영재들을 교육시키는 자녀 매니지먼트는 역사적으로 새로운 것이 아니다. 수백 년 전부터 이어져온 관심이 오늘날 결실을 맺었다고 볼 수도 있다. 18세기 프랑스의 사상가이자 작가인 장 자크 루소Jean-Jacques Rousseau는 《에밀Emile》에서 에밀이라는 아이를 키우는 방법에 대해서 썼다. '자기 자신을 위해서만 살려고 하는 자연인'인 어린 에밀을 사회에 의해 '그 가치가 결정되는 시민'으로 키우는 내용이 바로 《에밀》[10]이다.

이는 아이가 바깥 세계에 오염되지 않은 어른으로 자라서 이 세계를 이끌어갈 인재로 키우려는 오늘날의 영재교육과 비슷하다. '재능을 키울 수 있을 정도로 보호를 받으면서 세상을 이끌어갈 수 있을 정도로 세상 이치에 눈뜬 리더.' 이는 루소와 오늘날의 영재교육이 똑같이 목표로 하는 인재상이다.


## 부모의 나르시시즘

자녀를 또래들보다 탁월한 아이로 키우고자 집에서 적극적으로 관리하는 것은 19세기 빅토리아 시대 영국에 뿌리를 두고 있다. 집에서 어마어마한 양을 공부하면서 대학을 다니는 오늘날의 영재들은 빅토리아 시대의 천재들을 닮았다. 특히 사회비평가인 존 러스킨John Ruskin과 사상가 존 스튜어트 밀John Stuart Mill[11]은 이름난 천재들이었다.

이들은 둘 다 아버지에게 혹독한 교육을 받았다. 특히 밀은 아버지가 짜놓은 악명 높은 일정에 철저하게 따라야만 했다. 밀의 아버지 제임스는 아들을 학교에 보내지 않고 집에서 무자비하게 가르쳤다. 밀은 아직 아기였을 때부터 고대 그리스어를 공부하기 시작하여 여덟 살 때 헤로도토스를 모두 읽고, 크세노폰의 《키루스의 교육Cyropaedia》과 플라톤 '대화편' 첫 여섯 편을 원문으로 읽었다. 물론 당시에는 그 내용을 이해하지 못했다.

"아버지는 내가 할 수 있는 것뿐만 아니라 할 수 없는 것까지 요구했다."

덕분에 밀은 열두 살 때 당시의 주요한 경제학 서적을 모두 읽었고 열세 살 때 아버지의 책 《정치경제학의 원리Elements of Political Economy》를 편집했다. 그러나 그는 자신의 학문적 성취가 얼마나 대단한 것인지 알지 못했다. 또래들과 어울릴 기회가 별로 없었기 때문이다. 앤서니 스토Anthony Storr가 《심리치료의 기법The Art of Psychotherapy》에서 얘기한 것처럼 밀은 어른인 아버지의 수준을 끊임없이 요구당하면서 오히려 자신이 무능하다고 절망했다. 이러한 가정환경에서 밀은 스무 살에 신경쇠약에 걸렸고, 자서전에 쓴 것처럼 심한 우울증에 빠지기도 했다.

여권운동가 메리 울스턴크래프트Mary Wollstonecraft와 사상가 윌리엄 고드윈William Godwin의 딸인 메리 울스턴크래프트 고드윈(메리 셸리)도 어릴 때 집에서 시인 새뮤얼 콜리지Samuel Coleridge가 그 유명한 〈노수부의 노래The Rime of the Ancient Mariner〉를 낭송하는 것을 들으면서 잠이 들 정도로 교양이 넘치는 가정에서 조기교육을 받으며 신동으로 자랐다. 그래서 겨우 십대였을 때 《프랑켄슈타인Frankenstein》이라는 대작을 쓸 수 있었다. 프랑켄슈타인은 아버지의 필요를 만족시키고자 조기교육으로 만들어진 절반은 천재이면서 절반은 괴물인 메리 울스턴크래프트 고드원 본인을 의미했다.

19세기의 부모들도 자녀들을 식물학자와 라틴어학자, 종교 지도자, 정치철학자 등으로 만들려고 광분했다. 어린 고드윈과 밀, 러스킨은 이러한 지적 귀족주의의 산물이었다. 어떤 의미에서 그 부모들은 아이들을 식물처럼 키우려고 한 식물학자 같았다. 그러나 낭만주의 문학비평가들이 발견한 '자녀의 이상화'는 이들만의 꿈이 아니다. 오늘날 자녀 매니저들이 그 뒤를 잇고 있기 때문이다.

엄마들이 가풍을 강조하면서 자녀들을 '보호'하는 것은 빅토리아 시대적 행태다. 빅토리아 시대의 엄마는 집에서 아이를 잘 키워 자식들을 통해 세상에 도덕적 영향력을 행사하려고 한 '가정의 천사'[12]였다. 이에 비해 오늘날의 일부 부모들은 자기 아이들을 천사로 본다. 적절하게 교육받으면 타락하지 않은 채 아이들의 잠재력이 실현될 수 있다고 믿는다. 다만 빅토리아 시대의 부모들[13]이 자신들을 지적 엘리트라고 생각한 것과 달리, 오늘날의 영재 부모들은 그렇게 생각하지 않는다는 점이 다르다. 그 대신 오늘날의 부모들은 자녀가 자기보다 더 특별한 존재가 되기를 강렬하게 열망한다.

우리는 다른 사람을 이상화할 때 우리에게 없기 때문에 더 갖고 싶은 그의 자질을 숭배한다. 그래서 이상화된 사람은 특별한 차원에 사는 사람처럼 느껴진다. 다행히 어른의 우정과 사랑에서는 이 이상화 기간이 짧다. 그러나 자녀를 이상화하는 경우는 다르다. 열 살짜리 자녀를 이상화하는 부모는 평생 그럴 위험성이 높다. 빅토리아 시대의 최고 지성 지크문트 프로이트Sigmund Freud는 《나르시시즘에 관하여On Narcissism》

에서 다음과 같이 썼다.

"나르시시즘에서 가장 골치 아픈 점은 바로 에고의 불멸성이다. 현실이 아무리 강하게 압박해도 에고, 즉 자아는 자녀 속에 숨어서 죽지 않는다. 아무리 감동적인 부모의 사랑도 본질적으로 유치하다. 그것은 바로 '아이 속에서 다시 태어난 부모의 자기 사랑'이기 때문이다."


## 자녀 이상화에 숨겨진 부모의 사심

자녀 매니지먼트의 또 다른 문제점은 아이의 자율성을 심각하게 위협한다는 것이다. 자립성은 다른 사람들의 인정을 받을 때 생겨나는데 아이가 자립을 인정받아야 할 사람은 바로 부모다. 그래서 아이는 자기가 의존하고 싶은 부모에게서 독립해야 하는 모순된 처지에 놓이게 된다. 정신분석학자 제시카 벤저민Jessica Benjamin의 말처럼 자아의 자립 욕구가 자아의 인정 욕구와 충돌하는 것이다. 그렇기 때문에 부모가 부여하는 아이의 자율성은 아동기의 행복에 필수적인 요소가 된다.

이 문제를 사회생물학과 사회학, 경제학 등의 관점에서 좀 더 실용적으로 보면[14] 자녀의 이상화에는 부모의 사심私心이 숨겨져 있다. 부모에게 자녀를 키우는 것은 결국 자기 유전자의 절반을 키우는 셈이다. 사회생물학자들의 주장처럼 부모의 자식 사랑에는 유전적인 기반이 있다. 어떤 희생을 치르더라도 자식에게 무언가 해주고 싶은 욕구가 있다는 말이다.

그런데 이 욕구를 부추기는 또 다른 원인은 자녀의 미래가 부모의 미래에 지대한 영향을 미친다는 사실이다. 사회학자들은 이것을 부모의 '교육적 이해관계developmental stake' [15]라고 부른다. 부모가 늙어갈수록 자녀에 대한 의존도가 높아져서 결국 부모의 노후는 자녀의 경제적 수준에 따라 달라지게 된다. 그래서 부모는 일종의 '보험'처럼 자녀 교육에 적극 투자한다.

웰즐리 대학의 줄리 마테이Julie Matthaei 교수는 이것을 미국 아동기의 재정의로 본다. 그에 따르면 점점 더 많은 부모들이 '질 높은' 자녀에게 투자하고 있다. 지금은 옛날보다 계층 상승이 훨씬 자유롭고 교육이 그 중요한 수단이 되고 있기 때문이다.

마테이 교수의 말처럼 능력 중심 사회에서 자녀 교육에 투자하는 것만큼 남는 장사도 없다. 아이의 성공과 재정적인 안정은 부모에게 장래에 든든한 배경이 되어준다. 그래서 자녀 매니지먼트에는 상당한 비용이 들어가지만 그로 인해 자녀가 높은 지위를 획득할 수만 있다면 그 비용은 지불할 만한 가치가 있다.

《아이들의 왕국Kingdom of Children: Culture and Controversy in the Home-schooling Movement》의 저자 미첼 스티븐스Mitchell L. Stevens도 이 견해에 공감한다. 뉴욕 대학교 인류학과 교수인 스티븐스는 홈스쿨링을 '미국인의 모든 삶을 아웃소싱하여 전문화하는 흐름'의 하나로 정의했다. 종교적인 이유가 아니라 재능 계발을 위해 홈스쿨링을 하는 자녀 매니저 부모들에게 자식은 일종의 '고객'이다.

"겉보기엔 엄마들이 직업을 통한 자아실현을 포기함으로써 자유주의 페미니즘을 버린 것처럼 보인다. 그러나 홈스쿨링을 하는 엄마에게는 집이 직장이며 자신은 우아한 명문가 프로젝트의 추진 동력[16]이다. 이는 과거로 회귀하는 것처럼 보이지만 홈스쿨링은 자유주의 페미니즘의 요구를 미묘하게 따라 미래로 가는 길이다.”

'고객'과 그 매니저인 아이와 엄마의 관계가 갖는 감정적인 측면은 펜실베이니아 주립대학교 아동발달학과 조교수인 미사 머리 이튼 Missa Murry Eaton의 연구에 잘 나타나 있다. 이 연구에 참여한 부모들은 다음과 같은 문항이 담긴 설문조사 용지를 받아 각 항목에 해당 여부를 표시했다. '아들이 실패하면[17] 나도 기분이 좋지 않다.' '나의 행복은 내 딸의 성취와 연결되어 있다.' '아들의 실패는 나 자신의 실패를 의미한다.'

그 결과 설문 조사에 응한 부모의 20퍼센트가 자신의 가치를 아이들의 교육에 두고 있는 것으로 나타났다. 이 부모들은 걱정과 우울의 징후를 보이면서 아이들 미래에 불안해했다. 실제로는 더 많은 부모들이 그랬을지 모른다. 다만 그것이 옳지 않다고 믿기 때문에 설문 조사에 그렇지 않다고 응답했을 가능성이 높다.

'이 부모들은 아이의 실패에 더 신경 쓴다'고 이튼 교수는 분석했다. 아이들이 실패할 위험은 언제나 있는 만큼 이들은 다른 부모들보다 기쁨을 누리지 못하고 더 슬프고 불안해한다.

이튼 교수는 부모들이 자신의 가치를 아이에게 두는 경우, 아이에게 부정적 영향을 미친다고 결론지었다. 이 연구의 대상은 주로 부유한 가정이었고 아이들은 상대적으로 학문적 재능이 있었다. 부모들의 학력 수준은 학사 학위 이상으로 어떤 부모는 박사 학위까지 있었다. 여기서 이튼 교수는 '부모의 성공과 부모가 아이의 학문적 성공에 집착하는 것 사이에는 아무런 연관성이 없다'는 사실을 발견했다. 더 나아가 아이의 학문적 성취와 부모의 간섭 사이에도 상관관계가 없었다.

여기서 이튼 교수는 자신의 경험을 솔직히 토로했다. 자기도 자식을 둔 부모로서 연구 대상 부모들과 비슷한 감정을 느낀 적이 있다고 밝혔다. 그녀의 딸은 훌륭한 음악가였다. 딸은 초등학교 5학년 때부터 트럼펫을 불기 시작하여 곧 밴드부에서 활동했다. 그리고 고등학교 2학년 때까지 어마어마한 시간을 밴드부 활동에 바쳤다. 그런데 어느 날 갑자기 딸은 자신이 트럼펫 연주를 즐기지 않는다는 사실을 깨달았다고 한다. 그래서 2학년 말에 과감하게 밴드부 활동을 그만두었다. 이때 이튼 교수는 자신이 황폐화되는 느낌을 받았다.

"나도 밴드부였고 내 어머니도 밴드부였다. 우리 가족에게는 밴드부의 전통이 있었다. 그런데 내 딸이 그 전통을 깨려고 한 것이다. 딸은 엄마를 위해서 지금까지 밴드부 활동을 해왔지만 이제는 하고 싶지 않다고 말했다. 그것은 끔찍한 경험이었지만 내게 무척 소중한 깨달음을 주었다. 내가 연구한 일이 바로 나한테도 일어났기 때문이다."


## 자식은 고객, 엄마는 매니저

아이들은 누구나 어릴 때 부모가 원하는 일을 해서 부모를 기쁘게 해주려고 한다. 그러나 어른이 되면서 그것이 정말로 자신이 원하는 일인지를 진지하게 고민한다. 이튼 교수의 딸도 마찬가지였다. 그것이 바로 아이가 어른으로 자라 자신의 삶을 살아가는 독립 과정이다. 그 일이 있은 뒤로 이튼 교수는 아이의 삶에서 자신을 분리하려고 의식적으로 노력했다고 밝혔다. 본인이 먼저 아이 삶의 경계를 존중해주는 건강한 부모가 되고자 아동 발달에 관한 자신의 지식과 연구를 개인적으로 활용했다.

이처럼 자녀를 부모의 이상理想으로 만드는 것에는 적지 않은 문제가 있음에도 베스 베스는 자기 아이들을 별로 걱정하지 않았다.

"제게 가족은 평범한 삶으로부터의 도피를 의미합니다. 만약 제 삶이 평범하다면 제 삶도 다른 사람들과 같다고 생각했다면, 저는 이미 죽었을 거예요. 저는 아이들이 그럭저럭 살기를 바라지 않아요. 제가 아이들을 위해 희생하고 있다고요? 물론 그렇습니다. 제가 아이들에게 제 방식을 강요하고 있다고요? 어쩌면 그럴지도 모르죠. 그러나 아이들 교육비를 마련하려고 저는 많은 일을 하고 있습니다. 그리고 새로운 일을 선택할 때마다 그 일로 인해 아이들에게 소홀해지지 않을까 걱정합니다. 지금이 아이들에게는 다시 돌아오지 않을 중요한 시기라고 믿기 때문입니다. 아이들이 태어났을 때부터 제 삶은 더 이상 저의 것이 아니었어요. 저는 아이들에게 최고의 것만을 주려고 노력했고 아이들을 위해 가장 우수한 것만을 선택해왔습니다. 물론 그 대가는 엄청났고 대부분 제가 치러야 했습니다."

다른 부모들처럼 베스도 자식들을 걱정한다. 그래서 자신의 특별한 교육이 아이들의 삶에 커다란 보호막이 되어줄 것이라고 믿고 있다. 그것이 지루하고 평범한 미국의 저속함에 아이들이 물들거나 다치지 않도록 지켜줄 것이라고 그래서 자기 자식들만은 도도하고 고귀한 삶을 살아갈 것이라고 굳게 믿고 있다.

# 제8장

# 진정한 재능은 경쟁이 아닌 따뜻한 마음에서 나온다

"이길 수 없다면 그것은 이기기 위해서 잃어야 할 것이 너무 많기 때문
이다."

—사진작가 다이언 아버스

## 각종 영재 경연 대회

　전국 청소년 스크래블 대회 준결승전. '스크래블'은 알파벳이 새겨진 타일을 이용해 보드 위에 가로나 세로로 단어를 만들어 점수를 얻는 보드 게임이다. 테네시 주 대표로 출전한 스튜어트 본Stewart Vaughan은 거의 울 뻔했다. 이 대회에서 우승하고자 하고 싶은 농구도 하지 않고 몇 달 동안 단어만 외웠다. 그러나 그런 노력이 팀의 승리에 도움이 되지 못했다. 그는 지고 있었다. 이 시합은 그에게 마지막 기회였다. 이제 열네 살이기 때문에 내년부터는 청소년 대회에 참가할 수 없다. 결국 스튜어트는 쓰라린 좌절을 맛본 채 치욕적인 모습을 들키지 않으려고 카메라를 피하면서 울음을 삼켜야 했다.

　2004년 봄, 보스턴에서 개최된 제2회 전국 청소년 스크래블 대회는 그 결과를 예측할 수 없을 만큼 치열한 접전의 연속이었다. 어떤 팀들은 단체로 맞춘 티셔츠를 입고 나왔는데, 그 정도 열의는 아무것도 아니었다. '아침으로 단어를 먹어요!'와 '단어의 고수들'이라고 씌어진 단체 티셔츠를 입고 나온 아이들도 있었다. 또 다른 티셔츠에는 스크래블의 교육적 가치를 홍보하는 문구가 적혀 있었다. '뭘 걱정해? 스크래블이 있잖아?' '스크래블은 우리를 영재로 만들어준다' '진짜 난 놈이라면 스크래블을 한다' 등등.

경기장에서 한 팀이 상대 팀의 단어에 이의를 제기했다. 그러나 심판은 이를 인정하지 않았다. 그 단어가 스크래블 게임용 공식 단어집에 있다는 것이다. 'ratten(괴롭히다)'과 'quoin(외곽)' 'koi(관상용 민물잉어)' 같은 생소한 단어들이 낮은 단계의 시합에서도 종종 등장했다. 관중석에서는 부모들이 웅성거렸다. "제 아이가 손톱을 물어뜯고 있네요." 어떤 아빠가 초조하게 말했다. "아이의 표정을 읽을 수 있어요?" 어떤 엄마는 다른 엄마에게 물었다. "아뇨, 제 아이는 포커페이스라서." 다른 엄마가 자랑스럽게 대답했다.

그런데 스크래블 경기장에서 모든 출전 선수들의 시기와 두려움을 한몸에 받는 소녀가 있었다. 그 이름은 카티 데바니Katie Devanney로 매일 저녁 인터넷으로 스크래블을 하면서 실력을 쌓는다는 열세 살 소녀였다. 긴 갈색 머리에 키가 큰 카티는 이미 〈필라델피아 매거진Philadelphia Magazine〉에 인터뷰가 실렸을 정도로 이 분야에서는 유명 인사였다. 인터뷰에서 카티는 '무표정하게 상대편을 혼란에 빠뜨려 이기는 것을 좋아한다'고 말했다. 정말로 카티는 자기 패를 도로 거두어들일 때도 패를 받아서 자기 상자에 놓아둘 때도 아무 표정이 없었다.

카티의 새엄마인 다이언Diane은 멘사Mensa(지능지수가 148 이상인 사람들의 모임—옮긴이)에서 카티의 아빠를 처음 만났다고 했다.

"정확히 말하자면 멘사 독신자 모임이었죠. 그때 아빠를 따라 나온 카티는 어른들과 잘 어울렸어요. 그래서 저는 생각했죠. 저런 아이가 재능이 많다고요. 제 생각은 맞았어요. 덕분에 저는 요즘 완전히 지쳤습니다. 카티의 엄마가 된다는 것이 제게 조금 벅찬 일인 것 같아요. 겨우 열세 살인 카티는 지금 전성기를 달리고 있어요. 이 아이를 위해 제가 무엇을 할 수 있을까요? 교회에서 기도하는 것밖에는 달리 할 수 있는 일이 없어요."

그때 CBS에서 카티를 인터뷰하려 한다는 소식이 전해졌다. 이 얘기를 듣자마자 다이언은 딸 옆으로 달려갔다.

## 지나친 경쟁은 재능 계발의 내재적 동기 형성을 막는다 

제2회 전국 청소년 스크래블 대회는 최근 유행하는 수많은 재능 경연 대회 가운데 하나에 불과하다. 어린아이들을 대상으로 한 각종 영재 대회가 점점 더 많아지고 있기 때문이다. '전국 스펠링비spelling bees 대회(어떤 단어의 발음이 주어지면 그 단어의 철자를 정확하게 말하는 게임—옮긴이)' '인텔 과학 재능 경연 대회' '수학 올림피아드' 등 오랜 전통을 자랑하는 대회는 물론이고, 미국작곡가·저작자·출판사협회(ASCAP)가 후원하는 음악 축제도 뜨거운 관심을 받고 있다.

재능 훈련은 점점 더 어린 나이에 시작되는 추세고 그 상도 더 커지고 있다. 그러는 동안 스크래블처럼 한때 할아버지 집에서 재미로 했거나 시 낭독처럼 거리에서 심심풀이로 했던 놀이들이 재능 계발이라는 명목 아래 청소년 대회로 다시 탄생했다. 그런데 이것이 일부 아이들에게는 재앙이 되고 있다.

〈매드 핫 볼룸Mad Hot Ballroom〉〈다섯 번째 계절Bee Season〉〈스펠바운드Spellbound〉 같은 영화나 스펠링비에 대한 브로드웨이 연극은 재능 경연 대회에 대한 대중의 관심을 잘 보여준다. '페임Fame'과 '쇼비즈 맘Showbiz Moms' '스포츠 맘 앤드 대드Sports Moms and Dads'와 같은 버라이어티 쇼나 미국의 오락·스포츠 전문 유선 텔레비전망인 ESPN의 스펠링비 프로그램도 마찬가지다. 이 모든 영화나 연극, 프로그램에 등장하는 어린 영재들에 대한 열광적인 반응이 있기 때문에 각종 영재 대회가 계속 흥행에 성공할 수 있는 것이다.

그러면서 한때 신동이었던 어른들도 드라마 분야에서 꾸준히 관심을 받고 있다. 영화 〈로얄 테넌바움The Royal Tenenbaums〉에 나오는 세 명의 과거 신동들과 유선방송사 HBO 드라마 '식스 핏 언더Six Feet Under' 속의 수상한 인물 브렌다 체노웨스, 1999년 영화 〈매그놀리아〉의 도니 스미스가 바로 그들이다.

이 가운데 도니는 과거 세 명의 아이들이 돈과 명예를 놓고 어른들과 겨룬 '왓 두 키즈 노우?What Do Kids Know?'라는 게임 쇼에서 대단한 활약을 보인 꼬마 스타였다. 그러나 그는 결국 망가진 어른으로 전락했다. 영화 속에서 그는 화려했던 과거를 회상하며 술에 빠져 세월을 낭비한다.

지금 미국에서 성행하는 각종 재능 경연 대회는 우리에게 친숙한 한 가지 의문을 던진다. 아이들의 경쟁이 너무 지나치지 않은가? 이는 부모와 교사, 교육행정가, 학생 상담자 들이라면 모두 한번쯤 고민해봤을 오래된 논쟁거리다. 과연 경쟁이 아이들에게 유익한 교육적 경험일까? 경쟁이라는 냉혹한 어른의 세계를 미리 경험하는 것이 아이들의 성장에 도움이 될까?

일부 부모와 교사, 학자 들은 경쟁이 미래의 성공에 꼭 필요하다고 주장한다. 그들은 아이들이 경쟁을 통해서 지식과 기술을 획득한다고 믿는다. 그러나 엄밀히 말해서 이렇게 배우는 지식은 대부분 깊이가 없는 죽은 지식인 경우가 많다. 단순한 암기로 쉽게 얻을 수 있지만 학교 시험이나 경연 대회 말고는 별로 쓸 데가 없는 박제된 지식이다. 많은 학자들이 지적하다시피 정말 깊이가 있고 아이들이 배워야 할 지식은 경쟁하지 않고 서로 돕는 분위기에서 더 잘 학습된다.

무엇보다 경쟁은 재능 계발에 필요한 내재적 동기의 형성을 방해한다. 경쟁이라는 외재적 동기가 재능을 어느 정도까지 키워줄 수는 있다. 그러나 그 재능이 완전히 꽃피어서 지속적으로 결실을 맺으려면 '행위 자체가 주는 즐거움'인 내재적 동기가 필요하다. 그런데 언론에 자주 등장하는 각종 경연 대회는 아이들이 외재적 동기에 집중하게 만들기 때문에 내재적 동기의 형성을 저해한다. 그렇게 되면 정상적인 재능 계발도 이루어지기 어렵다.

이런 이유로 많은 사람들이 최근 과열 양상을 보이는 재능 경쟁을 비판한다. 또한 각종 재능 대회들이 저소득층 아이들을 소외시킨다는 지적도 받는다. 어릴 때부터 특정 재능을 꾸준하게 훈련받은 부유층 아이들이 대회에서 좋은 성적을 거두는 것이 당연한 일이기 때문이다.


## 경쟁을 강요하기 전에 피해를 먼저 생각하라


청소년 스크래블 대회 전날 저녁 9시, 선수들은 계속 스크래블을 연습하고 있었다. 그들의 모습은 안데르센의 동화 〈빨간 구두The Red Shoes〉에 나오는 춤추는 소녀를 생각나게 했다. 빨간 구두에 반해 그 구두를 신은 소녀는 춤을 멈추지 못하고 결국 지쳐서 죽는다.

그날 저녁 호텔 로비에서 목격한 광경은 이런 느낌을 더 강하게 만들었다. 많은 부모들이 각자 자신의 아이들과 함께 단어의 어원을 공부하며 동음이의어를 확인하고 있었다. 한 엄마는 열 살짜리 아들과 함께 라틴어와 그리스어를 공부했다. 아이들의 열의도 부모 못지않았다. 스크래블에 대한 그들의 열정은 진짜였다. 빨간 구두의 광기가 느껴질 정도로 말이다.

스크래블 대회만 이런 것이 아니다. 토론 대회에 참가한 아이들도 지나치리만큼 대회 준비에 열성을 다한다. 2004년 초 '미국도시토론연맹(NAUDL)'이 주최한 토론 대회가 뉴욕에서 열렸다. 이 대회에 참가한 수백 명의 아이들은 헌터 칼리지의 작은 강의실에 모여 치열하게 토론을 벌였다. 지도자가 없는 팀이 많았지만 아이들의 준비는 결코 부족해 보이지 않았다. 그해 토론 주제는 '대양 정책'이었고 '산호초'가 세부

주제로 제시됐다. 참가자들은 '산호초가 멸종 위기에 처해 있다' '고통받는 산호초' '생각보다 더 희귀해진 산호초' 등의 주제를 선정해서 토론을 벌여야 했다.

그 모습을 보면서 문득 이런 의문이 들었다. 이 참가자들 가운데 실제로 산호초를 본 아이가 몇 명이나 있을까? 물속에서가 아니라 최소한 멀리서라도 산호초를 보았을까? 그럼에도 어떤 아이는 다음과 같이 열변을 토했다. "산호초를 보호하는 특별한 규정이 과연 있습니까? 산호초의 무분별한 체취를 제한할 계획이 있기라도 합니까? 만약 그렇다면 어떻게 제한할 것입니까? 저는 지금 묻고 있습니다. 어떻게 산호초를 보호할 것인지."

심사 위원은 휴대전화를 본 뒤 '시간이 됐습니다!'라고 말했다. 다른 강의실에서는 2003년 뉴욕 주의 고등학생 토론 신인왕이었던 크리스토퍼 바스케스Christopher Vasquez가 '산호초에 제한된 환경문제'를 가지고 토론하고 있었다. 그는 곧 논의를 해양법과 이원론으로까지 넓혀갔다. 크리스토퍼의 공책과 플라스틱 서류철에는 '목적 없는 계획은 단순한 소원에 불과하다'와 '우리는 폭스Fox 뉴스를 신뢰한다'라는 스티커가 붙어 있었다.

그들의 토론은 항抗불안제인 자낙스Xanax에까지 이르렀고 이 토론은 폭스 뉴스를 통해 방송되었다. 크리스토퍼는 1984년에 사망한 프랑스의 철학자 미셸 푸코의 책을 언급하면서 '미 제국이 환경 파괴에 책임이 있다'는 주장으로 논의를 시작했다.

"자본주의의 폐해 가운데 하나는 삶의 질 저하입니다. 그러므로 우리는 자본주의 종주국인 미국의 힘을 없애야 합니다. 미국이 세계를 전 지구적인 폭력으로 이끌기 때문입니다."

이에 대해 상대 팀이 반론을 제기했지만 설득력이 없었다. 결국 크리스토퍼 팀이 승리했다.

그해 겨울, 하버드 대학이 주최한 '고등학생 초청 토론 대회'에서도 비슷한 광경이 펼쳐졌다. 많은 아이들이 환경과 대양, 오염, 지역 주민의 권리 등에 대해 열띤 토론을 벌였다.

두 대회 모두 인상적이었다. 토론자들 모두 대단한 헌신과 탁월한 암기력, 미국 법과 역사를 자유자재로 활용하는 토론 능력을 보여주었다. 물론 차이는 있었다. 이 대회 토론자들이 더 전문적인 훈련을 받았다는 것을 알 수 있었다. 그들은 어려서부터 토론 전문가들의 지도를 받은 듯했다. 그들의 토론 수준은 전문가 어른들 못지않았다. 이 토론자들은 모두 변호사 같은 차림이었다. 일부 토론자들은 서류 가방을 들고 다니기도 했다.

놀라운 것은 아이들이 토론에서 져도 흔들리는 모습을 보이지 않는다는 것이다. 아이들은 토론 전과 그 뒤에 극도로 긴장한다. 가끔은 메스꺼움을 경험할 정도다. 그런데 그 감정을 감추도록 훈련받아서 아무렇지도 않은 것처럼 보였다. 토론 시합은 정말로 치열했고 이를 위해 아이들은 오랜 시간 연습한다. 그만큼 아이들에게는 이 대회가 중요한 것이다.

미국작곡가·저작자·출판사협회 들에서 이미 상당한 수의 음악상을 받고 줄리아드 음악대학에 진학할 예정인 한 신동 작곡가는 말했다.

"저도 물론 다른 사람들과 경쟁합니다. 그러나 역사에 이름을 남기고 싶을 정도는 아닙니다. 우리는 더 민첩해야 하고 더 빨리 적응해야 하고 쉽게 경계심을 풀어서는 안 됩니다. 이 세계는 더 이상 모차르트와 베토벤이 살았던 시대가 아니기 때문입니다. 아버지와 저는 어떻게 하면 남보다 더 잘할 수 있을지를 함께 고민합니다."

이 아이는 네 살 때부터 작곡을 했다고 한다.


## 협력이 경쟁보다 더 효과적인 교육 방법이다

언제부턴가 이런 각종 대회가 아이들에게 더 이상 즐겁지 않은 오히려 지긋지긋한 스트레스를 주는 행사로 변했다. 그러면서 각종 아동 질환의 원인으로 등장하고 있다. 발달심리학자인 윌리엄 크레인William Crain은 저서 《아동기의 회복을 요구하며: 성취 지향적인 사회에서도 아동은 아동다워야 한다Reclaiming Childhood: Letting Children Be Children in Our Achievement-Oriented Society》에서 '교육적 책무accountability'라는 단어를 비판했다.

"누가 높은 기준과 분명한 목적을 반대할 수 있을까?[1] 누가 교육적 책무와 높은 점수의 필요성을 부정할 수 있을까? 그런 사람이 있다면 그에게 성공은 불가능할 것이다. 그러나 아동 중심 철학은 이것을 명백하게 반대한다."

크레인은 아동 중심 철학과 아이에게 성취와 승리를 강요하는 재능 대회는 서로 어울릴 수 없다고 주장했다.

아동기의 경쟁을 비판하는 사람들은 경쟁이 엘리트주의와 집단 따돌림의 원인이라고 진단한다. 그렇기 때문에 학교에서 경쟁보다 협력을 가르쳐야 한다고 말한다. 대부분의 학자들도 협력은 내재적 동기와, 경쟁은 외재적 동기와 연결되어 있다고 지적한다. 물론 이겨야 한다는 어른들의 요구와 승리했을 때 주어지는 상도 아이에게 동기를 부여한다. 그러나 아동 전문가들은 '아이가 얼마나 동기화되었느냐'보다 '어떻게 동기화되었느냐'가 더 중요하다고 입을 모은다.

교육 전문가 알피 콘Alfie Kohn은 《경쟁을 반대하며No Contest: The Case Against Competition》에서 크레인의 주장을 지지했다.

"경쟁은 우리 국가의 신앙이다.[2] 그래서 어릴 때부터 사람들이 실력에 따라 분류되어야 한다고 무의식적으로 생각한다. 그러나 그렇게 되면 어떤 일에 실패했을 때 해당 일에서만 실패한 것이 아니게 된다. 그것은 심리적인 실패이자 다른 사람과의 관계의 실패이며 더 나아가 그 사람 인생의 실패가 된다."

콘은 1960년대에 마이애미 해변에서 겪은 쓰라린 기억을 잊지 못하고 털어놓았다.

"그때 나도 대단한 토론자였다. 그러나 잘못 생각하는 것이 많았다. 이런 생각에서 벗어나는 데 오랜 시간이 걸렸다. 그 가운데 하나가 어떤 입장이든 내가 원하면 그것을 정당화할 수 있다는 것이었다. 어떤 쟁점이든 두 가지 측면이 있게 마련인데 어떤 입장이 더 옳으냐보다는 어떤 토론자가 더 똑똑하냐에 따라 옳고 그름이 판가름 나는 걸 종종 보았기 때문이다. 토론 훈련에서는 이기는 법만 배운다. 어떻게 하면 상대방을 이길 수 있느냐만이 중요했다. 그래서 주어진 입장을 옹호하는 데 유리한 증거만 사용한다. 그러는 과정에서 상당한 지식을 쌓고 말솜씨도 키웠다. 그러나 지금 돌이켜보면 그럴 만한 가치가 없는 일이었다."

콘의 책은 경쟁을 비판하는 연구들로 가득 차 있다. 그 가운데 학습과 관련한 논문들을 분석한 1981년 연구가 있다. 이 연구에서 다룬 122편의 논문들 가운데 65편이 '협력이 경쟁보다 더 높은 성취를 거둔다'고 보고했다. 나머지 42편의 논문은 협력과 경쟁이 별 차이가 없다고 했고, 단 8편의 논문만이 경쟁이 더 좋은 성과를 올렸다고 보고했다.

오하이오 주립대학의 스콧 시어Scott Scheer 교수는 더 나아가 아이들에게 경쟁을 강요하기 전에 그 피해를 먼저 생각하라고 충고한다. 그는 '협력 의무cooperative imperative'라는 용어를 처음 만든 사람이다.[3] 시어 교수에 의하면 서로 도우며 공부하는 것이 경쟁하며 공부하는 것보다 더 좋은 학습 성과를 내고 아이들의 대인 관계 기술을 키워줄 뿐만 아니라 건강한 자아상을 심어준다. "경쟁적인 환경에서 아이들은 외부의 성과로 자신을 규정한다. 이것이 아이들의 자존감을 떨어뜨린다."

이 같은 주장은 앞서 살펴본 서른다섯 살의 뮤지컬 배우 도나 린 챔플린을 생각나게 한다. 아역 배우로 활동하며 치열하게 경쟁해야 했던 그녀는 '경쟁에서 질 때마다 깊은 수치심을 느껴야 했다'고 고백했다.

다른 맥락에서 재능 경연 대회의 가치를 의심하는 학자도 있다. 무엇보다 대회 참가에 많은 돈이 든다는 것이다. 실제로 미국도시토론연맹에 등록된 팀 가운데 경제적인 이유로 대학 초청 토론 대회, 특히 하버드 대회에 참석하지 못하는 학생들이 있다. 참가비가 비싸기 때문이다.

아이들이 토론 대회에서 무엇을 배우는지와 그들의 지식이 얼마나 진실된 것인지도 문제다. 한 대회 운영 위원도 말했다시피 토론은 말하기를 즐기는 사람에게 유리한 시합이다. 그러나 스크래블이나 스펠링비 같은 언어 게임에서 아이들이 반드시 언어를 배우는 것은 아니다. 단지 언어를 다루는 기술을 배울 뿐이다. 언어의 정확한 의미를 몰라도 언어를 적절하게 이용하면 게임에서 이길 수 있다는 뜻이다.

물론 토론에서 참가자들은 언어의 의미와 용례를 배운다. 그러나 그들에게 언어는 게임이고 토론을 위한 수단에 불과하다. 스크래블도 마찬가지다. 스크래블 대회의 운영 위원도 스크래블은 철자 게임이 아니라 숫자 게임이라면서 '수학을 잘하는 아이가 스크래블을 잘한다'고 말했다. 그러나 그렇다고 해서 스크래블이 아이들에게 수학의 원리나 방법을 가르치는 것은 아니다.

## 경쟁의 미덕을 찬양하는 사람들

마지막 반론은 대회 자체에 관한 것은 아니다. 그것은 대중매체 시대에 나타나는 재능 경연 대회의 위험에 관한 것이다. 전국 스펠링비 대회의 단어 발음자이자 1980년 대회 우승자인 자크 베일리Jacques Bailly 버몬트 대학 고전문학 교수는 대중매체의 지대한 관심이 문제를 심각하게 만들고 있다고 말한다. 그는 ESPN의 스펠링비 명장면 등이 사람들의 관심을 증폭시키는 것이 모든 문제의 주범이라고 했다.

그러나 재능 경연 대회의 순기능이 역기능보다 더 크다고 주장하는 사람들도 있다. 이들은 경연 대회가 아이들의 자존감을 세워주고 끊임없이 경쟁해야만 하는 어른의 삶을 준비하도록 도와주기 때문에 어느 정도의 역기능은 감수해야 한다고 말한다.

노스웨스턴 대학 사회학과 교수이자 《토론 영재들Gifted Tongues》의 저자인 개리 앨런 파인Gary Alan Fine[4] 같은 전문가들은 심지어 '대회가 참가자들의 자신감을 높여주며 건강한 자아상을 심어주고 공동체 의식도 높여준다'고 주장한다.

파인 교수는 자신의 큰아들도 전국 토론 대회에서 우승했다고 말했다.

"저는 아이들에게 최고가 되고자 노력하라고 이야기합니다. 최소한 최선을 다했다고 말할 수 있을 정도로 노력해야 한다고 가르치죠. 그래서 제 아이들은 경쟁하는 법을 꽤 많이 알고 있습니다. 물론 저희 아이들만 그런 것은 아닙니다. 스펠링비 대회에서 경쟁하는 아이들은 무대 위에서 어떻게 해야 하는지를 모두 잘 알고 있습니다."

그는 이제 학교와 부모들이 단 한 명의 승자에게 상을 주는 것을 점점 더 조심스러워하고 있다며 못마땅해했다.

"가능한 한 개인상이 아니라 단체상을 주려고 하죠. 이제는 학교에 석차도 없고 졸업식 때 졸업생 전체를 대표해서 고별사를 읽는 학생도 없어지고 있습니다. 사람들이 경쟁의 가치를 잊어가는 것 같아서 안타깝습니다."

파인 교수는 승자의 자리를 줄이는 것은 미국의 전통을 훼손시키는 일이라며 우려를 나타냈다. 어려움을 딛고 승리하는 개인에 대한 존중이 점차 사라지고 있다고 보기 때문이다. 실제로 경쟁을 옹호하는 일부 학자들은 미국의 교육이 상대주의와 감성 훈련에 치우치면서 많은 아이들, 특히 남자 아이들의 경쟁 본능을 죽이고 있다고 걱정한다. 그 가운데는 경쟁을 반대하는 대중을 '소년들을 여성화시키는 부드러운 자유주의자'[5]라며 비판하는 사람도 있다.

이것은 철학자인 크리스티나 호프 소머즈Christina Hoff Sommers가 《소년과의 전쟁The War against Boys》에서 말한 내용으로, 이에 대해 〈시티 저널City Journal〉의 1999년 기사는 다소 엉뚱한 태도를 취했다. 이 기사를 쓴 재닛 데일리Janet Daley는 '경쟁을 반대하는 세력이 실제로는 영국 소년들을 더 공격적으로 만들었다'고 주장했다.

물론 경쟁 주창자들이 '경쟁이 소년을 남자로 만든다'는 주장만 내세우는 것은 아니다. 그들은 십대의 경쟁을 경쟁 그 자체인 삶의 준비 과정으로 본다. 이처럼 경쟁을 성공의 열쇠로 보는 관점에는 명백히 자유주의 시장 원리가 담겨 있다. 그러나 이 아이들이 설사 삶이라는 게임에서 실패하더라도 그것이 경멸받을 일이 아니라는 사실을 알게 될까?

청소년 경쟁의 주창자들이 반드시 에인 랜드Ayn Rand(러시아 태생의 미국 철학자이자 베스트셀러 작가로 집단주의를 혐오하고 경쟁과 성과를 중시하는 개인주의를 신봉했다―옮긴이)의 추종자이거나 정치적 보수주의자 또는 자유시장을 옹호하는 기독교 근본주의자는 아니다. 1997년 금융인 조지 소로스George Soros의 '열린사회연구소Open Society Institute' 투자로 설립된 비영리 토론 조직 '임팩트 콜리션Impact Coalition'의 대표인 윌 베이커Will Baker는 토론을 사회 개혁의 수단으로 본다.

"지금 리커스 아일랜드(뉴욕에 있는 교도소—옮긴이)에서 토론회가 열리고 있습니다. 이 토론회는 교도소에서 시행하는 교화 프로그램이죠. 그것은 사회 변혁의 수단이 될 것입니다. 공개 토론을 통해 사람들은 사회 변혁을 꿈꾸며 그 꿈을 나누어 가질 수 있기 때문입니다."

미국도시토론연맹(NAUDL) 또한 토론이 도시 교육 향상을 위한 수단으로 사용된다고 주장한다. 학교 활동으로 하는 토론이 평등한 기회를 보장하기 때문에 저소득층 아이들에게 기회를 주고 그 기회를 통해 그 아이들이 필요한 도움을 얻는다는 것이다. 또한 토론 활동은 이론적이거나 딱딱한 수업이 아니기 때문에 학교 공부는 싫어하지만 말주변이 좋은 아이들에게 유리하다.

이런 점에서 NAUDL은 토론이 아이들의 자기 개선을 도와준다고 말한다. 토론 대회가 불우 청소년들에게 어려운 환경에서 벗어나는 통로를 제공하며 적어도 자아 존중감을 높이고 삶에 활기를 불어넣는 기능을 한다는 것이다. "토론 대회는 아이의 성적과 자신감을 높여준다." NAUDL의 홍보물에는 그렇게 씌어 있다.

NAUDL의 주장처럼 실제로 토론 대회는 어려운 환경의 아이들이 장학금을 받을 수 있는 기회를 제공한다. 협회 기관지는 대학들이 토론자들에게 갖는 높은 관심을 자랑한다. 고등학생 토론 신인왕이었던 크리스토퍼 바스케스도 토론 대회에 참석하려고 사우스브롱크스에서 왔다. 그는 참가비가 8,000달러나 되는 토론 캠프에 자유롭게 참가했는데 자신이 전액 장학금을 받고 밴더빌트 대학교에 다니는 것은 모두 토론 대회 덕분이라고 말했다.


## 진정한 성장의 기회를 제공하는 시 낭송 대회

미국도시토론연맹과 비슷한 기회를 제공하는 또 다른 청소년 대회가 '슬램Slam'이다. '뉴욕도시이야기Urban Word NYC'가 후원하는 청소년 슬램 대회는 청소년들이 청중 앞에서 자작시를 낭송하면 그것으로 점수를 매겨 우승자를 가린다. 이때 낭송하는 시의 리듬과 운율, 의미, 내용의 질뿐만 아니라 발표 방식도 점수를 매긴다.

뉴욕도시이야기는 지난 7년 동안 매년 청소년 시 슬램 대회를 열었다. 열세 살에서 열아홉 살 사이의 십대 청소년들을 대상으로 한 슬램이 매달 열리는데 여기서 가장 높은 점수를 받은 청소년에게 본선 출전 자격이 주어진다. 참가자들이 3분 안에 자작시를 발표하면 다섯 명의 심사위원이 본선 출전자를 선발한다. 이렇게 선발된 최종 다섯 명이 뉴욕 십대 시 슬램 팀을 구성한다. 이 팀이 '브레이브 뉴 보이스Brave New Voices'라 불리는 전국 슬램에 출전하여 다른 팀들과 경쟁하게 된다.

브루클린 뮤직 아카데미에서 열린 2004년 오픈 대회에는 수백 명의 청소년들이 참가했다. 이들의 시는 종종 무반주 랩처럼 들렸고 시인들은 열정적인 래퍼로 보였다. 그러나 언어를 조합하는 수준과 거기에 표현된 감정이 다른 무엇보다 중요했다는 점에서 그것은 분명 시였다.

여기서 우승한 청소년 시인은 열일곱 살의 엔마누엘 캔델라리오Enma-nuel Candelario였다. 그의 시를 일부 소개하면 다음과 같다.

흑인 없는 미국

그것은 없다.

노예화 없는 미국 역사

설명할 수 없는 미스터리

노예 사슬에서 노예 임금으로

세기를 거치며 노예의 모습은 변했지만

흑인만이 노예가 아니라는 사실

도미니카 사람과 아이티 사람도 노예라는 사실

그 사실만은 변함없네

우린 모두 이방인이니까

노예제도가 우리를 차별하지 않고

열정적으로 우리를 사랑한다

이 얼마나 놀라운 일인가

그 사랑에 빠져 아직도 허우적대는 우리가.

슬램은 다른 재능 경연 대회와 중요한 지점에서 다르다. 이 대회에 참가한 초보자들은 주로 도시 하류층의 설움을 표현한다. 또 전국 슬램 대회에서 우승해도 다른 영재 대회처럼 큰 상을 주지도 않는다. 대회 우승자라고 해서 장학금이나 상금, 대단한 명성이나 사회적 주목을 받지 않는다는 뜻이다. 운이 좋은 소수의 우승자만 유선방송 HBO의 '데프 포에트리Def Poetry 쇼'에 출현할 수 있다. 그럼에도 십대들이 몰리는 까닭은 이 대회가 또래들 앞에서 자신을 진솔하게 표현하는 기회를 제공하기 때문이다.

슬램에 어떤 상도 없는 것은 인종 및 계급과 관련이 있다. 어쩌면 시라는 문학 형식이 미국 사회에서 차지하는 위치가 매우 낮기 때문인지도 모른다. 오늘날 시는 결혼식이나 장례식장에서나 낭송된다. 그럼에도 슬램 대회는 다른 영재 대회보다 아이들에게 더 나은 성장의 기회를 제공한다. 아이들의 자존감을 세워주며 정서적 안정을 줄 뿐만 아니라 자신의 감정을 표현하고 사고를 발전시킬 기회를 제공한다.

이 대회의 참가자인 이매뉴얼 아로요Emmanuel Arroyo에게도 그러했다. 슬램에 참가한 것은 그에게 정서적 구원이었다.

"그전까지 제 삶은 완전한 혼돈이었습니다. 집에서 쫓겨나서 어떤 사고를 칠지도 모르는 상황에서 바닥에 누워 있었습니다. 그런데 그런 마음을 바꿀 기회가 생겼어요. 시에 제 분노를 쏟아부을 수 있었기 때문이죠. 시는 하나님께서 제게 주신 축복임이 틀림없습니다. 그 뒤로 시를 싫어하는 사람을 만나면 저는 그들에게 시는 랩과 같다고 말해줍니다. 그러면 그들은 이해하죠."

이와 비슷한 이야기를 엔마누엘 캔델라리오에게서도 들을 수 있었다. 시 낭송 대회에는 아이들에게 해로운 요소가 별로 없었다. 무엇보다 무조건 암기해야 할 것이 전혀 없다. 또한 본선에 참석한 1,500명의 청중과 열하루 밤 동안 시로 경쟁한 500명의 십대 청소년들은 이 대회를 통해 깊이 하나됨을 경험한다. 재치 있고 날카로운 시어에 공감할 때마다 청중들이 보낸 열띤 환호와 박수는 이를 잘 보여준다.


## 아이의 기를 살려주는 경연 대회

어떤 부모들에게는 재능 대회가 사교의 장이 되기도 한다. 2004년 스크래블 대회에서 만난 한 가족은 아이의 대회 성적보다 대회 분위기 자체를 즐기는 모습이었다. 그 가족은 대회 전날 연습 게임을 하면서 수십 명의 아이들이 함께 아이스크림을 먹고, 대회 관계자가 대회 정신을 설명하는 것을 들으면서 다른 가족들과 친분을 쌓았다.

대회에 참가한 산톨리Santoli 가족도 비슷한 이야기를 했다. 지역 라디오방송의 토크쇼 진행자인 산톨리는 자기 아들이 5,000달러의 상금을 타려고 6개월간 연습했다고 했다.

"물론 그것은 매우 큰돈입니다. 그러나 돈이 중요한 것이 아닙니다. 지난주에 제 아들은 '하지hajji'라는 단어를 배웠습니다. 대회를 준비하면서 뭔가를 배웁니다. '콰트quat'라는 단어도 배웠는데 저도 처음 보는 단어였죠. 또 '트랜크tranq'라는 단어도 배웠습니다."

물론 산톨리의 아들이 지금은 이 단어들의 의미를 모를 수도 있다. 그 의미를 몰라도 대회에서 이기는 데 아무런 지장이 없다. 산톨리는 대회에서 새로운 시간 기록기를 사용하는 것이 마음에 들지 않는다고 했다.

"새로운 시계는 단지 아이들에게 불필요한 스트레스만 더할 뿐입니다. 그래서 집에서는 모래시계로 연습합니다."

그러나 산톨리를 비롯한 부모들은 스크래블 대회에 대체로 긍정적인 기대를 품고 있었다. 청소년 스크래블 대회가 새로운 스포츠로 자리 잡으며 아이들에게 더 많은 기회를 줄 거라고 생각한다. 그들은 이번 대회가 아이들에게 어떤 전환점이 될 것이라고 기대했다. 더 나아가 자기 아이들이 북동부 지역 사립학교 아이들과 경쟁한다는 사실에 흥분하는 것 같았다. 사립학교 아이들은 나중에 아이비리그 대학에 진학할 뿐만 아니라, 자기 휴대전화도 갖고 있다. 휴대전화는 산톨리나 그 주변 사람들은 어느 누구도 갖지 못한 고급품이다. 산톨리는 자기 아이가 그런 아이들과 경쟁하여 이길 수 있다는 사실에 무엇보다 기뻐했다.

"그 아이들은 수업료가 매우 비싼 코치들에게 스크래블을 배웁니다. 그들의 부모들은 교습비로 1년에 2만 5,000달러를 쓴다고 하더군요. 우리는 상상도 할 수 없는 돈이죠. 제 아들은 체격이 좋습니다. 그래서 사람들은 풋볼을 시켜서 특기생으로 대학에 보내라고 합니다. 미주리 주 사람들은 스포츠를 좋아하니까요. 그러나 저는 스크래블이 더 좋습니다. 스크래블은 어휘 실력만 키워주는 것이 아니라 아이들의 자존감도 높여주거든요."

산톨리만 그렇게 생각하는 것이 아니었다. 스크래블 대회가 아이들의 기를 살려준다고 많은 어른들이 믿고 있었다. 대회가 열릴 때마다 참석해서 분위기를 띄워주는 자발적 홍보 대사들도 적지 않다. 그들은 주로 스크래블 대회의 역대 우승자들로서 어떤 보수도 받지 않고 대회에 참석했다.

'스크래블을 하자'라는 문구가 적힌 모자를 쓴 여성은 '스크래블이 바로 자신의 인생이었다'고 행복한 표정으로 말했다. 아이들은 다른 아이들이나 부모들과 스크래블을 연습했는데 거의 대부분의 부모들이 아이들에게 지고 있었다. 한쪽 구석에서는 성인 스크래블 대회의 우승자인 조엘 셔먼Joel Sherman이 네 개의 보드판에서 여덟 명의 아이들과 동시에 게임을 벌였다.

스크래블 대회에서 어른들은 참가자 부모의 뿌듯함 이상의 것을 경험한다. 특히 홍보 대사와 심사위원이 느끼는 자부심은 대단하다. '미국스크래블협회'의 존 윌리엄스John Williams 대표는 스크래블의 가치를 확고하게 믿었다. 그래서 스크래블의 가치를 높여 다시 한 번 스크래블의 전성기를 만들려고 노력하고 있다. 스크래블을 학교 교육과정에 포함시키는 것이 그의 최종 목표다. 이를 위해 우선 스크래블을 방과 후 과외활동의 하나로 만들려고 한다.

윌리엄스 대표가 호소하는 것은 요즘 불우한 아이들이 처한 상황이다. 엄마와 아빠가 함께 살지 않거나 모두 일하러 나가서 집에 혼자 있는 아이들에게 학교가 스크래블을 할 기회를 주어야 한다는 것이다.

스크래블의 전성기를 가져올 또 다른 방법은 스크래블을 경쟁적인 스포츠로 만드는 것이다. 그렇게만 되면 스크래블이 여론의 주목을 받을 것이다. 이를 위해 윌리엄스는 스크래블의 교육적 효과를 적극 홍보하기 시작했다. 이와 함께 사립학교에 스크래블 팀을 만들었는데 여기 아이들은 3배점의 단어들도 재빠르게 놓는다고 한다. 이에 반해 시골 학교에 만든 스크래블 팀 아이들은 2배점의 단어도 제대로 놓지 못한다.

"이 프로그램을 만들었을 때 우리는 그것을 교육과정으로 보았습니다. 또한 스크래블을 잘 모르는 사람들에게 스크래블이 무엇인지 알려주는 홍보 수단으로도 생각했습니다. 이렇게 해서 스크래블의 즐거움을 공유하는 사람들이 늘어나고 있습니다. 이제 스크래블은 잘 정착되었습니다. 너무나 아름다운 모습이 아닐 수 없습니다. 1996년부터 뉴잉글랜드 대회를 시작했죠. 물론 아직 해결해야 할 문제도 적지 않습니다. 그러나 이제 아이들은 스크래블을 배울 준비가 되었습니다."

현재 윌리엄스는 스크래블 신동도 새로운 영재로 인정받게 하려고 노력하고 있다.

스크래블 프로그램이 일선 학교에 도입되면서 그에 따른 수익도 커졌다. 또 '해변용 수건에 스크래블판을 새기는 아이디어'가 성공을 거두어 큰돈을 벌었다. 윌리엄스 대표는 '아동용 스크래블은 엄청난 사업 기회'라고 말했다. 스크래블 생산 업체인 하스브로의 관계자들은 물론이고 하스브로의 광고를 담당하는 홍보 회사 사람들도 대회에 참석했다. 그러나 윌리엄스 대표의 조언에 따라 하스브로 사는 적절한 선에서 홍보를 자제했다. 스크래블 깔개와 모자, 사전 들에서만 하스브로의 이름을 볼 수 있었다.

이는 스펠링비 대회에서 일어난 불미스런 일과 관계가 있다. 이 대회의 후원사인 범블비튜너 사가 회사 로고를 대회 무대 바로 옆에 설치하려다가 대회 주최 측의 거부로 무산된 것이다. 이 일을 교훈 삼아 하스브로와 윌리엄스는 스크래블 대회에서 적지 않은 성과를 거두었다.

청소년 스크래블의 절대 강자 카티 데바니의 몰락 순간을 취재한 방송국 리포터도 보람이 있었다. 절대 무너지지 않을 것 같던 이 소녀와 그 파트너가 치명적인 실수를 하면서 이것이 특종이 된 것이다. 상대 팀은 EYER/RETAINS/DE로 71점을 얻었는데, 카티 팀은 KA/ED로 21점밖에 얻지 못했다.


## 영재를 바라보는 어른들의 일그러진 시선

"카티가 지고 있다."

뒤에서 무대를 지켜보던 아이들이 서로 수군거렸다. 그러자 한쪽에서 다음과 같은 소리가 들렸다. "터먼 아이들을 카메라에 담는 게 좋겠어요. 그들의 소리는 모두 잡아요. 하나도 놓치면 안 돼요."

5라운드였다. 카티 팀은 터먼 중학교 팀과 경쟁하고 있었다. 터먼 중학교는 캘리포니아 팰러앨토에 있는 공립학교다. 이곳은 스탠퍼드 비네 검사의 창시자이자 최초의 영재 연구가인 루이스 터먼의 이름을 붙인 영재 학교다. 밝은 오렌지색 교복을 입은 이 학교 학생들이 카티 팀을 이기고 있었다. 마침내 이 두 학생이 SIENITE/EWE를 놓아서 71점을 얻어 승리했다.

305점 대 415점. 정말 터먼 아이들의 승리였다. 카티가 졌다는 사실은 웹사이트와 신문에서 큰 화제가 되었다. 카티의 패배 장면은 사진으로 남아 사람들에게 두고두고 기억될 것이다.

대회 현장을 떠나면서 각종 영재 대회가 사실은 어른들을 위한 것이라는 생각을 지우기 어려웠다. 대회 결과에 환호하는 부모나 코치들뿐만 아니라 텔레비전으로 대회를 시청하는 어른들을 위한 대회. 이는 20세기 중반에 나온 샐린저J. D. Salinger의 단편소설들[6]이 왜 아직도 잘 팔리는지를 설명해준다.

샐린저의 소설 《프래니와 주이Franny and Zooey》에서 라디오 퀴즈 쇼 '똑똑한 아이다It's a Wise Child'의 스타들인 프래니, 주이, 시모어 글래스와 그들의 똑똑한 형제들은 위풍당당하게 재능을 뽐낸다. 그러나 어른이 되자 그들의 삶은 갑자기 비참하게 변한다. 그들은 여전히 매력적이지만 작가인 메리 맥카시Mary McCarthy가 '샐린저의 폐쇄된 세계'[7]라고 부른 마을에 은둔하며 지낸다. 사람들은 이 주인공들이 왜 그랬는지를 아직까지도 이해하지 못한다.

스크래블 대회가 끝나고 아이들이 짐을 싸서 집으로 돌아가려 하자 카메라와 리포터들이 아이들 뒤를 따라가며 질문을 던졌다. 그들의 모습은 영재들에 대한 이 시대의 지나친 열광을 단적으로 보여주었다.

이 집착은 분명 단순한 흥미 이상이다. 때로 이는 정말로 잔인한 것이 될 수 있다. 우리는 가끔 영재들이 재능의 대가를 혹독하게 치르는 걸 상상하며 즐거워한다. 아무리 비호감인 아이라 하더라도 그 아이의 불행을 바라는 것은 분명 사회적 금기다. 그런데도 평범한 어른들은 어린 영재들이 실패하는 모습을 보고 싶어한다.

이것이 바로 나중에 이카로스 효과를 경험하는 어린 천재들의 이야기가 책과 영화, 텔레비전에 끊임없이 나오는 이유다. 이제는 절도광이 된 영재 대회 우승자, 약 중독에서 허우적거리는 왕년의 아역 배우, 무능한 실업자로 전락한 어린이 퀴즈 대회 출신자,[8] 영화 〈매그놀리아〉에서 치과 의사 보조원에게 놀림당하는 과거의 신동에게 우리가 관심을 갖는 데에는 그들의 불행을 즐기는 비열함이 담겨 있다.

이것은 자신들보다 더 많은 축복을 받았으면서도 사회에 더 많은 투자를 요구하는 영재들에 대한 분노의 표출이자 그들의 불행을 통해 어렸을 때 받은 차별을 심리적으로 보상받고자 하는 일그러진 욕망이다. 이 축축한 즐거움이 바로 어른들을 각종 영재 대회로 이끄는 힘이다. 어린 승리자들이 조만간 비참한 패배자로 전락하는 광경! 이것만큼 사람들을 은밀하게 즐겁게 하는 일은 없다.

2004년에 콜로라도 출신의 열세 살 소년 악샤이 부디가Akshay Buddiga가 스펠링비 전국 대회 결승전에서 기절하는 일이 일어났다. 이 장면은 그날 저녁 뉴스에서 가벼운 얘깃거리로 전국에 방송되었다. 여기서 극적인 것은 쓰러졌던 소년이 몇 초 뒤에 다시 일어나서 'alope-coid(탈모증)'라는 단어의 철자를 아주 정확하게 말했다는 것이다.

이것은 정말 굉장한 장면이었다. 영재의 일생을 세 개의 은유로 몇 초 안에 보여준 것이다. 꿈을 가진 신동에서 실패한 영재로 다시 강력한 우승 후보로 살아났기 때문이다. 그 장면을 잡아내다니 대단한 텔레비전이 아닐 수 없다. 그러나 그것이 과연 부디가에게도 좋은 기억으로 남았을까?

2005년에 카티 데바니는 다시 전국 청소년 스크래블 대회에 출전했지만 우승하지 못했다. 카티는 이에 굴하지 않고 매일 어른들과 인터넷으로 스크래블 게임을 하고 매주 몇 시간씩 단어장을 암기하여 그해 성인 스크래블 대회에도 열두 차례나 참가했다. 카티의 엄마는 이러한 경력이 장차 딸에게 엄청난 혜택을 가져다줄 것이라고 믿는다. 물론 지금까지는 그랬다. 그러나 앞으로도 계속 그럴 것이라고 누가 장담할 수 있겠는가? 그 결과는 이제 막 드러나기 시작했고 더 많은 세월이 흘러야 그 실체가 드러날 것이다.

"그녀는 믿을 수 없을 정도로 대단했다. 그 순간 그녀는 아동 설교자로
서 더 이상 자기 자신이 아니었다."

-제임스 볼드윈, 《바로 내 머리 위에》

# 신의 이름을 걸고 경쟁하는 소년 설교자들

남부 캐롤라이나 그린빌의 4월 아침, 열일곱 살 소년 조슈아 딘 Joshua Dean이 설교를 시작했다.

"저는 제가 누구이고 제 삶이 어디로 가고 있는지 알고 있습니다. 당신은 당신의 삶이 어디로 향하고 있는지 확실히 알고 있습니까? 지옥은 분명히 존재합니다. 슬프게도 세상의 많은 사람들이 그곳으로 갑니다. 죽음은 정말 확실한 사실입니다. 죽음은 우리가 가장 분명하게 겪는 경험입니다. 물론 언제, 어떻게, 어디서, 왜 죽느냐는 확실하지 않습니다. 그러나 가장 분명한 것이 가장 중요한 것입니다."

연한 갈색 스포츠머리에 파란 눈을 가진 조슈아는 사십대의 청중들을 바라보았다. 그는 기독교의 상징인 물고기 무늬 넥타이를 매고 있었다. 그는 그것이 행운을 가져다준다고 믿었다. 조슈아는 그의 무기이자 갑옷인 물건, 빨간 잉크로 밑줄이 그어진 검은색 가죽 장정의 성경을 높이 들고 있었다.

"아주 적은 사람들, 오직 소수만 구원을 받습니다."

하나님에 대한 열정을 표현하려는 듯 그는 손을 하늘로 높게 쳐들었다. 그러다가 점점 내려오면서 하나님을 경외하는 손짓으로 변했다.

"감사가 마음의 재단에서 죽은 사람에게 희망은 없습니다."

청중이 '아멘'으로 대답했다.

손과 다리를 가볍게 떨며 무언가를 쏘아보는 눈빛으로 조슈아 딘은 자리로 돌아왔다. 그의 열정은 정말 대단했다. 그는 이제 소년 설교자들로 가득한 방에 앉아 있다. 이곳은 '미국미션스쿨연합회(AACS)'가 개최한 복음주의 설교 대회 현장이다. 대회 개최지인 밥존스 대학교는 비기독교인들에게는 악명 높은 장소다. 그러나 소년의 설교를 경청하는 1950년대 후반에 유행했을 법한 옷차림의 중년 신사들은 무척 진지했다.

방에 모여 있던 소년들은 모두 더 나은 설교로 조슈아를 이기길 바랐을 것이다. 그러나 그런 마음을 먹는 것은 이들에게 금기였다. '어린 설교자들은 모두 하나님의 뜻을 행하는 것에 불과하고 이기고 지게 하시는 분은 하나님이기 때문'이다.

AACS는 하나님께서 아이들에게 영감과 함께 설교의 재능을 주신다고 믿는다. 그들에게는 설교의 내용마저 하나님께서 주시는 것이다. 그래서 어떤 아이들은 설교로 경쟁하는 것에 대해 죄책감을 느낀다. 하나님께서 주신 거룩한 재능으로 '죄로 물든 세속적인 경쟁'을 하는 것이 부담스럽기 때문이다.

그러나 이곳의 경쟁은 정말 치열하다. 찬송과 설교, 그림 경연 대회 등 어느 것 하나 치열하지 않은 경쟁이 없다. 세속적인 경기에서 쉽게 볼 수 있는 무자비한 승부욕도 보인다. 성경 퀴즈 대회 결승전은 그 절정이다. 성경 구절의 첫 부분을 듣고 그 출처를 먼저 정확하게 말하는 팀이 이긴다. 단체 티셔츠를 입은 각 팀은 스펠링비에서나 볼 수 있는 격렬한 몸짓으로 버저를 누르며 '고린도전서!'라고 외친다.


## 성령의 능력인가, 훈련받은 암기인가

"성경 퀴즈 대회는 미국대학체육협회(NCAA) 농구 경기처럼 뜨겁습니다. 그러나 농구보다 더 중요하죠."

퀴즈 대회 사회자는 시끄러운 대회 현장을 가리키며 말했다.

복음주의 설교 대회의 참가자들은 한결같이 상에 욕심이 없다고 말한다. 그러나 그들이 실제 보이는 쇼맨십 넘치는 모습에서 강한 승부욕이 느껴졌다.

열여섯 살의 참가자 매트 리베라Matt Rivera는 복음을 위해 논쟁하는 변호사처럼 말씀을 전했다. 작은 체구에 머리를 말끔하게 뒤로 빗어 넘긴 그는 믿음과 영원한 삶에 대해서 차분하게 논리적으로 설교했다. 설교가 끝나자 여기저기서 감탄과 환호의 소리가 터져나왔다.

매트에게는 4년 전에 가족들과 함께 받았던 구원의 확신이 아직도 남아 있다. 그때 기억이 생생하게 녹아든 그의 설교는 상당한 설득력을 발휘했다. 다른 경쟁자들과 달리 매트는 모태母胎 신앙이 아닌 개종자였다. 콜로라도 덴버에 살던 라틴아메리카 출신의 이 소년은 가톨릭 신자였고 하나님께서 설교의 재능을 주시기 전까지는 할머니와 함께 사는 불우한 환경의 문제아였다. 매트는 이 재능을 갈고 닦아 지금에 이르렀다.

그러나 매트의 이 같은 노력은 다른 소년 설교자들에 비하면 아무것도 아니다. 열일곱 살의 제임스 섬터 3세James Sumpter III는 매주 몇 시간씩 텔레비전과 CD로 유명한 설교를 보고 듣는다. 그러면서 설교자들의 동작, 심지어는 목소리까지 흉내 낸다.

"지옥은 웃어넘길 이야기가 아닙니다. 그것은 하나님의 공의公義가 진짜로 표현되는 장소이기 때문입니다."

AACS의 다른 소년들과 비슷하게 제임스도 참된 믿음과 올바른 행동의 중요성을 보여주는 예화例話를 제시했다.

"서로 상대방에게 깊이 빠진 두 청년이 있었습니다. 그들은 예배를 중요하게 생각하지 않았고, 그러던 어느 날 예배를 보다가 같이 교회를 빠져나갔습니다. '오늘을 그냥 보낼 수 없어'라고 속삭이면서요. 그들은 교회를 비웃었죠. 그러나 이 불경스러운 한 쌍은 곧 교통사고를 당했습니다."

만들어낸 이야기인데도 사실처럼 들렸다. 그만큼 제임스의 태도는 진지했다. 마지막으로 그가 외쳤다.

"거의로는 부족합니다. 우리는 더 그리스도께 충성해야 합니다!"

기독교에는 청년 부흥가가 복음으로 수많은 청중들을 하나님께

인도하며, 자신의 성취를 하나님의 행하심으로 돌리는 오랜 전통이 있다. 조슈아 딘과 매트 리베라, 제임스 섬터 3세는 이 전통의 한 부분이다. 이 소년 전도자들은 특별한 영적인 존재로 여겨지며 사람의 노력이 아닌 성령의 능력으로 하나님의 전달자 노릇을 한다고 이야기된다. 그러나 이 소년 설교자들의 설교는 성령의 능력으로 이루어졌다고 말하기 어렵다.

이들은 강도 높은 훈련을 받는다. 다른 영역의 영재들처럼 어른들의 지도 또는 도움으로 재능을 키운다. 그래서 이 아이들의 종교적 열정이 정말 본인들의 것인지, 그 의문을 지우기 어렵다. 이 소년들은 참된 종교적인 방법으로 각자의 소명을 추구하고 있는가? 아니면 설교 훈련을 통해서 종교에 지나치게 빠진 것인가? 이 아이들은 자신들이 전달하는 메시지의 참된 의미를 정말로 깨닫고 있을까? 아니면 암기한 성경 구절을 앵무새처럼 뱉어내는 것에 불과한가?

아이들이 경쟁에 내몰리는 현실에는 이상한 점이 많다. 그것이 종교인 경우에는 더욱 그렇다. 종교란 인간의 경험을 자유롭게 추구하는 순수한 영역이기 때문이다. 그런데 십대 기독교도들에게 요구되는 암기와 훈련 그리고 숙달에 대한 강조는 순수한 열정과는 거리가 멀어 보였다.

## 지독하게 연습하는 하나님의 영재들

사실 십대 설교자들 가운데는 자신의 거룩한 소명을 성취하고자 지독하게 노력하는 아이들이 적지 않다. 제임스 섬터도 그런 아이다. 그는 매일 몇 시간씩 설교를 연습하고 또 연습한다. 제임스의 아빠는 아들이 정말 많은 설교를 듣는다고 말한다.

"제 아들은 주님께 주님의 뜻을 행하게 해달라고 매일 기도합니다. 아들의 재능은 타고난 것이 아닙니다. 많이 공부하고 열심히 노력한 결과죠. 환경과 노력, 열정의 산물이라고 할 수 있습니다. 제임스는 정말 설교 CD를 끊임없이 듣습니다."

설교 대회의 평가 항목은 '얼굴에서 보이는 생명력' '눈맞춤과 청중과의 공감도' '균형 잡힌 자세와 권위' '강조와 다양성' 그리고 관련 성경을 정확하게 제시하며 핵심 생각을 드러내는 '집중력' 등이다. 밥 존스 대학교 교수이자 설교 대회 심사위원인 댄 올링거Dan Olinger는 웅변 솜씨로는 설교 대회에서 우승할 수 없다고 말한다.

"저희는 아이들의 설교에서 참된 믿음의 증거를 먼저 찾습니다. 어떤 거짓이나 꾸밈이 없는지 면밀히 살피죠. 어른들의 설교는 주로 성서 해석학의 방법으로 평가됩니다. 문학비평과 다양한 평가 기법, 신학, 시 비평 등의 방법으로 설교를 평가하죠. 그러나 고등학교 학생들은 신학적 지식이 부족합니다. 그렇기 때문에 그 말이 진짜인지 아닌지에 초점을 맞추어 평가합니다."

그러나 설교의 진실을 설교만으로 평가하기란 어렵다. 진실은 연출될 수 있기 때문이다. 그래서 '진실'은 설교의 효과로 간접 평가된다. 그러다 보니 올바른 성경 지식이나 진짜 믿음이 없더라도 암기와 화술만 좋으면 진실한 설교로 인정받게 된다. 2004년 성경 암송 대회 승자인 오하이오 주 매콤의 브래드 요더Brad Yoder는 맹목적 암기가 승리의 비결이었다고 솔직하게 인정한다.

"미션스쿨에 다니는 아이들은 아주 어릴 때부터 성경을 의무적으로 암송해야 합니다. 저도 처음엔 억지로 외워야만 했습니다."

그러나 그는 이제 암송이 성경을 공부하는 가장 좋은 방법이라고 믿는다. 1시간에 여덟 절이나 외우는 그는 지난 성경 암송 대회에서 90개 절을 외워서 승리했다. 성경 암송 대회는 스펠링비와 비슷하다. 차이가 있다면 스펠링비에서는 'accommodate(수용하다)'의 철자를 말해야한다면 성경 암송 대회에서는 마태복음 6장 33절이나 요한복음 3장 16절을 외워야만 한다는 것이다.

이와 비슷한 방식으로 매트 리베라도 헌신적으로 설교 훈련을 해왔다. 하루에 두세 차례 설교 연습을 하고 성경 공부도 규칙적으로 했다. 2005년 성경 퀴즈 대회 우승자인 열다섯 살의 에런 웰스Aaron Wells도 하루에 한 구절씩 성경을 암송한다.

19세기 낭만주의 시인들과 빅토리아 시대의 부모 및 작가들이 그린 신동의 꿈이 오늘날의 조기교육으로 부활하고 있는 것처럼 보인다. 그러나 과거의 신동이 타고난 영재였다면 오늘날의 신동은 노력하는 영재다. 완벽한 훈련으로 만들어지는 영재가 오늘날 미국에 퍼져 있는 '영재 신드롬'의 실체다.

십대 설교자들도 마찬가지다. 모두 하나님께 재능을 받았다고 주장하지만 그들은 누구보다 열심히 성경을 암송하고 설교 훈련을 받는다. 그러면서 기독교계의 관심과 후원으로 사립학교보다 훨씬 저렴하고 공립학교보다 더 탁월한 미션스쿨의 혜택을 누리며 '하나님의 영재'로 키워지고 있다.

## 아이의 미래를 보장해주는 각종 기독교 대회

기독교 영재의 부모와 비기독교 영재의 부모 사이에는 공통점이 많다.[1] 무엇보다 아이에게 원대한 야심을 품는다는 점에서 다르지 않다. 또한 서로 다른 이유지만 공립학교를 불신한다는 점도 비슷하다. 미국의 기독교 부모들은 공립학교를 모든 비행과 악행을 배우는 '악마의 소굴'로 본다. 그래서 그들은 이미 오래전부터 미국 사교육의 한 축을 담당해왔다.

성경을 공부하는 이들의 열정은 정말 대단하다. 만약 그 열정이 다른 곳에 사용되었다면 뭔가 대단한 일이 일어났을 것이다. 그렇다면 이 대단한 노력이 설교 대회에 집중되는 까닭은 무엇일까? 설교 대회가 교회에 재능 있는 설교자를 제공하는 역할을 하는 것일까? 아니면 젊은이들을 교회로 이끌고자 젊은 설교자들을 내세우는 것일까? 기독교 영재 교육은 어느 정도가 적당한 것일까? 어릴 때부터 성경을 암송하는 것이 아이들에게 해를 끼치는 것은 아닐까?

부모들이 기독교 대회에 열광하는 이유는 대회 우승이 아이들의 미래를 보장해준다고 믿기 때문이다. 이것은 권력과 경제적 풍요, 우수한 교육, 심지어 영재 문화로 향하는 미국 기독교 문화의 흐름과 일치한다. 성경으로 세상을 변화시킨다는 명분으로 각종 기독교 대회가 열리지만 역설적이게도 이런 대회의 참가자들은 성공에 대한 열정으로 불타오른다.

2005년에 발행된 〈타임〉지에 따르면 복음주의 학생단체인 미국 '대학생선교회'는 다른 공공단체보다 더 많은 기부금을 받고 있다. 또한 같은 해 봄 〈뉴욕타임스〉에 실린 기사 '엘리트에게 설교하기'[2]를 보면 브라운 대학교 재학생 5,700명 가운데 400명이 복음주의적 열정을 가진 기독교도다. 여기에다 '하나님의 나라를 브라운·컬럼비아·다트머스·하버드·펜·예일 대학교 등 아이비리그에 확장시키는 것'을 임무로 삼고 있는 복음주의 단체 '크리스천 연합'도 있다.

수학이나 풋볼과 마찬가지로 설교 재능도 좋은 대학과 더 나은 미래를 보장해주는 티켓이 되고 있다. 십대 설교자 제임스의 아빠 섬터 2세는 '샘 혼Sam Horn 목사가 아들을 눈여겨보고 있다'고 말했다.

"혼 목사는 위스콘신 던바에 있는 노스랜드 침례교 신학대학의 교직원으로 미국미션스쿨연합회 대회에서 설교도 합니다. 그런데 그런 사람이 제 아들의 이름을 알고 있었습니다. 이것은 제임스에게 뭔가 특별한 것이 있다는 것을 의미합니다. 미주리 주에 있는 복음주의 단체인 '미국복음주의자들'도 제 아들의 재능에 관심을 보이더군요. 어디서 예배를 드리든지 간에 제 아들은 맨 앞줄에 앉아서 설교자에게 자신을 소개합니다. 이것이 바로 기독교 조기교육의 결과입니다."

제임스의 아빠도 버지니아 주 리치먼드에 있는 랜드마크 침례교회의 담임 목사다. 그는 아들이 태어나자마자 성경을 읽어주었다고 한다. 덕분에 아들은 세 살 때부터 성경 암송을 시작했다. 섬터 목사는 아들이 가는 곳이면 어디든지 따라간다고 한다.

"제 아들이 가는 곳이면 어디든 함께 가고 싶습니다. 이번 대회가 특별한 기억으로 남았으면 좋겠습니다. 제 아들은 제 마음을 잘 압니다. 제임스는 하나님께서 제게 잘 키우라고 주신 특별한 선물이죠."

비기독교 부모들처럼 기독교도 부모들의 불안도 이 시대의 변화상과 밀접한 연관이 있다. 이제는 기독교계에서 인정받으려면 전문적 학위와 수학 또는 과학 지식, 신학 석사나 박사 학위가 필요하다. 그렇다면 어린 설교자들이 목회자로 활동할 때에는 더 많은 조건들이 필요할 것이다.

이처럼 제임스의 아빠가 아들에게 품고 있는 야심은 다른 부모들이 느끼는 것과 비슷한 '중산층의 불안'에서 나온다. 제임스의 아빠도 장차 아들이 뚫어야 할 좁은 취업문을 벌써부터 걱정했다.

"요즘은 유능한 목사가 되려면 정말 많은 것을 갖춰야 합니다. 그래서 저도 최근에 심리학 강의와 교육 상담 강의를 들었습니다. 저는 마흔한 살입니다. 제가 어릴 때는 누구나 교회를 다녔죠. 나무 아래에서 교회 모임을 갖기도 했습니다. 그때는 문법을 잘 몰라도 교회를 개척할 수 있었습니다. 그러나 이제 목사가 문법을 모르면 성도들이 무시하는 시대입니다. 지금 교인들은 목사에게 많은 것을 기대하죠. 30년 전에

했던 방식으로 목회를 했다가는 큰일 납니다. 그렇기 때문에 밥존스 대학교에서도 기독교도 엘리트를 양성하려고 하는 거고요. 이 아이들이 나중에 성장하면 서로 협력하면서 일하게 될 것입니다."

## 파워 엘리트 양산을 목표로 하는 기독교 대회

십대 설교자들의 부모들은 밥존스 대학에 단순한 호감 이상의 감정을 품는다. 밥존스 대학이 커질수록 그들의 신념인 복음주의가 사회 각 분야에 미치는 영향력도 커질 것이라고 믿는다. 그래서 이 대학에 자녀를 입학시키려고 어릴 때부터 성경 암송 훈련을 시키고 성경 퀴즈를 내며 설교 훈련을 지도한다.

성경 퀴즈 대회 우승자인 에런 웰스의 엄마도 아들이 매일 혼자 두 시간씩 연습한다며 자랑했다. 켄터키 주 맥쿼리에 사는 에런은 단체전에서도 맹활약을 펼쳐 팀을 3위로 이끌었다. 에런의 엄마는 아들이 아기였을 때부터 고린도전서와 고린도후서를 직접 가르쳤다.

"에런은 경쟁하는 것을 좋아합니다. 연습할 때는 가장 긴 장을 먼저 암송하죠. 벌써 요한복음 1,006개 절 가운데 693절을 외웠습니다. 이제 곧 28장이나 되는 마태복음 전체를 외울 거예요. 이 모든 것이 주님께서 제게 주신 말씀에 순종해서 생긴 축복입니다. 에런은 정말 대단합니다. 앞의 세 단어만 이야기해도 그 절을 줄줄 다 외우죠."

에런의 아빠도 목사다. 5년 전에야 신호등이 처음 생긴 시골 마을

의 교회를 맡고 있다. 외진 곳이지만 에런의 아빠나 마을 사람들이 자녀 교육에 쏟는 관심은 대도시 부모들 못지않다.

"미국 헌법을 통째로 외우는 것도 에런의 목표입니다."

십대 설교자들의 부모들은 대부분 자녀의 '성공'을 하나님의 축복으로 돌린다. 하나님께서 자기 아이에게 설교 재능을 주셨다는 것이다. 이 믿음은 '재능이 타고나는 것인지 아니면 특권층에서 세습되는 것인지'에 대한 불편한 논쟁을 교묘하게 피해간다. 그러나 AACS에서 만난 십대 설교자들은 다른 영재 대회 참가자들과 크게 달라 보이지 않았다.

가끔은 믿음과 불신者들의 세계가 겹쳐지기도 한다. 2004년 청소년 스크래블 대회에 참가한 '거듭난 기독교도' 팀이 그랬다. 이 팀의 코치인 라이언 패터슨Ryan Patterson은 말했다.

"우리는 성경을 통해 마음과 힘을 다해 하나님을 경외하는 법을 배웁니다. 스크래블은 하나님의 영광을 세상에 드러내는 방법 가운데 하나입니다."

기독교도 아이들이 스크래블을 잘한다는 것은 복음주의자들이 세속적으로도 똑똑하다는 사실을 증명하는 것으로 교회에 정말 하나님이 계시다는 것을 세상에 증거한다는 주장이다.

미국미션스쿨연합회의 찰스 워커Charles Walker 회장은 설교 대회의 이면에 자리하고 있는 정치적 야심을 굳이 숨기지 않았다.

"AACS가 미래의 복음주의 지도자들을 키워내는 산실로 기능하기를 바랍니다. 지난 10년간 저희 대회가 배출한 영재들을 보세요. 저는 그들이 사회 각 분야에서 성공할 것이라고 확신합니다. 물론 이 가운데 어떤 아이들은 교회에서 중요한 역할을 하겠죠."

이 대회에 참석하는 다른 어른들도 비슷한 생각을 하고 있다. 그들은 대회 우승자들이 복음주의 공동체를 이끌어가는 파워 엘리트가 될 것이라고 믿었다. 그래서 많은 기독교 학교들이 학생들을 이 대회에 참가시키고 우승을 독려하고 있다. 뉴햄프셔에 있는 더블린 미션스쿨의 케빈 무디Kevin Moody 교장은 자기 학교 학생들이 적극적으로 대회를 준비한다고 자랑했다.

"전국 대회에 나가서도 우리 학교 아이들은 우수한 성적을 냅니다. 비록 우리 주가 다른 주보다 작지만 아이들이 열심히 노력하기 때문에 좋은 결과가 나옵니다. 그래서 우리 학교 학생들은 각 분야에서 완전히 프로가 되었습니다."

십대 설교자들은 기독교 대회가 어떻게 그들의 경력에 도움이 되는지를 잘 안다. 더 나아가 그들의 재능이 교회에 어떻게 쓰이는지도 안다. 제임스 섬터 3세는 아빠를 비롯하여 교계에 있는 관계자들에게 전문적인 조언을 받는다.

"위대한 농구 선수가 되고 싶다면 마이클 조든에게 배워야 합니다. 훌륭한 목회자도 그냥 되는 것은 아니죠. 목사님들이 왜 저희의 설교를 진지하게 듣느냐고요? 그건 젊은 설교자들이 젊은이들을 교회로 이끌기 때문입니다."

조슈아 딘에게도 설교 대회 우승은 꼭 필요한 경력이다. 더 많은 청중 앞에서 설교하며 더 근사한 목회자가 되는 것이 그의 꿈이기 때문이다. 그는 두 살 때부터 성경을 외웠고 목사인 아버지에게서 성경을 배웠다. 그래서 아버지의 영향력이 누구보다 막강하다. 아버지는 그가 훌륭한 설교자가 되려면 반드시 넘어야 될 산이다.

"아버지가 계시는 교회 사람들은 교육을 많이 받지 못했어요. 아버지는 플로리다 주 잭슨빌에서 물고기를 잡고 사냥을 하면서 차에서 사는 사람들을 대상으로 목회를 하시죠. 저도 하나님의 진리를 함께 나누고자 그들과 생활했어요. 제 설교를 청중의 수준에 맞추려고 노력합니다. 그들을 잘 알고 있거든요."

조슈아는 아버지보다 야심이 크다. 아버지가 가진 것보다 더 많은 권력과 영향력을 누리면서 더 넓은 세상으로 나아가려고 한다. 그래서 플로리다 대학교에 다니며 석사와 박사 학위도 취득할 계획이다.

"아버지 교회의 교인들은 힘든 삶을 살고 있습니다. 저는 그들보다 더 많은 사람들에게 영향력을 행사하고 싶습니다. 아버지와 함께 신학교에 간 적이 있는데 아버지는 그곳 사람들과 어울리지 못하셨고 그들의 사고를 이해하지 못하셨습니다. 그래서 화를 내며 집으로 돌아오셨죠. 저는 그 일이 하나님께서 저를 위해 계획하신 일이라고 믿습니다. 제가 앞으로 적응해야 할 곳을 미리 보여주신 거죠. 저는 그곳에 잘 적응하여 어두운 세상에 빛과 소금이 될 겁니다."


## 기독교 영재의 영재 콤플렉스

밥존스 대학교는 모든 시설을 갖추고 있었다. 큰 교회 건물은 물론

이고 세탁소에 심지어 영화 촬영소와 미술관까지 있었다. 교회 안에서는 네 명의 십대 청소년들이 '주님은 나의 모든 것'을 찬양하고 있었다. 조화가 담긴 커다란 플라스틱 꽃병들이 군데군데 있었고 예배단은 커다란 가죽 의자로 꽉 차 있었다.

밥존스 캠퍼스는 마치 영화 〈트루먼 쇼The Truman Show〉에 나오는 마을처럼 꾸며져 있다. 차이가 있다면, 이곳의 건물과 다리, 분수대에는 성경 말씀이 새겨져 있다는 것이다. '대저 생명의 원천이 주께 있사오니 주의 광명 중에 우리가 광명을 보리이다'(시편 36장 9절), '여호와를 경외하는 것은 생명의 샘이라 사망의 그물에서 벗어나게 하느니라'(잠언 14장 27절) 등의 성경 구절과 '우리의 삶은 세속적인 것과 거룩한 것으로 나누어지지 않는다. 기독교도에게는 모든 것이 거룩하기 때문이다.' '의심이 들 때 안전하게 행동하라'와 같은 기독교 교훈을 학교 이곳저곳에서 만날 수 있다.

AACS 대회 참가자들은 캠퍼스 커피숍인 '대각성Great Awakenings'에 모여 있었다. 여학생들은 바닥에 닿을 듯한 긴 치마에 얌전한 차림새였는데 머리만은 금빛으로 염색해서 눈에 띄었다. 이 학생들은 하루 두 차례 의무적으로 채플(예배 모임─옮긴이)에 참석해야 하는데 이때 학생들 사이에 장난스런 쪽지가 오가기도 한다.

이날 커피숍에서 열린 토론의 주제는 '미션스쿨의 바우처 제도가 정교政敎분리 원칙에 위배되는가?'였다. 국가가 종교적 중립성을 유지한다는 원칙에 비추어 봤을 때 종교학교인 미션스쿨이 국가의 재정 지원을 받는 것이 타당한가 하는 거였다. 이 대학에서는 최선을 다하라고 학생들을 격려하는 분위기가 강하게 느껴졌다. 그래서 이곳에 있으면 자신이 선택받은 기독교도 집단에 속해 있다는 강한 자부심을 느끼게 된다. 이런 의미에서 일반적인 영재 콤플렉스가 여기서도 똑같이 목격된다.

물론 '복음주의 신동'은 어제오늘의 이야기가 아니다. 이들의 출현은 성경의 역사만큼이나 오래되었다. 인류 역사의 초기부터 신동들은 하나님의 뜻을 전달하는 대언자代言者로 여겨졌다. 자기 아들이 간디만큼 위대해질 것이라고 말했을 때 타이거 우즈의 아버지도 바로 이것을 염두에 둔 것이다.

제임스 섬터가 상기시켜준 것처럼 성경 속에는 신동들이 가득하다. 제임스는 특히 구약성경에 나오는 신동인 다윗과 요셉을 좋아했다. 다윗은 거인 골리앗을 죽였을 때 어린 소년에 불과했다. 색동옷을 입은 요셉이 예언적인 꿈을 꾸었을 때도 열일곱 살이었다. 자신도 아직 소년인 제임스에게 성경 속의 소년 이야기는 특별하다. 그들은 하나님의 얼굴을 보았기 때문이다.

19~20세기 영국의 평론가이자 문학사가인 에드먼드 고스Edmund Gosse 역시 하나님의 얼굴을 보도록 훈련받았다. 주옥같은 회고록 《아버지와 아들Father and Son》(1907)에서 고스는 기독교 영재로 훈련받았던 어린 시절을 털어놓았다. 그의 어머니는 아들이 태어나자마자 그를 하나님께 바쳤다. 고스는 어머니가 돌아가실 때 다시 한 번 하나님께 바쳐졌다.

"아버지의 종교적인 가르침[3]은 주로 교리적인 것이었다. 아버지는 내가 영적으로 빨리 자라도록 서둘렀다. 어린 나에게 난해한 신학 이론들을 가르쳤는데 나는 그것을 도저히 이해할 수 없었다."

19세기 영국에서 신학을 공부하는 동안 소년 고스는 놀라울 정도로 성경에 통달하게 된다. 그러나 그는 곧 기독교에 반기를 든다.

"아버지는 나의 신앙을 끊임없이 점검했다. 그것은 매우 치욕적인 일이었다. 그 치욕이 쌓여서 도저히 참을 수 없게 된 어느 날, 아버지가 내게 물었다. '하나님과 친밀하게 동행하는 삶을 살고 있느냐? 구세주의 십자가에 묻은 피가 네 가슴속에 여전히 남아 있느냐?' 이 질문에 나는 폭발했다. 매우 신경질적으로 대답하고 아버지와의 관계를 청산했다."


## 십대 설교자 출신, 성공으로 가는 지름길

20세기 미국에서는 소년 설교자가 많이 배출됐다. 《산에 올라 고하여라Go Tell It on the Mountain》로 유명한 흑인 작가 제임스 볼드윈James Baldwin도 소년 설교자 출신이다.[4] 그는 할렘가의 스토어프론트 교회에서 설교했다. 상가를 개조하여 만든 이 교회는 주로 흑인들이 예배를 드리는 곳이었다. 볼드윈은 여기서 3년간 설교한 경험이 자신을 작가로 만들었다고 고백했다. 소년 설교자로서 느꼈던 좌절과 고뇌 그리고 아름다움이 그의 정신적 성장을 도왔다.

흑인 해방 지도자 마틴 루터 킹Martin Luther King Jr. 목사도 열여덟 살에 침례교에서 목사 안수를 받았다. 최근에는 십대 설교자 출신인 알 샤프턴Al Sharpton 목사가 미국 정계에 영향력을 행사하고 있다. 이렇게 설교는 오랫동안 흑인들이 사회에 진출하는 통로가 되어왔고 십대 설교는 그 출발점이었다.

20세기 전반기의 단편소설 작가인 플래너리 오코너Flannery O'connor의 소설 《와이즈 블러드Wise Blood》에 나오는 노방路傍전도자[5]나 1972년 오스카상을 수상한 다큐멘터리 〈마르조 고트너Marjoe Gortner〉의 주인공 마르조 고트너처럼 대중문화 속에 등장하는 십대 설교자는 시대의 어두운 그림자다. 특히 마르조는 십대 설교자의 어두운 면을 잘 보여준다.

마리아와 요셉의 이름을 조합한 이름을 가진 마르조는 십대 설교자이자 본인도 인정한 사기꾼이다. 다큐멘터리에도 나오듯이 마르조는 아이 때부터 '할렐루야'를 부르도록 배웠다. 그래서 마이크만 갖다 대면 '주님께 영광!'을 외친다. 네 살 때부터 설교를 시작한 여섯 살짜리 소년 마르조가 소리 지르며 설교하는 모습이 16밀리미터 필름에 가득 담겨 있다. 마르조는 세계에서 가장 어린 나이에 서임한 목사였으나 열네 살에 강단을 떠났다.

이제 스물여덟 살의 청년이 된 그는 당시 자신의 모습이 상당히 과장됐음을 인정했다. 그러나 '그렇게 나쁜 사람은 아니'라는 그는 요즘 그리스도 목회를 위해 가난한 사람들의 돈을 모금하는 일을 하고 있다. 다큐멘터리의 유명세 덕분에 '믹 재거Mick Jagger'라는 별명으로 통하는 유명한 부흥사가 되었다.

종교학자 랜들 발머Randall Balmer가 복음주의 문화에 대한 고전 《주의 영광을 보았노라Mine Eyes Have Seen the Glory〉를 썼던 20년 전만 해도 기독교도 부모들은 자녀들이 신앙을 버리는 것을 두려워했다. 발머는 이렇게 썼다.

"복음주의 기독교도 부모를 괴롭힌 가장 큰 공포[6]는 자녀들이 부모의 신앙을 따르지 않는 것이다. 이 부모에게 자신들만큼의 경건함을 유지하지 못하는 자녀를 두는 것만큼 괴로운 일은 없었다. 부모의 믿음이 아이들에게 전해지면서 복음주의는 점점 더 그 영향력을 잃어가고 있는 것은 아닐까?"

그러나 1980년대 중반 이후에 이 염려는 사라졌다. 그들의 걱정은 기우로 끝났다. 미국 명문 사립대학교에 입학한 거듭난 기독교도의 수가 두 배로 증가한 것이다. 그런데 이것은 그렇게 놀라운 일이 아니었다.

2005년 12월 갤럽이 실시한 여론조사에 따르면 미국인들 열 명 가운데 세 명이 자신을 복음주의자 또는 거듭난 기독교도라고 밝혔다. 이에 대해 발머는 '거듭난 기독교도 부모에게서 태어난 아이들의 신앙'이 어떻게 거듭날 수 있는지를 심각하게 고민했다. 믿음이 없었던 때를 경험하지 못한 믿음이 강해지기는 어렵다고 보았기 때문이다.


## 심한 스트레스에 시달리는 십대 설교자들

바너드 대학교의 미국 기독교 역사학과 교수인 발머는 인터뷰에서 '십대 설교자들이야말로 복음주의의 힘과 편협성을 잘 보여주는 증거’라고 말했다. 그는 미국의 역사에서 드러난 것처럼 ‘미션스쿨의 팽창이 복음주의의 팽창으로 이어졌다’고 보았다.

1840년대의 기독교도들이 공립학교에서 성경을 가르치면서 영향력을 확대한 것처럼 최근의 복음주의자들도 자신들의 영향력을 키우는 발판으로 ‘지적 설계론’과 같은 이론을 사용하고 있다. 지적 설계론은 다윈의 진화론을 부정하면서 어느 정도의 진화를 인정하며 궁극적으로 창조론을 주장하는 성경적 과학 이론이다. 이런 움직임을 감지한 로마 가톨릭도 가톨릭 학교를 재정비했다. 종교학교 사이에 ‘종교전쟁’이 일어난 것이다.

발머 교수는 자신의 책이 출간된 당시만 해도 복음주의자들이 풍요를 추구하지 않는 것처럼 보였다고 말한다. 그러나 지금은 많은 복음주의자들이 풍요로움을 하나의 목표로 추구한다.

“십대 설교자들은 기독교 문화에 오락적인 요소를 제공하면서 외부적으로 기독교를 정당화하는 역할을 합니다. 그들이 기독교적 지식을 자기 세대에 전달하는 것이 바로 기독교의 정당화이죠.”

그러면서 과거에는 설교자의 성찰이 반영된 생동감 있는 설교가 많았으나 미션스쿨의 확장은 설교의 표준화라는 재앙을 불러왔다.

“프로그램화된 밋밋한 설교를 들어야 하는 아이들은 참으로 불쌍합니다.”

발머도 한때 십대 설교자였다. 열여섯 살 때 지역 설교 대회에 출전했다.

“대회에서 제가 한 설교는 가식적이었어요. 그때를 생각하면 지금도 부끄럽습니다. 저는 다른 사람들의 설교를 흉내 냈고 그래서 사기 치고 있다는 느낌을 지우기 어려웠습니다. 참으로 당황스러웠죠. 그러나 한편으로는 그런 설교가 큰 문제가 되지 않을 것이라고 생각했어요. 앞으로 예수님을 위해 좋은 일을 할 것이라고 믿었기 때문입니다. 그때는 설교자가 되거나 기독교 지도자가 되어서 하나님의 영광을 위해 일할 것이라고 생각했어요. 어쩌면 앞으로 그럴 수 있겠죠. 저는 아직도 기독교도이니까요."

그는 말을 이었다.

"되돌아보면 그때는 너무 맹목적이었어요. 내 행동에 대해 어떤 비판적인 시각도 가질 수 없었죠. 그러나 대학에 입학하면서 혼란에 빠졌습니다. 대학에서 또 다른 세계를 경험한 것이죠. 덕분에 옛날에 가졌던 믿음을 일정한 거리를 두고 다시 생각할 수 있게 되었습니다. 그 결과 새로운 정체성이 제 안에 형성되었습니다. 대학에 가서야 자신의 신앙을 점검할 수 있는 제 후배들이 너무 불쌍합니다. 내가 지금까지 믿어온 신앙이 도전받고 더 나아가 흔들리거나 무너지는 것을 경험하는 것은 아주 비참한 일이죠."

제임스 섬터 3세도 지난 몇 년간 AACS 대회에서 우승하지 못했을 때 많이 실망했다고 솔직하게 털어놓았다. 결국 이번 대회에서 그는 3등을 차지했다. 매트 리베라가 1등을 했다. 제임스가 입상을 한 것은 다행이지만 조슈아 딘이 입상하지 못한 것은 의외였다. 제임스의 아빠도 놀라는 눈치였다.

"저라면 2등인 벤보다 조슈아에게 더 높은 점수를 주었을 것입니다. 저는 심사를 할 때 마음의 진실을 더 고려해야 한다고 생각합니다. 설교란 반드시 설교자의 마음에서 나와야 하니까요. 이 마음의 진실을 제임스와 조슈아에게서 더 많이 보았습니다. 그러나 이것은 어디까지나 제 생각이죠."

제임스의 아빠는 나중에 이메일을 보내왔다. 한 가지 꼭 묻고 싶은 게 있다고 했다.

"당신은 그리스도의 복음에 대한 분명한 제시를 들었습니다. 기독교의 어떤 특정 교파의 교리를 들은 것이 아니라 구원에 대해 성경에서 하나님께서 직접 말씀하시는 것을 들었습니다. 그렇기 때문에 지금이 하나님의 부르심에 응할 때라고 생각합니다. 예수 그리스도를 당신의 구주로 영접하지 않으시겠습니까? 설교 대회에서 당신이 본 것을 단지 아이들의 재능으로만 보지 않았으면 좋겠습니다. 비록 그것이 아이들의 재능 대결인 것은 사실이지만 그 메시지는 참이고 우리에게 중요한 선택을 요구하고 있기 때문입니다."

역설적이게도 이 이메일 내용은 십대 설교자들이 다른 영재들보다 더 심한 스트레스에 직면해 있음을 보여준다. 재능이 충분하다면 그 재능으로 타락한 영혼을 구원할 수 있다. 그러나 그렇지 않을 경우 그 영혼이 지옥으로 떨어질 수도 있다. 십대 설교자들은 이에 대해 책임감을 느낄 수밖에 없다. 그렇기 때문에 그들은 자신의 재능을 탁월하게 계발해야 한다는 엄청난 부담을 느끼며 살게 된다.

제임스의 아빠도 아들의 재능이 잃어버린 영혼을 구원할 정도로 성장하길 바랐다. 그러나 생각해보면 정말로 신실한 십대 설교자들에게는 설교 재능이 그렇게 중요하지 않을 것이다. 비록 성경 구절을 잘 암송하지 못하고 설교가 서툴러도 자신의 설교로 잃어버린 영혼을 구원할 수만 있다면 본래의 목적을 달성한 것이기 때문이다. 바로 그 목적을 위해서 열심히 재능을 갈고 닦은 것이 아닌가.

비기독교 영재들의 실패에는 어느 정도의 낭만이 있다. 화려했던 어린 시절 때문에 현재를 실패로 규정하며 살아도 그들에게는 현재를 지탱해주는 과거의 꿈이 있다. 적어도 도덕적으로 더 나아가 종교적으로 치명적인 잘못을 저지른 것은 아니기 때문이다.

그러나 십대 설교자들은 다르다. 그들의 실패는 소중한 영혼을 상실한 것이고 도덕적인 실패이자 영적인 실패다. 잃어버린 영혼에게 내려질 신의 분노보다 더 무시무시한 분노가 자신들을 기다릴지도 모른다는 공포감이 그들의 실패를 비참하게 만든다.

물론 이것은 기독교의 하나님을 율법적으로 이해한 결과다. '영혼을 실족하게 하는 자'에게 내려지는 하나님의 분노는 엄청나다. 그러나 그 모든 분노를 뛰어넘는 용서와 사랑이 기독교의 하나님에게 있다.

그러므로 실패한 십대 설교자들이 자신들이 설교하는 메시지를 마음으로 이해한다면, 즉 자신의 설교에 담긴 하나님의 사랑을 진정으로 깨닫는다면 이러한 실패에 대한 두려움에서 벗어날 수 있을 것이다. 그러나 그렇게 되기 전까지 십대 설교자들은 다른 영재들보다 더 큰 실패의 짐을 지고 살아야 하는 불행을 겪을 수밖에 없다.

# 제10장

# 행복한
# 영재가 되는
# 멀고도 험한 길

"재능이란 어떤 것에 지나치게 빨려드는 능력을 말한다. 모든 평범한 아이들이 가지고 있는 이것! 이것 외에 어떤 무엇이 재능이 될 수 있단 말인가? 그러므로 당신과 나 그리고 우리는 모두 천재다. 그러나 그것은 우리에게서 곧 사라지고 그 영광도 사라져서 일곱 살이 되면 우리는 모두 비참한 어린 어른으로 전락하고 말 것이다."

-스티븐 밀하우저,
《에드윈 물하우스: 제프리 카트라이트가 쓴 1943~1954년 미국 작가의 삶과 죽음》

# 영재 사냥꾼

　　에릭 웹식Eric Wepsic도 한때 먹잇감이었다. 그러나 지금은 사냥꾼이다. 그의 사냥감은 사슴이나 곰이 아니다. 그렇다고 해서 그가 사기꾼이나 카사노바인 것은 아니다. 그는 영재를 '사냥'한다. 대부분의 경우 그의 목표는 아주 드문, 공식적으로 인정된 영재들이 아니다. 그는 '평범한 경영학 석사는 절대 풀 수 없는 문제를 푸는 수학 영재'를 찾는다. 그가 부회장으로 있는 투자회사 D. E. 쇼가 찾는 인재가 바로 그런 아이들이기 때문이다.

　　그래서 에릭은 매년 미국수학연맹(ARML)에 참가하여 문제도 출제하고 답안의 등급도 매기면서 뉴욕 팀을 지도하고 있다. 여기서 그가 맡은 가장 중요한 역할은 이 학생들에게 지급하는 D. E. 쇼의 장학금 업무를 총괄하는 것이다.

　　에릭은 탁월한 수학 영재 발굴자다. 그 자신도 옛날에 수학 영재였다. 아기 때부터 곱셈과 나눗셈을 한 수학 올림피아드 우승자였다.

"수학 영재들의 머리는 정말 대단합니다. 예를 들면 대수적 위상 수학位相數學에 매우 능숙하죠."

그는 그러면서 위상수학이 무엇인지 설명하기 시작했다. 위상수학은 한마디로 겉모습이 변해도 수학적으로 같은 값을 갖는 형태를 연구하는 학문이다. 웹식은 커피 잔을 도넛에 비유하면서 설명했다. "두 물건 모두 구멍이 있습니다."

그의 설명은 이렇게 시작되었다. 이렇게 난해한 개념들이 수학 영재들의 일상적인 사고 대상이다. 커피와 도넛이 일반인에게 친숙하듯 그들에게는 추상적인 개념이 그랬다.

최근 희안한 단어를 잘 아는 언어 신동들을 다룬 영화가 있었다. 또 춤 경연 대회에서 환호받는 아동 춤꾼도 있고 화려한 무대에서 피아노 소나타를 연주하는 정장 차림의 꼬마들도 있다. 어떤 신동은 텔레비전이나 영화에서 록발라드를 부르거나 록뮤직을 연주하기도 한다. '아르 브뤼Art Brut('다듬지 않은 거친 형태의 미술'이라는 뜻으로 아마추어 화가나 정신병자, 어린이의 그림에 나타나는 날것 그대로의 순수한 미술 형태—옮긴이)' 식으로 그림을 그리는 아이들이 토크쇼에 출연하기도 했다.

그러나 아무리 그래도 감출 수 없는 한 가지 진실이 있다. 바로 수학과 과학 영재가 가장 큰 보상을 받는다는 사실이다.

다른 재능을 가진 영재들이 대학이나 기업에서 보상을 받는 경우는 드물다. 극히 일부 아이들만 주목을 받을 뿐이다. 그러나 수학과 과학 영재들은 많은 수가 '영재 신화'의 열매를 따먹는다. 이 아이들이 바로 우리 사회가 진정으로 원하는 영재들로 누구나 이 아이들의 재능이 보상받아야 한다고 믿고 또 그렇게 되기를 바라기 때문이다. 그래서 수학과 과학 영재들은 극심한 취업난이 벌어지고 있는 오늘날에도 남들보다 쉽게 좋은 직장을 얻는다.

물론 이것이 경시 대회에 출제되는 문제가 수학계와 과학계의 실제 문제와 비슷하다는 이야기는 아니다. 웨스팅하우스 과학 재능 경연 대회 수상자이자 수학 올림피아드 우승자 출신인 조든 엘렌버그Jordan Ellenberg 위스콘신 대학교 메디슨 캠퍼스 수학과 교수는 이렇게 말한다.

"수학 경시 대회에서 제가 배운 것은 풋볼 공을 나선형으로 던지는 것과 비슷했습니다. 제한된 시간 안에 수학 경시 대회 문제를 푸는 것과 많은 시간이 주어져도 풀지 못하는 '리만 가설(1과 그 수 자신으로만 나누어 떨어지는 소수들이 일정한 유형을 갖고 있다고 하는 독일 수학자 리만이 제기한 학설—옮긴이)'을 연구하는 것 사이에는 큰 차이가 있기 때문입니다."

그러나 수학 영재 출신들이 회사에서 처리하는 업무에는 시간제한이 있기 때문에 어떤 면에서는 경시 대회 문제를 푸는 것과 유사하다. 그래서 그들은 계속 좋은 직장에 다닐 수 있다.

대학과 기업, 특히 투자회사와 금융회사들이 바로 이런 영재들을 찾고 있다. 그것도 장학금과 실습 사원 과정, 확실한 취업을 약속하면서 말이다. '인텔 국제과학기술박람회'가 그 통로 역할을 한다. 미국국토안보부는 인텔 입상자들에게 매년 10만 달러씩의 장학금을 지급한다. 2003년에 미국국토안보부는 수학·과학 영재들에게 모두 1,000만 달러의 장학금을 지급했다. 장학금을 받은 아이들은 비밀첩보 기관인 미국 국가안전보장국이 버지니아 주에서 운영하는 수학·과학 영재교육 프로그램에 참여했다.

이스라엘의 와이츠먼 연구소와 대만 정부도 고등학교를 졸업한 과학 영재들에게 장학금을 지급한다. 내가 아는 어떤 영재도 그랬다. 그는 여름에 제약회사인 메르크앤드컴퍼니에서 실습 사원으로 일했다. 메르크 사는 그에게 검은색 링컨 리무진을 보냈다. 이런 차를 한 번도 타본 적이 없는 그는 상당한 액수의 차비를 치러야 하는 건 아닌지 염려했다. 그때 그는 고급 호텔에 머물며 근사한 식사를 대접받았다. 이 모든 것이 그의 재능을 탐낸 메르크의 투자였다.

탁월한 수학과 과학 실력은 십대들에게 명문 대학 입학과 장학금을 가져다준다. 그뿐만이 아니다. 대학에 다니거나 졸업한 뒤에는 연구원이나 컴퓨터 분석가로 제약사나 방위산업체에 스카우트된다. 수학·과학 경시 대회 우승 경력은 창업 자본도 쉽게 끌어들인다. 지금은 주관사가 인텔로 바뀐 웨스팅하우스 과학 재능 경연 대회 수상자 가운데 한 명은 대학에 다니면서 건강관리 시스템 회사를 세웠다. 그가 컴퓨터로 의료 기록을 통합 관리해주는 회사를 차릴 수 있었던 것은 경시 대회 수상 경력이 있었기에 가능했다.

아이큐서치 그룹은 수학·과학 영재들에게 좋은 직장을 찾아주는 헤드헌팅 회사다. 이 회사 대표인 폴 맥카프리Paul McCaffrey에 따르면 수학 영재들은 1990년대에 최고의 인기를 누렸다. 그들은 아마존이나 투자분석 전문 업체 바라, 앞서 나온 D. E. 쇼 등에 취직했다. 아직도 월가에서 이들의 인기는 여전하다. 다양한 모형을 사용한 효율적인 투자로 투자자들에게 이익을 가져다주기 때문이다.

이들은 통계 개념을 적용하여 시장의 흐름을 파악하고 이것을 재빠르게 투자에 적용한다. 이것을 '양적 분석'이라고 하는데, 이 업무에서 수학 영재 출신들은 그 누구보다도 빠르고 정확하다. 예를 들어 어떤 주식이 오를 때 떨어지는 경향을 보이는 주식이 있으면 그 흐름을 이용하여 돈을 버는 방법을 이들은 안다.

더 나아가 누구나 쉽고 효율적으로 주식 투자를 할 수 있게 도와주는 프로그램을 만들어 이 프로그램을 사용한 투자자들을 상대로 회사가 막대한 수수료를 챙기게 한다. 그때그때의 표준편차를 즉시 계산하여 이를 투자 정보로 바꾸어 투자자들에게 제공하는 것도 이들이 하는 일이다. 이런 능력이 그들을 값비싼 인재로 만든다.

## 수학 영재들에게 보장된 미래

과학과 수학 영재를 발굴하려는 노력은 과거부터 있었다. 1957년 구소련이 최초의 인공위성 스푸트니크를 쏘아 올리자 웨스팅하우스 경연 대회의 과학 부문 우승자들은 미국 국력의 상징처럼 인식되었다. 소련의 과학기술 수준을 두 눈으로 목격한 미국인들은 과학 영재들에게 열광적인 지지를 보냈고, 이는 곧 '위대한 영재 발견' 시대로 이어졌다. 웨스팅하우스가 주최한 재능 대회도 이러한 노력의 하나였다.

수학도 마찬가지다. 1950년 '미국고등학교수학시험'이 '미국수학경시대회(AMC 12)'로 명칭이 바뀌어 실시되었다. 1972년에는 루마니아에서 처음 열린 '국제수학올림피아드'를 수입하여 '미국수학올림피아드'를 만들었다.

미국 아이들은 1974년부터 국제수학올림피아드에 참가했다. 이제 국제수학올림피아드에 참가하려면 먼저 미국수학경시대회에서 우수한 성적을 거두어야 한다. 여기서 가장 성적이 좋은 250명이 미국수학올림피아드에서 경쟁을 벌여 최종 여섯 명이 국제수학올림피아드 참가자로 선발된다.

웨스팅하우스 과학 재능 경연 대회는 제2차 세계대전이 한창이던 1942년에 시작되었다. 그러다가 1998년에 '인텔 과학 재능 경연 대회'로 명칭이 바뀌었다. 인텔 사는 매년 300명의 입상자들에게 장학금을 지급한다. 이 가운데서 가장 우수한 40명이 '과학 재능 연구소' 참가자로 선발되는데 이 가운데 열 명은 우수 장학금을 한 명은 10만 달러의 최우수 장학금을 받는다. 전자 장갑이나 항암 치료제, 춤을 이해하는 모형 등을 발명한 과학자들이 모두 인텔 경연 대회 출신이다.

2004년 인텔 과학 재능 경연 대회는 워싱턴 D. C.의 국립과학아카데미홀에서 열렸다. 대회 입상자 40명이 각자 자신의 빛나는 연구물 옆에 서 있었다. 유난히 말이 없는 최종 결승 진출자 가우라브 수바쉬 타쿠Gaurav Subhash Thakur는 엘니뇨 현상을 분석한 모형과 항암 치료제 타목시펜 연구 사이에 서 있었다. 이 열일곱 살 소년의 주변에 수십 명의 어른들과 방송국 카메라, 사진기자들이 몰려 있었다.

가우라브는 '일반화 계승階乘함수'에 관한 탁월한 논문으로 입상했다. 그러나 그는 호기심 많은 구경꾼들에게 어떤 이야기도 하지 않았다. 짧은 인터뷰 때도 국제통화기금(IMF) 경제학자인 아버지가 무표정한 아들을 대신하여 이야기했다.

"다섯 살 때 곱셈을 배웠지? 그렇지?"

가우라브의 아버지는 무례한 왕자의 언행을 옹호하는 외교관처럼 말했다.

"그리고 초등학교 2학년 때 존스홉킨스 대학교 CTY 수학 영재 프로그램에도 참여했고."

그래도 가우라브는 바닥만 쳐다보았다. 그들 가족은 메릴랜드 록빌에 사는데 가우라브는 그곳의 학교를 좋아하지 않았다. 고급 수학을 배우고 싶었는데 학교에서는 그럴 수가 없어서 '국제학습공동체(LCI)'에 등록해서 배우고 있었다.

"공립학교는 별로 도움이 안 돼요."

뻣뻣한 정장 차림에 가우라브는 무뚝뚝하게 말했다. 평소 재미로 읽는다는 1,000쪽 분량의 계승함수 책을 자랑스레 보여주면서 그의 얼굴은 처음으로 밝아졌다. 아버지의 말에 따르면 가우라브는 평소 자기 방에서 리만 가설을 연구하면서 많은 시간을 보낸다. 그러다가 쉬고 싶으면 레고 모델을 조립하며 논다.

홀의 건너편에는 가우라브의 맞수인 2004년 인텔 대회 우승자 메이슨 헤드버그Mason Hedberg가 있었다. 이 잘생긴 금발 소년은 영화 〈굿 윌 헌팅Good Will Hunting〉에서 수학 천재를 연기한 배우 맷 데이먼을 생각나게 했다.

이 대단한 천재는 '브라운 대학교 PLME 과정 2012년까지'라고 적힌 명함을 보여주었다. 이 과정은 아이비리그 대학에서 운영하는 의학 교육 학위로 학사와 대학원 과정이 통합되어 있다. 메이슨은 입학 허가를 받았지만 아직 한 학기도 등록하지 않았다. 이 과정에 등록하여 8년 동안 다니면 의사가 된다.

메이슨에게는 자신의 업적을 잘 설명하는 재주가 있었다. 물론 그의 성취는 진짜였다. 그는 암세포에서 염색체 보호 효소인 텔로머라아제를 분리시키는 데 성공하여 암 치료에 적지 않게 기여했다. 여기에는 신약 개발회사의 대표인 아버지의 영향이 컸다.

가우라브와 메이슨을 포함한 인텔 입상자들은 모두 수년 동안 이 대회를 준비했다. 어쩌면 자신들의 재능을 깨달은 뒤로 계속 그랬는지도 모른다. 이들은 곧 앞서 만났던 모건스탠리의 스물여섯 살 부사장 베첸 우에게 스카우트 제의를 받을 것이다. 그 자신도 1996년 웨스팅하우스 대회 수상자인 베첸은 이제 회사를 대표하여 영재를 사냥한다. 자신이 만든 인텔 과학 영재 인턴십 프로그램의 지원자를 모집하는 것이다. 베첸은 매년 인텔 입상자 300명을 개별적으로 접촉하여 이 아이들이 모건스탠리에서 실습 사원으로 일하도록 도와준다.

에릭 웹식도 이 아이들에게 접근한다. 그러나 그는 수학 천재들에게 더 관심이 있다.

"회사에 기여할수록 더 많은 돈을 번다고 아이들에게 말합니다. 그렇게 되면 우리 회사가 젖과 꿀이 흐르는 땅이 될 거라고 말이죠."

반 농담처럼 말하는 에릭의 얼굴은 일부러 나이 들어 보이려고 뒤로 빗어 넘긴 머리카락 때문에 조금은 늙어 보였다. 그의 행동에서는 젊음과 늙음이 모두 묻어났다. 지금 서른네 살인 그는 이십대 이후로 계속 부자로 살았다. 그는 자기 사무실을 '절반은 은둔적이고 학구적이면서 절반은 월가 분위기가 난다'고 설명했다.

"여기서도 복잡한 수학 문제를 풉니다. 그러다가 중개인이 들어와 소리를 지르기 시작하면 갑자기 월가로 바뀌죠. 저희는 경력보다 재능에 더 관심이 많습니다."

에릭은 언제나 환영을 받는다. 화려한 경력에서 뿜어져 나오는 개인적인 매력 때문이기도 하지만, 그가 영재들에게 약속하는 대단한 월급은 언제나 사람들의 귀를 솔깃하게 만든다. 그의 약속은 결코 허풍이 아니다. 지난 반세기 동안 순수 학문과 상업 자본의 밀월 관계는 점점 더 강화되었다. 대학들은 기업들과 긴밀한 동반자 관계를 구축해가고 있고 기업의 투자를 받는 연구도 점차 늘어나고 있기 때문이다.


## 영재의 경제적 가치

수학 천재들이 꼭 특별한 가정에서 나오는 것은 아니다. 베첸 우도 그랬다. 대만 이민자 2세로 태어난 그는 플로리다 잭슨빌에서 자랐다. 이민자 집안 자녀들의 약진은 각종 자료를 보면 금세 알 수 있다. 2004년 미국수학올림피아드 입상자들의 65퍼센트가 이민자 자녀였고, 2004년 인텔 과학 재능 경연 대회에서도 십대 우승자의 60퍼센트가 이민자 자녀였다. 2004년 선발된 미국 물리 팀의 46퍼센트도 이민자 집안 아이들이다.

1996년 웨스팅하우스 고등학교 과학 부문 우승자이자 미국수학올림피아드 우승자인 그레고리 부두노프Gregory Budunov도 이 대회들에서 우승하기 4년 전에 모스크바에서 텍사스로 이민을 왔다. 그의 말은 이민자 집안에서 영재들이 많이 배출되는 까닭을 어느 정도 설명해준다.

"저는 재능이 있었지만 러시아 기준으로는 영재가 아니었습니다. 러시아에서는 그저 공부를 잘하는 학생이지 최고는 아니었습니다."

그레고리의 말은 과거 유행했던 미국 학자들의 주장을 다시금 떠올리게 한다.[1] 그것은 미국이 다른 나라들에 뒤처지고 있고 그렇기 때문에 수학과 과학 영재들을 시급히 양성해야 한다는 것이다. 미국이 국제 시장에서 경쟁력을 유지하려면 아이들의 관심을 수학과 과학으로 돌려야 한다는 주장이다.

실제로 2003년 '국제수학과학능력평가(TIMSS)' 수학 부문에서 싱가포르 중학교 2학년이 1위, 대한민국이 2위, 홍콩이 3위를 차지했다.[2] 이 나라들은 한때 미국이 했던 사업을 가져가고 있는 글로벌 시대 미국의 강력한 경쟁자들이다. 이 평가에서 미국은 12위를 했는데 이는 발트 해 연안의 작은 나라 라트비아보다도 나쁜 성적이다.

그럼에도 미국 학생들은 자신들의 실력이 좋다고 착각하고 있다. 2002년 펜실베이니아 대학교 교육학과의 얼링 보Erling Boe 교수 팀이 분석한 연구 결과에 따르면[3] 다른 나라 학생들은 수학과 과학 시험을 모두 잘 보았지만 결과를 보기 전까지 시험을 망쳤다고 생각했다. 그런데 미국 학생들은 이와 반대로 시험을 잘 보지 못했음에도 잘 치렀고 생각했다. 독일과 스위스 학생들도 시험을 잘 치렀다고 믿었는데 이에 비해 일본과 싱가포르 학생들은 시험을 잘 못 보았다고 생각했다.

미국교육평가원의 앤서니 카르네발Anthony P. Carnevale과 도나 데스로처스Donna M. Desrochers는 〈수학의 민주화〉라는 2003년 논문에서[4] '국제적인 수학 실력의 차이가 미국의 국가 경쟁력을 훼손시킬 뿐만 아니라 미국 수학 교육에 나타난 전반적인 불평등을 보여준다'고 지적했다.

이 논문에 따르면 미국 노동자의 40퍼센트 정도가 연봉 2만 6,900달러 이상의 직업에 필요한 수학 실력이 없다. 앤서니 카르네발 등은 모든 학생과 시민, 노동자들의 수준과 필요에 맞게 수학을 가르치는 것이 이 문제의 해결책이라고 제시했다. 물론 여기에는 수학 영재들의 실력을 키워주면서 그들에게 적절한 보상을 주는 것도 포함된다.

수학과 과학 교육의 민주화를 주장하는 이 논문의 내용은 합리적으로 보인다. 몇몇 영재들의 교육이 아닌 모든 아이의 교육에 국가의 미래가 달려 있다는 주장은 타당하다. 그러나 현실은 정반대로 흘러가고 있다. 많은 미국인들은 미국이 세계시장에서 밀리는 이유가 탁월한 영재들이 없기 때문이라고 믿는다. 이런 상황에서 미국 학생들의 전반적인 수학 실력 저하를 걱정하는 목소리는 사치에 불과하다.

실제로 무서운 속도로 성장하고 있는 중국과 인도는 미국 경제에 심각한 위협이 되고 있다. 그럴수록 수학과 과학 영재들의 중요성이 커지는 것은 어쩌면 당연한 일이다. 2004년 인텔 경연 대회 시상식에서도 수학과 과학 영재의 '경제적 가치'가 강조되었다. 시상식에 참석한 인텔의 크레이그 배럿Craig Barret 회장은 어린 수상자들을 '미국이 잃어버린 일을 되찾아올 역군'으로 치켜세웠다. 이 영재들이 세계시장에서 미국의 경제적 주도권을 지킬 '무기'라는 것이다.

오늘날 수학과 과학 영재들이 특히 각광받는 이유가 바로 여기에 있다. 그들은 경제 전쟁에서 승기를 잡게 해줄 지적 미사일이기 때문이다. 시상식장에서 배럿이 한 말은 단순한 말장난이 아니다. 그것은 많은 기업들이 영재를 고용하려고 하는 이유, 즉 영재들의 객관적인 '쓸모'를 말해준다.


## 수학적 재능은 타고나는가, 학습되는가

그렇다면 수학과 과학 재능은 타고나는 것일까, 아니면 학습되는 것일까?

《무엇이 중요한가?: 왜 우리는 수학을 잘하는가?What Counts: Why Every Brain is Hardwired for Math》를 쓴 런던 대학교의 인지신경심리학과 교수 브라이언 버터워스Brian Butterworth는 수학적 재능이 유전과 환경의 상호 작용으로 계발된다고 했다.

버터워스가 이름 지은 '수학적 뇌'[5]는 누구에게나 있다. '수학적 정보만 독자적으로 처리하는 마루엽의 왼쪽 부분인 수 모듈'이 그것이다. 뇌의 이 영역은 매우 어린 아이들도 작은 수를 빠르게 이해하고 수를 비교할 수 있게 만든다. 물론 이 능력이 선천적으로 부족한 5~6퍼센

트의 아이들은 수학을 잘하지 못하지만 대부분의 아이들은 이 모듈 때
문에 수학적 잠재력을 타고난다.

다만 수학 실력은 공부량에 따라 다르게 나타난다. 버터워스 교수
는 한 수학 논문에서 '수학 영재들의 유일한 공통점은 수학을 공부하는
시간이 많다는 것'이라고 결론지었다. 여기에서 그는 플로리다 주립대
학교 심리학과 교수인 안데르스 에릭손의 이론을 인용했다. 그것은 '어
떤 영역에서 탁월한 재능을 키우려면 적어도 1만 시간 이상을 연습해야
한다는 것'이다.[6] 버터워스 교수는 이것을 수학 영재에게 적용했다.

"진짜 중요한 문제는 이것이다. 왜 어떤 아이들은 그렇게 많은 시
간 동안 수학을 공부할까? 그들만이 수학 문제를 푸는 데서 어떤 희열
을 느끼는 것이 아닐까? 이들이 수학에서 얻는 것은 수학의 미, 즉 수학
적 질서다. 문제가 올바르게 풀리는 것, 그것을 보고 싶어할 뿐이다. 이
들에게는 문제가 풀리는 것 자체가 엄청난 보상이 된다. 애매함이 많은
삶 속에서 이것만큼 수학 영재들의 마음을 기쁘게 하는 것은 없다."

그러나 그는 수학으로 성공하기 위해서 어릴 때부터 수학을 잘할
필요는 없다고 보았다. 물론 이른 성취가 뇌의 기능을 활성화시켜서 아
이의 자아상과 자존감을 높여주는 것은 사실이다. 그러나 아이가 다른
것을 잘해도 뇌는 발달한다. 자아상과 자존감을 높여주는 것이 반드시
수학일 필요는 없다.

수학적 재능이 뛰어난 '인간 계산기' 아이들을 연구한 에릭손은
이들을 가리켜 '고독한 수학 선수'라고 했다. 수학이 외로운 아동기를
사회적 · 지적으로 보호하는 안전장치 역할을 하기 때문에 이들이 수학

문제에 매달린다는 것이다.

또한 수학은 다른 어떤 과목보다 영재들에게 친절하다. 과학적으로 입증된 적은 없지만 아동 화가처럼 비범한 예술 영재들은 어른이 됐을 때 실패자로 살 위험이 높다. 화가에게 주어지는 사회적 인정은 종종 그림을 파는 능력에 달려 있기 때문이다. 이에 비해 수학과 과학 영재들은 그 재능만으로 성공적인 삶을 살 수 있다.

버터워스 교수도 지적했다시피 '수학만 잘하면 어느 나라 어느 곳에서든 직업을 구할 수 있다'. 수줍음과 괴팍함, 비사교적인 태도 등 취업에 방해가 되는 명백한 특징들도 수학과 과학 영재들에게는 문제가 되지 않는다. 심지어 이런 특성을 가진 사람들이 환영받기도 한다. 이런 독특함이 수학과 과학을 잘한다는 표시로 이해되기 때문이다.

에릭 웹식 같은 사람들이 보기에, 어린 나이에 수학이나 과학 경시 대회에 입상하는 것은 D. E. 쇼 같은 회사에서 성공할 수 있음을 보여주는 지표다. 그래서 이 회사는 수학올림피아드 입상자들에게 지대한 관심을 갖는다. 다른 수학 경시 대회 우승자들도 살펴보면서 아이비리그 대학과도 접촉한다. 또한 체스 대회 우승자들의 명단도 보유하고 있다. 뛰어난 체스 실력이 종종 수학적 능력을 나타낸다고 믿기 때문이다.

D. E. 쇼는 뉴욕 헌터 칼리지 고등학교 동문회지에도 채용 광고를 낸다. 그러면서 쇼에 영재들이 많다는 소문을 퍼뜨린다. 채용 광고 내용도 '쇼가 미국수학올림피아드와 국제수학올림피아드, 미국대학생수학 경시대회Putnam Competition의 우승자들을 많이 보유하고 있다'는 것이다. D. E. 쇼의 임원들은 대단한 직원들을 자랑거리로 내세운다. 직원 가운

데는 스물세 살에 책을 쓴 사람도 있고 체스 대회 우승자도 있으며 열세 살에 버클리 대학교를 다닌 영재도 있고 클래식 음악상을 받은 직원도 있다. '세계 말굽 던지기 대회' 우승자도 면접을 보았는데 고심 끝에 채용하지 않았다고 한다.

D. E. 쇼의 전무이사인 찰스 아르대Charles Ardai는 자기 회사가 '재능 대회의 굉장한 기록을 놓치지 않는다'고 자랑한다. 물론 그렇게 대단한 인재를 찾아내는 그들만의 비법에 대해서는 입을 다물었다.

삼십대 중반의 찰스 아르대는 매우 마른 편이었고, 턱이 홀쭉하고 길었다. 그는 현대적인 회의실에 앉아 있었다. 그 방은 맨해튼의 부동산 업자들이 모두 탐낼 만큼 전망이 기막혔다. D. E. 쇼는 회사 전체가 최첨단 분위기를 물씬 풍겼다. 안내원마저 영재 출신일 것 같은 분위기였다. 사방에서 빛이 들어오도록 설계된 복도로 어마어마한 월급을 받는 젊은이들이 지나갔다.

D. E. 쇼는 1988년 데이비드 쇼David Shaw와 존 오버덱John Overdeck이 공동 창립한 회사다. 데이비드 쇼는 콜롬비아 대학교 컴퓨터공학과 교수였고, 존 오버텍은 통계학을 공부한 사람이었다. 얼마 뒤 존 오버덱은 이 회사를 떠나 투시그마를 창립했다. 투시그마도 우수한 인재들을 끌어 모으는 데 열심이다. 투시그마에 입사하면 미국 명문 대학 박사들과 MIT의 인공지능 전문가, 일본 백개먼(둘이서 하는 전략 보드 게임―옮긴이) 챔피언, 명망 있는 피아니스트와 함께 일할 수 있다고 한다.

## 재능이 뛰어나도 도태되는 아이들

찰스 아르대의 꿈은 D. E. 쇼를 어른 영재들의 공동체로 만드는 것이다. 그는 이 회사가 '수학과 철학을 자유롭게 논하면서 즐길 수 있는 사람들'로 가득한, 뉴욕의 영재 학교이자 그의 모교인 '헌터 칼리지 고등학교의 어른판'으로 발전하기를 꿈꾼다. 그의 꿈처럼 D. E. 쇼는 대단한 인재들의 집합소가 되었다. 이렇게 만드는 데에는 적지 않은 돈이 들었을 것이다.

"이들에게 그렇게 투자할 가치가 있느냐고 묻는다면 주저하지 않고 그렇다고 대답할 것입니다. 아무리 특별한 교육을 시켜도 평범한 직원이 6개월 만에 똑똑해질 수는 없습니다. 똑똑함은 타고나는 것이기 때문입니다. 지능은 노력한다고 높아지는 게 아니니까요."

재능은 타고난다는 찰스의 믿음은 확고했다. 이는 영재교육 전문가들의 얘기와 거리가 멀다. 전문가들은 모든 것을 가르칠 수 있다고 본다. 아주 어린 나이에 부모나 교사가 붙잡고 가르치기 시작하면 어떤 아이나 영재가 될 수 있다고 말이다. 그러나 찰스는 '타고난' 영재들만을 선발한다고 했다. 그런 인재들이야말로 회사의 이미지를 완벽하게 구현할 수 있다고 믿기 때문이다.

"우리는 그들을 찾아야 합니다. 그들이 다른 일을 선택하기 전에 찾아내서 이곳에 근무하도록 해야 합니다. 금융 관련 일에는 별 관심이 없는 인재들을 발굴해서 이쪽 사람으로 만들어야 합니다. 그래서 멘사 이메일 주소록도 활용하고, SAT 점수도 봅니다. 이 점수가 1,600점이 넘으면 바로 고용하죠."

이처럼 수학과 과학 영재들에게 그들의 재능과 조기교육, 경시 대회 입상 경력은 화려한 미래로 가는 디딤돌이 된다. 이 영재들은 다른 인맥이나 운에 의지할 필요가 없다. 빛나는 재능 하나면 충분하다. 그러나 그들에게도 아픔은 있다. 재능을 인정받기 전에 먼저 경쟁적인 분위기에서 살아남아야 한다는 것이다.

이런 아픔이 있기 때문에 모든 수학·과학 영재가 성공하는 것은 아니다. 일부 영재가 실패하는 것은 결코 재능 부족 탓이 아니다. 경쟁을 고통스럽게 받아들이는 독특한 기질이 문제다.

미하이 칙센트미하이Mihaly Csikszentmihalyi, 케빈 라선드Kevin Rathunde, 새뮤얼 휠런Samuel Whalen 교수가 공동 저술한 《십대 영재들 Talented Teenagers: The Roots of Success and Failure》을 보면 오랫동안 혼자 외롭게 공부하며 느끼는 슬픔과 불안으로 인해 많은 수학·과학 영재들이 중도에 공부를 포기한다. "재능이 부족해서가 아니라 공부가 그들을 너무나 외롭게 만들기 때문에 이 아이들은 공부를 그만둔다."

수학 경시 대회를 앞두고 주변 사람들이 건네는 응원과 격려는 그 외로움을 어느 정도 덜어주지만 수학 팀의 살벌한 분위기[7]는 따뜻한 분위기를 좋아하는 영재들을 도태시킨다. 이때 수학을 그만둔 아이들은 다시는 수학을 하지 않게 된다. 과거에 받은 상처를 극복하고 다시 수학을 하기란 정말로 어렵다. 그래서 이 아이들은 살아남은 수학 영재들이 누리는 황금빛 특권을 누리지 못한다.

# 무엇이 영재의 진로를 방해하는가

에릭 민턴Eric Minton이 바로 그런 경우였다. 현재 서른세 살인 에릭은 말도 하기 전인 한 살 때 읽기를 배웠다. 그의 어린 시절은 빛났으나 다른 한편으로는 고통스러웠다. 그는 다섯 살 때 자기가 만든 가상의 장소를 복잡한 지도로 그렸다. 초등학교 1학년 때 담임선생님이 틀린 것을 정확하게 고쳐주기도 했다. 선생님이 '북극Arctic'을 'Artic'이라고 썼을 때 틀렸다고 말한 것이다. 순간 선생님의 얼굴은 창피함과 분노로 일그러졌고 그해 내내 그를 미워했다.

그러나 어른들의 잘못을 보면 그냥 넘기지 못하는 그의 열정은 쉬이 꺾이지 않았고 그의 배움은 날로 발전했다. 나중에는 어른들에게 배우지도 않았다. 집에 있는 책을 읽으면서 혼자 힘으로 배움을 쌓아갔다. 어머니가 학교 선생님이어서 집에 책은 많았다.

에릭은 이 시기에 특히 수학과 과학 지식에 심취했다. 그 덕에 주변의 특별한 기대와 칭찬을 받았다. 그는 어린 나이에도 자신의 재능이 사람들의 관심을 끈다는 사실을 알았다. 사실 그에게 공부는 불행한 어린 시절을 벗어나는 탈출구였다. 부부 싸움으로 얼룩진 가정에서 항상 화가 나 있는 부모님의 마음을 풀어드리려고 그는 더 열심히 공부했다.

그러나 그의 배움에는 치명적인 결점이 있었다. 배운 내용은 기억했지만 그 의미는 이해하지 못했다. 겉보기와 달리 그의 내면은 매우 산만했기 때문이다. 그는 주의력결핍과잉행동장애와 우울증을 앓고 있었다. 그래서 시험을 보면 정확한 답은 알았지만 그 뜻은 몰랐다. 어쨌거나 성적은 좋게 나왔고 그것으로 주변 사람들을 속일 수 있었다. 그러나 그런 상태로 오래갈 수는 없었다. 그는 열네 살 때 사교성 좋은 아이들과 어울려 다니다가, 1980년대 고등학교에서 유행한 '던전 앤드 드래곤Dungeons and Dragons'이라는 게임에 빠져 살았다.

이제 에릭은 개성파 배우 같은 모습이다. 창백한 피부에 아무렇게나 넘긴 머리. 그는 가끔 아주 신랄한 이미지로 어린 시절의 불행을 표현했다. '벽에 잼 병을 던지는 아버지'와 '아버지 집에서 반 마일 떨어진 쓰레기 더미'가 그것이다. 사실 쓰레기 더미는 그의 삶 전체를 가리키는 은유였다.

결국 시험 보는 기술로 사람들 눈을 속이는 일은 막을 내렸고 그의 진짜 점수가 나왔다. 그때 그는 수학과 과학을 미련 없이 포기했다. 그러자 활짝 열려 있던 화려한 미래도 닫혔다. 그는 수학이나 과학과는 상관없는 다양한 일을 하며 지냈다. 그러다가 마침내 판타지 게임에서 자신이 하고 싶은 일을 발견했다. 그는 게임에 빠져 살았고 상황극에도 취미를 붙였다. 그는 영웅을 제외한 모든 역할을 연기했다. 마술사, 목사, 보안관, 태양, 왕자 등등. 그렇게 4년 동안 취미 생활에만 매달렸다.

이렇게 수학이나 과학으로 성공하려면 남다른 재능과 조기교육 외에 뭔가가 더 필요하다. 에릭 민턴처럼 불행한 가정에서 자라거나 주의력 장애가 있거나 또는 단순히 경쟁심이 부족해도 각종 대회에 참가하기 힘들기 때문이다. 이런 어려움을 이겨낸다고 하더라도 대회에서 입상하기란 정말 어려운 일이다. 그 결과 일부 영재들은 어릴 때의 재능을 미래의 자산으로 만들지 못한다.

이것이 전부가 아니다. 모든 어려움을 이겨내고 경시 대회의 입상자가 된다고 해도 또 다른 장애물이 이들을 기다리고 있다. 그 가운데 하나가 성차별이다. 미국심리학회 영재교육정책센터의 영재 전문가로서 《터먼을 넘어서Beyond Terman》를 공동 편집한 레나 수보트닉Rena Subotnik은 많은 여성 수상자들이 곧 그 과목을 그만두는 현상[8]을 발견했다. 주로 대학교 1~2학년 때 수학이나 과학을 포기하는 영재들이 생겨나는데 그들 대다수가 여학생이었다.

실제로 대학교 2학년 말까지 웨스팅하우스 경시 대회 여성 수상자의 3분의 2가 전공인 수학 또는 과학을 포기하는 것으로 나타났다. 레나 수보트닉은 13년 동안 웨스팅하우스 과학 재능 경연 대회 수상자들의 삶을 추적했다. 그런데 이 기간 동안 수학이나 과학을 포기하는 여학생의 수가 남학생의 두 배에 이르렀다. 지도 교수의 적극적인 후원과 격려, 조언을 받지 못하는 것이 주된 포기 이유였다. 즉 교수들의 성차별이 여학생 영재들의 진로를 방해한 것이다.


## 수학 영재들의 딜레마

이제는 좀 다른 문제를 생각해보자. 지금까지 살펴보았듯이 수학이나 과학 영재들은 주로 금융계나 방위산업체 등 연봉이 높은 직종으로 진출한다. 그런데 수학 영재들을 금융시장 분석가로 만드는 것이 과연 바람직한 일인가? 이들의 재능을 더 창의적이고 사회적으로 가치 있는 일에 쓸 수는 없는 것인가?

　스물두 살의 반 몰리노Van Molino도 이 문제로 고민하고 있는 수학 영재다. 그는 고등학교 때 미국수학올림피아드, 미국화학올림피아드, 미국물리올림피아드에 두루 참여했다. 그러면서 대학 수업도 들었다. 반을 만났을 때 그는 이미 방위산업체에 채용된 채로 뉴욕 대학교에서 박사 과정을 시작한 상태였다. 그러면서 정부 하청 업체인 계산과학센터에서 여름에만 일하고 있었다.

　계산과학센터 사무실에는 갓 대학을 졸업했거나 대학원을 다니는 10~15명의 수학 영재들이 함께 일했다. 누군가의 추천으로 센터의 이메일을 받은 뒤 일하게 되었다. 이메일 내용은 간단했다. "센터는 반 몰리노가 와서 같이 일하기를 바란다." 물론 반도 D. E. 쇼와 같은 투자회사들에서 스카우트 제의를 받았다. 그러나 졸업 뒤 지정된 기관에서 실습 사원 과정을 마친다는 조건으로 미국국토안전부에서 3년 동안 1년 치 대학원 학비 3만 5,000달러와 매달 2,300달러의 생활비를 받기로 해서 선택의 여지가 별로 없다.

　오늘날 수학 영재들이 처해 있는 딜레마를 반 몰리노도 안고 있었다. 비록 국가 방위를 위해 일한다는 것은 자랑스러운 일이지만 그곳에서 반이 하게 될 연구는 그의 것이 아닌 정부의 것이기 때문이다. '당신의 박사 학위가 정부에게 선발되지 않도록 주의해야 한다'는 그의 농담에는 뼈가 있었다.

　그는 실습 사원 기간이 끝나면 금융회사에서 일할 생각이다. 월급과 기타 혜택이 좋기 때문이다. 그러나 그렇게 되면 수학 전공자로서 더 이상 독창적인 사고를 하기는 어렵게 된다. 이렇게 전공을 살리면서 보수도 괜찮은 직장이 대학이다. 대학교수로서 순수 학문이나 수학을 연구하는 것이다. 조든 엘렌버그가 바로 이 길을 선택했다.

수학올림피아드 우승자로서 웨스팅하우스 과학 재능 경연 대회 입상 경력을 가진 조든 엘렌버그는 현재 위스콘신 대학교 수학과 교수이다. 대수기하학 전공으로 스물여섯 살에 교수가 되었다. 또한 《메뚜기 왕The Gras-shopper King》이라는 소설도 썼다. 현재 서른세 살인 그는 스물세 살처럼 보인다. 짧게 자란 턱수염에 편안한 운동화와 헐렁한 청바지 차림이 꼭 대학생 같았다.

수학과 과학 영재로서 어떤 진로를 선택하든지 간에 현실적인 타협을 피해가긴 어렵다. 즉 그들의 선택은 반드시 대가를 지불해야 한다. 현재 D. E. 쇼의 부회장으로 영재를 발탁하는 에릭 웹식도 그렇게 했다. 에릭은 현재 자신이 하는 일의 장점과 단점을 잘 안다. 수학 영재 출신답게 자신의 일을 수학적으로 분석해서 점수를 매겨보기도 한다. 그는 D. E. 쇼에서 하는 일을 레스토랑 경영에 비유했다.

"제 일을 통해 사람들을 먹입니다. 행복한 포만감을 느낄 때까지 그렇게 하죠. 여기에서 포만감은 어떤 심오한 정신적인 것이 아니라 현실적인 즐거움을 의미합니다. 물론 이것은 부유한 고객들에게만 제공됩니다."

자신의 말처럼 자산 가치를 잘 판단할 줄 아는 에릭 웹식은 돈이 되는 기회를 잘 포착한다. 그래서 고객의 자산을 키워주고 그 결과 회사에 적지 않은 이윤을 가져다 준다.

한때 수학 영재였다가 수학을 그만둔 에릭 민턴도 자신의 선택을 깊게 생각한다. 자신의 재능이 전문적인 경력으로 바뀌기 훨씬 전에 수학을 그만둔 것은 탁월한 선택이었다. 비록 그 뒤로 이렇다 할 경력을 쌓지 못하고 떠도는 인생을 살고 있지만 그는 자신의 삶에 만족했다. 그는 만약 자신이 고소득 전문직을 가졌다면 평생을 절뚝거리며 불안한 삶을 살았을 것이라고 생각한다. 최소한 그런 마음의 아픔은 이제 사라졌다.

어떤 사람들 눈엔 에릭 민턴이 재능을 허비한 것으로 보일 수도 있다. 그러나 그는 자기의 실패를 자랑스러워했다. 그렇게 함으로써 더 본질적인 가치를 찾아냈기 때문이다. 바로 그 자신이 자신의 성취보다 더 소중하다는 깨달음이다. 그는 영재라는 이름을 버리면서 세상에서 가장 소중한 자기 자신을 발견한 것이다.


## 영재의 잠재력이 가장 잘 실현되는 곳은 어디인가

베첸 우는 오늘날 영재들이 처한 곤경을 잘 보여준다. 그는 현재 금융 분야에서 최정상급 경력을 쌓았지만 이를 위해 순수한 학문적 관심을 포기해야 했다. 처음에 그는 생물학자나 의학 연구자가 될 것처럼 보였다. 그러나 금융업을 선택하면서 의학 연구를 포기했다. 또한 모건 스탠리에 근무하면서 몇 가지 더 포기해야 할 것이 생겨났다.

첫째가 그의 개인적인 독특함이었다. 강한 개성은 고객들에게 가까이 다가가는 데 방해가 되었다. 그래서 그는 고객들과 잘 어울리는 방법을 익히는 데 많은 에너지를 쏟아부었다. 이는 그가 더 이상 한가롭게 지적인 관심사를 추구할 시간이 없음을 의미했다. 열여덟 살 때 그는 어떻게 머리를 빗고 옷을 입으며 모임에서 어떻게 행동해야 하는지를 알지 못했다. 그의 말대로 플로리다 삼림지대에서는 그런 것을 신경 쓸 필요도 그런 것을 가르쳐주는 곳도 없었다. 그래서 이곳에 와서 그런 것들을 배우는 데 몇 년이나 걸렸다.

이제 베첸 우의 까만 머리는 값비싼 머릿기름으로 번들거린다. 양복도 이른바 명품이라는 휴고보스 제품이다. 이 양복은 무척 비싸긴 하지만 현재 그의 지위에 어울린다. 이렇게 사회적 규범이 비범한 재능보다 더 중요하게 여겨지는 평범한 세계에 그도 적응해야 했다.

그가 모건스탠리에 입사하면서 해결해야 했던 두 번째 문제는 소수민족 출신으로서 미국의 주류 사회에 적응하는 것이었다. 회사 동료들은 그를 '닥터 우'라고 부른다. 플로리다에서 자랄 때 백인 아이들이 붙여준 이 별명은 사실 그가 끔찍하게 싫어하는 말이었다. 베첸은 이것을 가볍게 말했다. 그러나 그것은 베첸과 같은 이민자 영재들이 주류 사회에 적응하려면 반드시 넘어야 할 인종차별이라는 벽이었다. 아시아계 미국인들은 대단히 영리하지만 백인이 주류를 이루는 미국 상류층에 진입하려면 그들의 스타일을 근본적으로 바꿀 필요가 있다.

그는 자신에게 일어난 모든 변화는 웨스팅하우스 대회에 입상하면서 시작되었다고 말한다. 상은 그에게 '미국은 돈으로 움직이는 사회'라는 사실을 가르쳐주었다. 재능 대회를 통해 그는 돈이 많고 유명한 사람들을 만났고 이로써 미국에서 무엇이 중요한지를 배웠다. 베첸 우는 농담처럼 말했다.

"이제 저는 더 이상 식물과 가까이 지내지 않습니다. 제가 타락했거든요."

그의 '타락'에 그가 개발한 새로운 백신이 결정적으로 기여했다는 점은 두말할 나위 없다. 베첸 우처럼 수학이나 과학 영재들이 월가의 투자 자문가로 안착하는 현상은 다음과 같은 중요한 의문을 제기한다. 이들은 제대로 된 일을 찾은 것인가? 이들의 잠재력이 가장 잘 실현되는 곳이 월가인가? 수학이나 과학 영재가 스크래블 영재보다 더 뛰어나고 중요한 영재인가?

이제 수학·과학 경시 대회는 이 분야의 영재들이 어린 나이에 진로를 선택하는 일이 되어버렸다. 경시 대회 입상은 금융계로 통하는 지름길이 되었다. 금융계는 영재들의 재능에 가장 확실한 경제적 보상을 해주기 때문이다.

## 영재 실패자를 만드는 사회

오늘날 영재들이 겪는 실패는 단순한 실패가 아니다. 그것은 전숑 인격적인 실패로 이어진다. 무엇보다 영재의 실패는 지나치게 과장된다. 영재들만 그런 것이 아니다. 대중매체들은 우리의 관심을 몇몇 성공한 사람들에게 집중시키고 그들을 성공의 기준으로 제시한다. 그들에 비하면 우리는 얼마나 평범하고 초라한가. 그들에 비하면 우리는 모두 실패자다.

미국의 실패 역사를 다룬 《타고난 실패자들Born losers》에서 스콧 샌디지Scott A. Sandage가 지적한 것처럼 오늘날 우리는 청소년들이 왕따를 가리킬 때 쓰는 속어를 아무렇지도 않게 사용하고 있다. 얼간이nerd, 바보dork, 공부벌레dweeb, 변태geek, 겁쟁이wimp, 괴물freak, 멍청이jerk, 게으름뱅이slacker, 별난 놈weirdo…. 이 말들은 모두 '실패'의 동의어다. 이 말들보다 더 많이 쓰이는 말이 바로 '실패자loser'다.

스콧 샌디지에 따르면 한때 '실패'란 말은 사업의 실패만을 의미했다. 여기에는 어떤 도덕적 함의도 없었다. 그러나 오늘날에는 아무리 똑똑한 사람이라도 경제적으로 성공하지 못하면 자신을 실패자로 규정한다. 그리고 그것은 전인격적인 실패를 의미한다.

그렇다면 돈을 많이 버는 직업을 가진 영재들은 행복할까? 그렇지 않다는 것은 이미 상식이다. 우리가 잘 아는 것처럼 고소득은 개인의 만족을 보장하지 못할 뿐더러 그 일의 가치와도 상관이 없다. '주관적인 행복'에 대한 연구[9]에 따르면 소득은 행복에 중요한 요소이지만 그것만으로는 행복할 수 없다.

제2차 세계대전 이후 미국의 부는 급격하게 증가했지만 그 부가 미국인들을 행복하게 만들지는 못했다. 오히려 미국의 우울증 환자 비율은 다른 선진국들보다 높다. 분명히 수학 영재들은 아동 화가나 어린이 시인보다 더 많은 경제적 혜택을 누리게 되지만 그것이 그들의 행복이나 지적인 성취를 보장해주지는 않는다.

만약 베첸 우가 의학 연구자나 식물학자 또는 자신의 관심 분야를 자유롭게 추구하는 과학자가 되었다면 어땠을까? 월가에서 자신의 재능을 상업적으로 사용하는 것이 아니라 정수론整數論이나 대칭 이론을 연구하는 수학자로 살았다면? 그가 정말로 공부하고 싶었다는 '서핑이 우울증에 미치는 긍정적 효과'를 연구했다면? 그것이 그의 행복, 더 나아가 진짜 성공이 아니었을까?

어쩌면 그랬을지도 모른다. 그러나 영재 사냥꾼들은 이 질문에 대답해주지 않는다.

# 제11장

## 아이를 행복하게 만드는 영재교육을 위하여

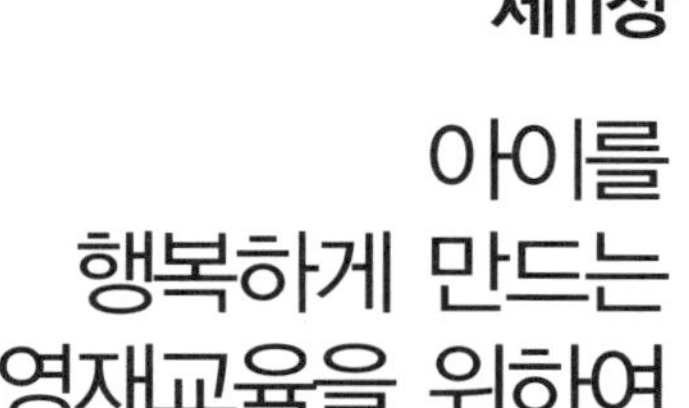

어린 시절의 재능이 행복을 보장하지는 않는다

다양한 재능을 인정하는 영재교육이 필요하다

영재의 행동 방식, 열정과 끈기 그리고 피나는 연습

모든 아이는 나름의 재능을 가지고 태어난다

"보그다노비치: 나는 당신이 결코 아이가 되고 싶지 않고, 오히려 아동기를 피하고 싶어한다고 들었는데요?
웰스: 사실입니다.
보그다노비치: 다시 그때로 돌아가고 싶지 않습니까?
웰스: 아동기로요? 어른이 된 뒤에도 나는 계속 그곳에 있었습니다."[1]

　　　　–오선 웰스, 피터 보그다노비치, 조너선 로젠바움 《이것이 오선 웰스다》

## 어린 시절의 재능이 행복을 보장하지는 않는다

　지금까지 살펴보았듯이 아기들에게 읽기를 가르치거나 두 살 때 축구공을 차게 하고 스펠링비 대회에 출전시키는 일들이 반드시 아이들의 미래를 풍요롭게 만들지는 못한다.

　이 책을 통해서 만나본 영재 출신 어른들은 자신의 현재에 실망하고 어린 시절에 받은 교육에 분노했다. 그래서 자신의 인생을 '실패'로 규정하는 사람도 있었다. 브로드웨이 아역 배우 출신으로 현재 아역 배우들을 전문적으로 가르치는 한 여성은 '내 아이들에게는 절대로 연기를 가르치지 않겠다'고 말했다.

　그렇다면 이제 우리는 어떻게 해야 하는 것일까? 욕심을 버리는 것밖에 없다. 아이의 지능을 검사하고 아이의 지능지수가 150이 넘기를 바라고 다른 아이들보다 모든 면에서 뛰어나길 바라는 욕심을 버리는 것이다. 어려서 빨리 책을 읽고 피아노를 잘 친다고 해서 어른이 되어서도 그렇게 된다는 보장이 없기 때문이다. 무엇보다 그것이 아이의 행복을 보장해주지 않는다.

여러 전문가들이 지적하듯 탁월한 인지적 또는 예술적 재능을 가진 '대단한 영재'는 매우 드물다. 이는 영재로 알려진 많은 아이들이 잘못된 평가를 받고 있음을 의미한다. 자신을 영재로 믿고 성장한 아이들이 나중에 그렇지 않다는 사실을 깨달았을 때 느끼는 고통이 바로 '이카로스 효과'다. 영재 출신 어른들과의 인터뷰는 이 점을 분명하게 보여준다. 그들의 아동기는 조기교육에 희생당하고 영재로 부풀려진 '부적절한' 시기였다.

'너는 특별해'라고 속삭이며 아이를 무대에 세우는 것은 아이의 재능을 아이 자신보다 크게 만드는 결과를 가져온다. 그것은 아이를 재능을 위해 모든 것을 바치는 '재능의 노예'로 만들 수도 있다. 아이의 삶을 의미 있게 만드는 '축복'이 아이를 불행하게 만드는 '저주'로 변하는 것은 순식간이다. 그리고 그 저주는 아이의 삶 전체를 비극으로 몰아간다.


## 다양한 재능을 인정하는 영재교육이 필요하다

물론 조기교육의 폐해 때문에 꼭 필요한 영재교육의 가치마저 무시해서는 안 된다. 정말로 영재교육의 혜택을 받아야 하는 특별한 아이들이 있다. 만약 이들에게 적절한 교육을 제공하지 않는다면 이 아이들은 도리어 낙오자가 될 것이고 그 능력을 흡수하지 못한 사회도 그만큼 발전하지 못할 것이다.

그러므로 충분한 예산을 마련하여 영재교육을 활성화시켜야 한다. 다만 우리가 추구해야 할 영재교육은 영재들이 자신의 속도에 맞춰 공부하도록 허용하는 '개별화된 교육'이다. 공부를 얼마나 많이 하는지는 중요하지 않다. 중요한 것은 아이 한 명 한 명에게 맞는 '맞춤형 교육'이다.

대체로 읽기와 문제는 더 추상적이면서 정교해야 하며 교사의 지시는 더 적어야 한다. 진짜 영재들 가운데는 학문적 능력은 탁월하지만 학교 성적은 좋지 않은 아이들이 있다. 이 아이들에게는 학교 성적에 대한 부담을 주지 말고 정서적인 지지를 보내주어야 한다. 그러면서 이 아이들에게 적당한 수준의 학문적 과제를 제시해주어야 한다. 이때 어떤 영재들은 지적 능력이 불균형하게 발달할 수 있다는 사실을 고려해야 한다. 모든 과목을 다 잘하는 영재는 많지 않다.

영재들이 단순 암기나 반복 학습에서 벗어나려면 영재교육에 대한 투자 확대가 필수적이다. 우선 이들에게 맞는 교육을 시킬 수 있는 교사를 양성해야 한다. 특별한 능력을 가진 아이들을 가르치는 방법을 훈련받은 교사의 수가 절대적으로 부족하기 때문이다. 또한 학교마다 영재를 선발할 수 있는 심리학자를 배치해야 한다. 그래야 평범한 교육에 '방치'되어 낙오되는 영재들을 구할 수 있다.

그러나 '낙제생 없는 학교 만들기No Child Left Behind(NCLB)' 법이 이를 가로막고 있다. 학생들의 기초 교육 강화도 중요하지만 그로 인해 영재교육에 배정된 예산까지 삭감하는 것은 바람직한 정책이 아니다.

　무엇보다 영재교육의 기회를 모든 계층의 학생들에게 공정하게 배분해야 한다. 부유층 아이들만 영재교육의 기회를 누린다는 것은 심각한 불평등이 아닐 수 없다. 어떤 계층의 아이라도 영재교육 프로그램의 혜택을 누릴 수 있어야 한다.

　영재교육을 반대하는 사람들의 주장에도 정당한 이유는 있다. 그러나 영재교육의 쟁점은 '영재교육을 하느냐 마느냐'가 아니다. 영재의 범위가 너무 좁게 정의되면서 사회적 특권과 연결되는 것은 영재교육의 진짜 문제다.

　현재 우리는 영재와 재능을 너무 좁게 정의하고 있다. 특정 재능만을 강조하면서 그 재능을 가진 아이들만 특별하게 보고 아이들을 특정 분야의 전문가로 만들려고 하는 것이 사회적 위화감을 조성하고 영재교육에 대한 반감을 일으키고 있다. 이로 인해 아이들이 가진 다른 재능들은 무시되는 상황이다. 수학과 읽기, 음악 등 특정 분야의 능력만 재능으로 보기 때문에 아이들이 가진 다양한 재능을 보지 못하고 있다.


## 영재의 행동 방식, 열정과 끈기 그리고 피나는 연습

　영재의 개념을 넓게 봐야 한다는 주장은 새로운 것이 아니다. 1971년에 발표된 영재교육 프로그램 연구 결과물인 말런드 보고서는 '영재를 다양한 분야에서 탁월한 능력을 가진 아이들로 정의할 것'을 권고했다. '높은 지능에서 탁월한 리더십, 우수한 신체적 능력, 시각예술의 재능까지 다양한 능력을 가진 아이를 영재로 보아야 한다'고 이 보고서는 규정했다.

1970년대 후반에는 '학문적 능력뿐 아니라 과업 헌신도와 창의력으로 재능을 규정해야 한다'는 주장이 제기되었다. 코네티컷 대학의 영재교육센터 소장이자 교육학자인 조셉 렌줄리가 내놓은 이 주장은 재능을 타고난 것이 아니라 학습되는 것으로 보는 시각으로 '어떤 아이들의 재능은 키워질 수 있다'는 말이다.

렌줄리는 이때 학습되는 재능을 '영재의 행동 방식'으로 보았는데 이를 키워주는 것을 영재교육의 핵심으로 보았다. '열정[2]과 끈기, 이것이 결합되어 나타난 피나는 연습'인 영재의 행동 방식을 아이들이 습득한다면 어떤 아이도 영재가 될 수 있다는 것이다.

1980년대에 교육심리학자 하워드 가드너는 '다중지능'[3]이라는 개념을 만들어냈다. 수학적 사고와 논리적 추리력, 언어 능력 등, 전통적으로 인정받아온 지능 외에 다른 종류의 중요한 지능들이 있다는 것이다. '언어지능'과 '논리수학적 지능' 외에 공간의 형태를 인식하고 활용하는 '공간지능', 말런드 보고서에 기술된 '신체운동지능' '음악지능' '자기성찰지능' '인간친화지능' 다른 지능을 합친 '리더십 지능' 들이 그것이다. 여기에 자연의 요소를 관찰하고 분류하는 능력인 '자연친화지능'까지 합하여 가드너는 모두 아홉 가지의 다중지능을 제시했다.

가드너의 다중지능 이론이 나온 뒤로 영재교육 분야에서는 더 많은 지능을 찾아내려고 노력했다. 최근에 렌줄리는 '오퍼레이션 하운드

투스Operation Houndstooth'라고 이름 붙인 지능을 만들어냈다. 이 지능은 윤리적 재능을 찾아 발전시키려는 의도로 만들어진 것으로 '인간적 상황에 공감하는 능력'을 뜻한다. 이것은 아이의 도덕적 능력도 계발할 수 있다는 렌줄리의 신념을 반영한 개념이다. 렌줄리는 이것을 '사회적 자본의 발견과 계발'[4]이라고 기술했다.

이처럼 아이들의 다양한 재능을 발견하려는 노력에도 수학과 읽기, 음악 등 특정 분야의 재능에 대한 사람들의 관심은 여전하다. 그러면서 이 분야에 대한 조기교육이 점점 더 심해지고 있다. 그 중심에 학교가 있다. 학교 시험에서 높은 점수를 받고자 아이들이 맹목적인 암기에 매달리고 있기 때문이다.

《우리가 신뢰하는 학교In Schools We Trust》에서 교육학자 데버러 마이어가 강조한 것처럼 학교 시험 때문에 틀에 박힌 공부만 하느라 아이들이 공부에 흥미를 잃어가고 있다. 아이들이 어른들의 기대에만 부응하는 '시험 기계'로 전락하고 있는 것이다.[5] 그러면서 시험으로 평가되지 않는 재능은 철저하게 무시되는 교육 환경에 아이들이 방치되고 있다.


## 모든 아이는 나름의 재능을 가지고 태어난다

아이들이 가진 재능의 범위를 넓게 보는 것보다 더 중요한 것은 함부로 아이들을 영재로 만들지 않는 것이다. 조기교육 열풍이 불면서 아이들이 어른들의 '관리 대상'으로 변하고 있다. 이는 아이가 자기 능력을 발견하고 자신의 꿈을 키워가는 것을 방해한다. 행복한 어른의 삶이 꼭 어릴 때의 재능에서 오는 것은 아니다. 그것은 스스로 자신의 가능성을 발견하여 발전시키는 '자기 주도권'에서 나온다. 사회적으로나 내면적으로 성공한 영재들은 부모의 뜻을 거스르면서까지 자신의 관심을 능력으로 발전시키고 꿈을 성취한다.

오늘날 부모가 아이에게 줄 수 있는 최고의 선물은 이러한 '자기 주도적인 꿈의 추구'와 '그냥 놀게 하는 것'이다. 위대한 정신분석학자이자 아동심리학자인 에릭 에릭슨은 이것의 필요성을 다음과 같이 말했다. "자유로운 선택이 주어지지 않으면 아이는 부모의 간섭에 저항하고자 자신을 학대한다."[6]

자유 시간 없이 마음껏 놀지 못하며 자랐다고 느낀 어른들의 사례는 이 점을 잘 보여준다. 그들은 성장하면서 자신의 삶을 주장하고 부모에게 저항했다. 또한 '그냥 놀게 하는 것'은 아동기의 즐거움과 직결될 뿐 아니라 종종 특별한 능력이 계발되는 통로 구실을 한다. 아이들은 놀면서 날씨 유형을 이해하거나 육식동물에 관심을 갖는 등 스스로 특별한 재능을 계발한다.

부모가 아이에게 자신의 못다 이룬 꿈을 투사하는 것은 금물이다. 부모는 다만 아이가 자발적으로 자신의 꿈을 키워나가도록 도와주어야 한다. 부모가 보기엔 정말로 유익한 배움도 아이에겐 단순히 재미없는 일일 수 있다는 사실을 인정하고 특정 학습을 아이에게 강요해서는 안 된다. 그것은 아이의 마음을 다치게 하고 아이의 마음속에서 분노를 자라게 한다. 그 분노는 나중에 독이 되어 아이의 삶을 망칠 뿐 아니라 장차 부모도 다치게 한다.

이와 관련하여 웨스턴온타리오 대학교 교육심리학과 앨런 에드먼즈Alan Edmunds 교수의 충고는 귀담아들을 만하다. '아이가 어떤 활동을 할 때 그것이 아이가 진짜로 하고 싶어하는 것인지를 계속 점검해야 한다'는 것이다. 그래서 어느 누구도 아이의 자발성을 의심하지 못하게 해야 한다.

"이를 위해 부모나 교사는 아이가 하는 말을 주의 깊게 들어야 한다. 아이가 그것에 대해 많이 이야기하면 즐기고 있는 것이 확실하다. 반대로 아이가 이런저런 핑계를 대며 그 일을 하지 않으려 하면 그만두게 하는 편이 좋다."

그래서 아이의 희귀한 재능이나 유별난 관심을 발견한다면, 아이가 그것을 스스로 추구할 수 있도록 지지해주어야 한다. 아이의 관심이 베첸 우의 경우처럼 아주 독특할 수도 있다. 그러나 그것을 막아서는 안 된다. 그것은 어떤 형태로든 아이의 일생에 커다란 영향을 미칠 수 있다.

무엇보다 진짜 영재들에게 자기가 특별한 존재가 아니라는 것을 가르치는 것이 중요하다. 이를 위해 다른 아이들의 재능도 인정하도록 가르치고 궁극적으로는 모든 아이가 나름대로의 재능을 가지고 태어난다는 것을 깨닫도록 해야 한다. 그래야만 아이가 자신을 '세상에서 벗어난 아웃사이더'로 규정하거나 혼자만의 고독에 빠져 실패자로 살아가는 것을 예방할 수 있다. 다른 사람들과 어울리지 못하는 삶은 결코 행복할 수 없다.

아이의 관심을 발견했을 때 부모가 앞서 가지 않는 것도 중요하다.

부모의 희망을 아이에게 덧씌우는 것만큼 위험한 일은 없다. 구체적으로는 아이에게 어떤 심리적인 압박도 주지 않고 다른 영재들의 이야기로 아이를 현혹시키지 않아야 한다. 우리 어른들이 기억하고 그리워하는 어린 시절은 집 안에 틀어박혀 교육용 비디오를 보는 것이 아닌 것만은 분명하다. 각종 대회에 억지로 나가서 지독한 불안과 중압감을 느끼는 것도 결코 아이의 행복을 위한 선택은 아니다.

어려서 신동 소리를 들었던 사람들의 불행은 그들만의 이야기가 아니다. 그들의 이야기는 앞으로 벌어지게 될 더 큰 비극의 시작에 불과하다. 어려서 남다른 재능으로 화려한 조명을 받았던 영재들은 평생을 그 시절에 묶여 살게 된다. 어른이 되어서 받게 될 어떤 관심도 그때 누렸던 영광에 비하면 시시한 것이기 때문이다. 신동 출신 아이들이 대체로 어른이 되어 더 이상 의미 있는 성취를 이루지 못하는 것은 이런 이유에서다.

어려서 평생 누려야 할 기쁨과 영광을 모두 누린 아이들의 삶은 그래서 슬프다. 어려서 이 정도이니 어른이 되면 더 대단한 능력을 발휘할 거라고 말하지만 현실은 정반대다. 아무리 대단한 재능을 키워도 그때만 한 영광을 얻기는 어렵다. 그래서 이런 사람들은 다시 어린 시절로 돌아가고 싶어한다. 그러나 그럴 수 없다는 것은 우리가 다 아는 사실이다.

조기교육을 한마디로 얘기한다면 그것은 '미래의 성취에 집중하여 아이의 현재를 희생하는 것'이다. 심하게 말해서 아이의 미래에 지나친 의미를 부여한 나머지 아이의 현재를 노예처럼 부려먹는 것이 오늘날 일부 아이들이 받고 있는 영재교육의 실체다.

지금 아이들에게 강요하고 있는 여러 가지 학습을 확 줄인다면 아무것도 모르는 아이에게 '영재'라는 굴레를 씌우지 않는다면 내 아이는 이런 불행을 피할 수 있을지도 모른다. 아이는 아이로 키워야 한다. 우리 어른들이 누린 행복하고 충만한 어린 시절을 왜 내 아이에게서 빼앗으려 하는가.

행복한 아이는 더 많은 꿈을 꾼다. 어른들이 무리한 욕심으로 아이를 지치게 하지 않는다면 아이들 안에서는 꿈이 자랄 것이고 그 꿈을 이루겠다는 마음도 생겨날 것이다. 자신의 뜻대로 자신의 세계를 만들어 가는 아이가 행복할 거라는 것은 너무도 자명하다.

이 책이 나오기까지 많은 도움을 주었던 친구들과 동료들에게 먼저 감사의 말을 전하고 싶다. 존 브로튼John Broughton과 찰리 존Charlie Zorn, 데이비드 본스테인David Bornstein, 마크 스태포드Mark Stafford, 스티브 버트Steve Burt, 캐서린 오렌스테인Catherine Orenstein, 애니 머피 폴Annie Murphy Paul, 드보라 시걸Deborah Siegal, 게리 베이스Gary Bass, 크리스틴 케넬리Christine Kenneally, 리차드 케이Richard Kay, 노가 아리카Noga Arikha, 나타샤 셜Natasha Schull, 데보라 바움Devorah Baum이 바로 그들이다. 또한 지난 2년 동안 매달 정기적으로 모이면서 함께 통찰력을 나누었던 작가 그룹의 도움도 잊을 수 없다. 여기에 속한 저자들은 파멜라 폴Pamela Paul과 레베카 스크루트Rebecca Skloot, 폴 래번Paul Raeburn, 엘리자베스 드비타 래번Elizabeth DeVita-Raeburn, 톰 조엘너Tom Zoellner, 해리엇 워싱턴Harriet Washington, 스테이시 설리번Stacy Sullivan, 쉐리 핑크Sheri Fink, 애비 엘린Abby Ellin 등이다.

'처음 이 책의 저술을 권했던 데이비드 제이콥슨David Jacobson'과

'책의 제안서를 검토해주었던 조지 미노트George Minot'에게도 신세를 졌다. 진 카셀라Jean Casella와 빌 브라젤Bill Brazell의 도움도 컸다. 타이트 하린Tayt Harlin과 팀 해리스Tim Harris, 폴리 슐만Polly Shulman도 고마운 사람들이다. 나의 소중한 친구 마크 지멘Mark Gimein과 엘리나 김Eleana Kim의 도움처럼 마이크 샤프Mike Scharf와 킴벌리 커터Kimberly Cutter의 꼼꼼한 원고 검토도 큰 도움이 되었다. 조쉬 쉔크Josh Shenk와 테디 로즈Teddy Rose, 레이첼 리먼 하우프트Rachel Lehmann-Haupt의 조언과 뉴욕시립도서관연구소New York Public Library Research의 제니퍼 드워킨Jennifer Dworkin과 킴벌리 브래들리Kimberly Bradley, 사울Saul Anton, 크리스 앤더슨Chris Anderson, 케이티 레더러Katy lederer, 바바라 쿼트Barbara Quart, 짐 레드베터Jim Ledbetter, 댄 스미스Dan Smith의 친절에도 감사의 마음을 전하고 싶다. 또한 레이첼 우르코위츠Rachel Urkowitz와 캣 맥고완Kat McGowan, 자레드 홀트Jared Hohlt, 앤 피터스Ann Peters, 로라 세커Laura Secor, 나다니엘 와이스Nathaniel Wice, 루티 테이텔Ruti Teitel, 앤 고도프Ann Godoff, 멜라니 잭슨Melanie Jackson의 사랑과 격려가 없었다면 이 책은 만들어지지 못했을 것이다. 아울러서 내 인터뷰에 적극적으로 임해주었던 많은 사람들과 전문가들의 도움도 잊을 수 없다. 마지막으로 나에게 항상 뜨거운 관심과 애정을 변함없이 보여주었던 피터 마스Peter Maass에게 고마움을 전하고 싶다.

❖ 제1장 ❖

1) 이 시구는 내가 제일 좋아하는 것이다. 존 애쉬베리의 《시 선집Selected Poems》(New York: Penguin, 1986)에 실린 〈꽃밭에서의 어린 J. A.의 모습The Picture of Little J. A. in a Prospect of Flowers〉의 한 구절이다. 이 시는 황량하면서도 유쾌하다. 이 시의 화자는 어린 J. A.이자 조숙함이다.

꽃밭에서 나의 작은 자아가
빛나는 플록스 사이에서 고개를 들었다.
말랐지만 커다란 버섯처럼.
나는 모든 것을 까다롭게 보았지만, 받아들였고
모두 받아들였지만, 어떤 것도 취하지 않았다
감추어진 미래를 모두 알고 있는 것처럼.

이 시는 1941년 신동들을 대상으로 한 라디오 프로그램 '퀴즈 키즈Quiz Kids!'에 참가했을 때의 애쉬베리를 생각나게 한다. 퀴즈 영재들의 남다른 감수성과 해박한 지식이 시에서 묻어난다.

2) 에릭손은 체스부터 비디오게임에 이르기까지 모든 영역에서 드러나는 탁월한 능력을 '전문적 기술expertise'이라 불렀다. 에릭손과 동료 연구자들에 따르면, 전문적 기술은 10년 동안 적어도 매일 몇 시간씩 연습해야 생긴다. K. A. 에릭손과 R. T. 크램페Krampe, C. 테슈 로머Tesch-Romer의 '전문성 획득에서 연습의 역할The Role of Deliberate Practice in the Acquisition of Expert Performance', 〈심리학 리뷰 100Psychological Review 100〉(1993)와 에릭손과 J.스미스Smith의 《전문성의 일반 이론을 위해Toward a General Theory of Expertise》(Cambridge: Cambridge University Press, 1993) 참조.

3) 조엘 슈르킨Joel N. Shurkin의 《터먼의 아이들Terman's Kids》(New York: Little,

Brown, 1992)과 터먼의 후속 연구인 《영재의 유전성 연구Genetic Studies of Genius》
(Stanford, Calif.: Stanford University Press, 1925~ )에 이 내용이 실려 있다. 루이스 메
디슨 터먼Lewis Madison Terman의 《천재와 바보Genius and Stupidity, Classics in
Child Development》(Salem, N.H.:Ayer, 1975) 참조. 루이스 터먼과 델리타 오덴Delita
H. Oden의 《영재가 자란다Gifted Child Grows Up: Twenty-Five Years Follow-Up of
a Superior Group, Genetic Studies of Genius》(Stanford, Calif: Stanford University
Press, 1947)와 루이스 터먼의 《학교 아이들의 지능The Intelligence of School
Children: How Children Differ in Ability, the Use of Mental Tests in School
Grading, and the Proper Education of Exceptional Children》(Boston: Riverside
Press, 1921), 루이스 터먼의 《지능의 측정The Measurement of Intelligence, Classics in
Child Development》(Salem, N.H.:Ayer, 1975), 폴 데이비스 채프먼Paul Davis
Chapman의 《분류기로서의 학교Schools as Sorters: Lewis M. Terman, Applied
Psychology and the Intelligence Testing Movement, 1890~1930》(New York: New
York University Press, 1990) 들도 도움이 된다.
4) David Lubinski, Rose Mary Webb, Martha J. Morelock, and Camilla Persson
Benbow, "Top 1 in 10,000: A 10-year Follow Up of the Profoundly Gifted,"
*Journal of Applied Psychology* 86(2001).
5) F. A. Kaufman, "A Follow-up Study of the 1964~1968 Presidential Scholars"(Ph.D.
diss., University of Georgia, 1979).
6) S. Dauber and C. Benbow, "Aspects of Personality and Peer Relations of Extremely
Talented Adolescents," *Gifted Child Quarterly* 34, no. 1(1999).
7) 오비디우스의 《그리스 신화Metamorphoses: A New Translation by Charles Martin》
(New York: W.W. Norton, 2005) 참조. 여기서 다이달로스는 "소년에게 자신의 길을 따
라오라고 충고한다. 그리고 초월적인 예술로 이카로스를 가르쳤다. 자신의 날개로 날면서
그는 지켜보았다. 소년 이카로스가 그의 날개로 나는 모습을." 내가 좋아하는 부분은 "다
이달로스가 자신의 예술을 저주했다"는 대목이다. "이카로스의 떨어지는 깃털을 보면서
그는 자신의 예술을 저주했다. 아들을 위해 무덤을 만들면서 그 땅의 이름을 이카로스로
불렀다."
8) Jeanne Bamberger, "Growing-up Prodigies: The Mid-Life Crisis," in *Developmental
Approaches to Giftedness and Creativity*, ed. David Henry Feldman(San Fran cisco:
Jossey-Bass, 1982); 린 골드스미스Lynn T. Goldsmith와 공동으로 쓴 신동 연구서의 고
전 《자연의 계략Nature's Gambit: Child Prodigies and the Development of Human
Potential》(New York: Teachers College Press, 1991)에서 펠드먼은 다음과 같이 썼다.
"신동은 어떤 분야에 대한 열정이다. 그 일을 하고 싶지 않을 때가 없다. 그래서 그 열정이
사라지는 위기 상황이 발생하면 신동은 무기력해진다. 어떻게 해야 할지 모르기 때문이다.
이것이 바로 십대 음악 신동들에게서 잔느 밤베르거가 발견한 문제다."
9) Dona Matthews and Joanne F. Foster, *Being Smart About Gifted Children: A*

*Guidebook for parents and Educators*(Scottsdale, Ariz.: Great Potential Press, 2004).

10) Olga Jarrett, "Recess in Elementary School: What does the Research Say?" *ERIC Digest*, 2002; and Olga Jarrett and D. M. Maxwell, "What Research Says about the Need for Recess," in *Elementary School Recess: Selected Readings, Games, and Activities for Teachers and Parents*, ed. R. Clements(New York: American Press, 2000).

❖ 제2장 ❖

1) Henry Kaiser Family Foundation, *Zero to Six: Electronic Media in the Lives of Infants, Toddlers and Preschoolers*(Washington, D.C.: Henry J. Kaiser Family Foundation, 2003).

2) Henry Kaiser Family Foundation, *A Teacher in the Living Room? Educational media for Babies, Toddlers and Preschoolers*(Washington, D.C.: Henry J. Kaiser Family Foundation, 2005).

3) "American Academy of Pediatrics Media Education Policy Statement," *Pediatrics*, August 2, 1999. 베이비 에듀테인먼트 비디오 사업 현황을 보고 싶다면, 케르무슈G. Khermouch의 〈두뇌 계발에 좋다고? 글쎄. 많이 팔리냐고? 물론!Brainer? Maybe. Big Sales? Definitely〉, (*Business Week*, January 12, 2004) 참조.

4) 모차르트 효과를 처음으로 주장한 논문은 F. H. 라우셔Rauscher와 G. L. 쇼Shaw, K. N. 카이Ky의 〈음악과 공간추리력Music and Spatial Task Performance〉(*Nature* 365, 1993)이다.

5) 1982년 영화 〈아마데우스Amadeus〉는 모차르트를 '계몽주의의 실패작으로' 잘 그리고 있다.

6) K. M. Steele, J. D. Brown, and J. A. Stoecker, "Failure to Confirm the Rauscher and Shaw Description of Recovery of the Mozart Effect," *Perceptual and Motor Skills* 88(1999); and K. M. Steele, K. E. Bass, and M. D. Crook, "The Mystery of the Mozart Effect: Failure to Replicate," *Psychological Science* 10(1999).

7) Brent Logan, *Learning before Birth: Every Child Deserves Giftedness*(New York: Authorhouse, 2003).

8) 버나드 메르겐Bernard J. Mergen의 《놀이와 장난감Play and Playthings: A Reference Guide》(New York: Greenwood Press, 1982)은 좋은 참고문헌이다. 스티븐 클라인 Stephen Kline의 《아웃 오브 가든Out of Garden: Toys, TV, and Children's Culture in the Age of Marketing》(New York: Verso, 1995)도 매우 훌륭하다. 안토니아 프래이저 Antonia Fraser의 《장난감의 역사A History of Toys》(London: Spring Books, 1972)와 콜린 헤이우드Colin Heywood의 《아동기의 역사A History of Childhood: Children and Childhood in the West from Medieval to Modern Times》(New York: Polity Press, 2001)도 참고할 만하다.

9) 몬테소리는 장난감 산업에 비판적이었다. 《어린이의 마음The Absorbent Mind》(New York: Owl Books, 1995)에서 마리아 몬테소리는 다음과 같이 썼다. "그러나 장난감 산업이 발달하지 않는 나라의 어린이들은 상당히 다르다. 더 침착하고 더 똑똑하며 더 행복하다."

10) Roland Barthes, *Mythologies*(New York: Hill and Wang, 1972).

11) 에릭 에릭슨Erik H. Erikson의 고전 《장난감과 이성Toys and Reasons: Stages in the Ritualisation of Experience》(London: Marion Boyars, 1978)은 《아동기와 사회 Childhood and Society》(New York: W. W. Norton, 1993)로 재발행되었다.

12) James Day, The Vanishing Vision: *The Inside Story of Public Television*(Berkeley and Los Angeles: University of California Press, 1995); James Ledbetter, *made Possible By: The Death of Public Broadcasting in the United States*(Verso, 1998); Heather Hendershot, *Saturday Morning Censors: Television Regulation before the VChip(Console-Ing Passion)*(Durham, N.C.: Duke University Press, 1999).

13) 이 책을 저술하면서 읽은 피아제의 책은 《지능의 심리학Psychology of Intelligence》 (New York: Routledge, 2001)과 《아동의 세계 인식The Child's Conception of the World: A 20th-Century Classic of Child Psychology》(Sturgeon Bay, Wis.: Littlefield Adams, 1976)이다.

14) John Bruer, *The Myth of the First Three Years: A New Understanding of Early Brain Development and Lifelong Learning*(New York: Free Press, 2002).

15) William Greenough et al., "Effects of Rearing Complexity on Dendritic Ranching in Frontolateral and Temporal Cortex of the Rat," *Experimental Neurology* 41 no. 2(1973).

16) Henry Kaiser Family Foundation, "*A Teacher in the Living Room*".

17) 이와 비슷하게 1970년대에 시작된 'ABC 프로젝트the Abecedarian Project'는 노스캐롤라이나 채플힐에 사는 가난한 아이들 가운데 일부를 훌륭한 교육적 환경 속에서 자라게 하고 나머지는 그냥 방치했다. 그 결과 교육적 환경에서 자란 아이들의 지능이 그렇지 않은 아이들보다 월등히 높게 나왔다.

18) 다니엘 앤더슨Daniel R. Anderson의 연구는 다말 레윈Tamar Lewin의 논문 〈아기가 스크린을 만지는 것을 보라. 그러나 아이가 그것을 이해할까?See Baby Touch a Screen, but Does Baby Get It?〉(New York Times, December 15, 2005)에서 인용된다. 또한 앤더슨의 초기 유아 연구도 참고했다. K. L. 슈미트Schmitt와 D. R. 앤더슨Anderson의 〈텔레비전과 현실Television and Reality: Toddlers' use of Visual Information from Video to Guide Behavior〉(*Media psychology* 4, 2002)도 도움이 되었다.

19) Rhonda Clements, "An Investigation of the Status of Outdoor Play," *Contemporary Issues In Early Childhood Education* 5, no. 1 (2004).

20) 내가 지금까지 읽었던 책 가운데 미국 시험의 역사를 가장 잘 설명한 책은 니컬러스 레먼 Nicholas Lemann의 《빅 테스트The Big Test: The Secret History of the American

Meritocracy》(New York: Farrar, Straus and Ciroux, 2000)였다.

21) Adam Phillips, *On Kissing, Trickling, and Being Bored: Psychological Essays on the Unexamined Life*(Harvard University Press, 1994); 이 주제에 대해 가장 잘 쓴 책 가운데 하나다.

22) Patricia Meyer Spacks, Boredom: *The Literary History of a State of Mind*(Chicago: University of Chicago Press, 1996); 상당히 흥미로운 이 책은 한 가지 논점을 분명하게 한다. 그것은 위대한 소설가들조차 권태를 악에 대한 적절한 해결책으로 보았다는 것이다.

23) Walter Benjamin, *Illuminations*(New York: Schocken, 1969).


❖ 제3장 ❖

1) 필자는 클로드 케네슨Claude Kenneson의 《음악 신동들: 위험한 여행, 남다른 인생Music Prodigies: Perilous Journeys, Remarkable Lives》(Pompton Plains, N.J.: Amadeus Press, 2003)을 정말로 좋아한다. 특히 클라라 슈만Clara Schumann의 신동 이야기는 환상적이다.

2) 여기에는 '열풍'이라는 말이 적당하다. W. Joseph Garcia, *Sign with Your Baby: How to Communicate with Infants before They Can Speak*, rev. ed. (New York: Northlight Communications, 2002); Linda Acredolo, Susan Goodwyn, and Douglas Abrams, *Baby Signs: How to Talk with Your Baby before Your Baby Can Talk*(New York: McGraw-Hill, 2002).

3) Susan W. Goodwyn, Linda P. Acredolo, and Catherine A. Brown, "Impact of Symbolic Gesturing on Early Language Development," *Journal of Nonverbal Behavior*, Summer 2000.

4) Aldous Huxley, *Brave New World*(1932; reprint, New York: Harper Perennial Modern Classics, 1998).

5) Shinichi Suzuki and Waltraud Suzuki, *Nurtured by love: The Classic Approach to Talent Education*, 2d ed. (Princeton, N.J.: Suzuki Method International, 1986).

6) 1964년 처음 간행된 이 책을 최근 글렌 도만Glenn Doman과 재닛 도만Janet Doman이 《부드러운 혁명: 아기에게 읽기를 가르치는 방법How to Teach Your Baby to Read: The Gentle Revolution》(Wyndmoor, Pa.: Gentle Revolution Press, 2005)로 재발행했다. 이것은 글렌 도만과 더글라스 도만Douglas Doman, 브루스 해지Bruce Hagy의 《아기를 신체적으로 우수하게 키우기How to Teach Your Baby to Be Physically Superb: From Birth to Age Six》(Garden City, N.Y.: Square One Publishers, 2006)가 포함된 우수한 아기 시리즈물 가운데 하나다.

7) Sharon Begley, "Your Child's Brain," *Newsweek*, February 19, 1996.

8) Tracy L. Cross, "Competing with Myths about the Social and Emotional Development of Gifted Students," *Gifted Child Today*, Summer 2002.

9) Kathy Hirsh-Pasek, *Einstein Never Used Flash Cards: How Our Children Really Learn-And Why They Need to Play More and Memorize Less*(New York: Rodale Books, 2003).

### ❖ 제4장 ❖

1) Jonathan Fineberg, *The Innocent Eye*(Princeton, N.J.: Princeton University Press, 1999).

2) Jonathan Fineberg, ed., *Discovering Child Art: Essays on Childhood, Primitivism, and Modernism*(Princeton, N.J.: Princeton University Press, 2001); Colin Rhodes, *Outsider Art: Spontaneous Alternatives*(New York: Thames &Hudson, 2000).

3) Roger Fry and Christopher Reed, *A Roger Fry Reader*(Chicago: University of Chicago Press, 1996). 프라이는 아동 예술에 푹 빠져 있었다. 1909년 미학 에세이에서 '미술이 실제 세계를 그대로 그린다기보다는 상상력의 예술이라는 것을 아동 예술은 증명하고 있다'고 썼다. '아이들 그림' 전시회에 대한 1917년 비평에서 그는 이 점을 더 적극적으로 주장했다. "아이들의 그림에는 항상 특별한 뭔가가 있다. 정말 대단한 어른들의 그림이 아니라면 절대로 따라오기 어려운 미학적인 가치가 있다. 이 글에서 나는 이 주장에 대한 선험적 사례를 보여줄 것이다." 오거스터스 존Augustus John의 아들 데이비드의 그림에 프라이가 형식주의 비평을 적용한 것이 매우 인상적이다. 소년의 그림에서 뱀의 뱀다움을 칭찬했기 때문이다.

4) Robert Goldwater, *Primitivism in  Modern Art*(Cambridge: Belknap Press, 2002).

5) Sandra L. Hofferth and John F. Sandberg, "Changes in American Children's Times, 1981~1997," *Advances in Life Course Research* 6 (2001).

6) Anthony D. Pellegrini, *School Recess and Playground Behavior: Educational and Developmental Roles*(Albany, N.Y.: SUNY Press, 1995); and Pellegrini, Recess: *Its Role in Education and Development*(New York: Lawrence Erlbaum, 2005).

7) 인터뷰에서 브라이언 서튼 스미스Brian Sutton-Smith는 '일 중심으로 구조화된 미국 아동들의 삶'에 대해 문화상대주의 관점을 제시했다. 그러면서 브라질의 많은 지역에 있는 대중문화를 '아동 도제 문화'로 기술했다. 아홉 살 어린이들이 재미로 만드는 바구니가 돈벌이로 전락했다는 것이 비판의 요지다. "아이의 놀이는 자유로워야 한다는 사고는 문화적으로 구체적인 것이다." 서튼 스미스의 더 깊은 통찰력과 유쾌한 문체는 《모호한 놀이 The Ambiguity of play》(Cambridge, Mass.: Harvard University Press, 2001)와 《유희 Play: An Interdisciplinary Synthesis》(Lanham, Md.: University Press of America, 2005) 등에서 만날 수 있다. 또한 서튼 스미스가 쉴로모 아리엘Shlomo Ariel과 함께 쓴 《아이들의 창의적인 놀이Children's Imaginative Play: A Visit to Wonderland(Child Psychology and Mental Health)》 (New York: Praeger, 2002)도 살펴볼 가치가 있다.

8) Steven Mintz, *Huck's Raft: A History of American Childhood*(Cambridge, Mass.: Belknap Press, 2004).

9) Viviana Zelizer, *Pricing the Priceless Child: The Changing Social Value of Children*(Princeton, N.J.: Princeton University Press, 1994).

10) Annette Lareau, *Unequal Childhoods: Class, Race, and Family Life*(Berkeley and Los Angeles: University of California Press, 2003).


### ❖ 제5장 ❖

1) 일레스 초등학교에 다니지 못해서 고통받는 영재들이 궁금하다면 다니엘 골든의 〈어떤 아이도 탈락시키지 않는다는 정책이 영재만 탈락시켰다Initiative to Leave No Child Behind Leaves Out Gifted: Educators Divert Resources from Classes for Smartest to Focus on Basic Literacy〉(*Wall Street Journal*, December 29, 2003)를 보라.

2) Deborah Meier and George Wood, *Many Children Left Behind: How the No Child Left Behind Act Is Damaging Our Children and Our Schools*(Boston: Beacon Press, 2004).

3) Jonathan Kozol, *The Shame of the Nation: The Restoration of Apartheid Schooling in America*(New York: Crown, 2005).

4) Alex Molnar, *School Commercialism: From Democratic Ideal to Market Commodity* (New York: Routledge, 2005).

5) James H. Borland, ed., *Rethinking Gifted Education*(New York: Teachers College Press, 2003).

6) Jan and Bob Davidson, and Laura Vanderkam, *Genius Denied: How to Stop Wasting Our Brightest Young Minds*(New York: Simon & Schuster, 2005).

7) Marcel Mauss, *The Gift: The Form and Reason for Exchange in Archaic Societies*(New York: W. W. Norton, 2000).

8) Alice Miller, *The Drama of the Gifted Child: The Search for the True Self*(New York: Basic Books, 1996).

9) David Nasaw, *Schooled to Order: A Social History of Public Schooling in the United States*(Oxford, England: Oxford University Press, 1979); John Taylor Gatto, *The Underground History of American Education*(Oxford, England: Oxford Village Press, 2000).

10) Abraham J. Tannenbaum, *Gifted Children: Psychological and Educational Perspectives*(New York: Macmillan, 1983).

11) Nicholas Colangelo, Susan G. Assouline, and Miraca U. M. Gross, eds. *A Nation Deceived: How Schools Hold Back America's Brightest Students, The Templeton national Report on Education*. Vol. 2. Iowa City. Belin-Blank Center, University of Iowa, 2004.

12) 《학문적 월반Academic Acceeration: Knowing your Option》(Baltimore: Johns Hopkins University Press, 1995) 참조. 카밀라 페르슨 벤바우Camilla Persson

Benbow와 줄리언 스탠리Julian C. Stanley의 《학문적 조숙Academic Precocity: Aspects of its Development》(Baltimore: Johns Hopkins University Press, 1983)도 참조. "많은 영재들에게 월반이 적절한 선택이 될 수 있지만 모든 영재에게 그런 것은 아니다. 존 펠듀슨John F. Feldhusen은 영재 프로그램을 준비할 때는 절충적이어야 한다면서 이 점을 분명히 했다."

13) Ann G. Klein, *A Forgotten Voice: A Biography of Leta Stetter Hollingworth* (Scottsdale, Ariz.: Great Potential Press, 2002).

14) Tannenbaum, *Gifted Children*.

15) S. P. Marland, *Education of the Gifted and Talented. Volume 1: Report to the Congress of the United States by the Commissioner of Education*(Washington, D.C.: U.S. Government Printing Office, 1971).


❖ 제6장 ❖

1) Julie Poppen, "Boy Genius: prodigy or Pawn? The Troubled Saga of Justin Chapman," *Rocky Mountain News*, February 13, 2002.

2) Ulric Neisser, ed., *The Rising Curve: Long-Term Gains in IQs and Related Measures*(Washington, D.C.: American Psychology Association, 1998).

3) Lee Carroll, *Indigo Children*(Carlsbad, Calif.: Hay House, 1999).

4) Stephen Jay Gould, *The Mismeasure of Man*(New York: Norton, 1981).

5) 심리 측정에 대한 명쾌한 설명을 원한다면 다음 문헌을 참조하라. Annie Murphy Paul, *The Cult of Personality: How Personality Tests Are Leading Us to Miseducate Our Children, Mismanage Our Companies, and Misunderstand Ourselves*(New York: Free Press, 2004).

6) 나는 '평가 산업의 독점과 NCLB가 이것에 미친 영향'을 분석한 스티븐 메트칼프Stephen Metcalf의 논문 〈행간을 읽어라Reading between Lines〉(*Nation*, January 28, 2002)를 좋아한다. 메트칼프는 NCLB를 시험과 교과서 산업에서의 친親부시 회사의 승리로 본다.

7) Gould, *The Mismeasure of Man*.

8) Shurkin, *Terman's Kids*.

9) Gardner, *Multiple Intelligences*.

10) Richard J. Herrnstein and Charles Murray, *The Bell Curve: Intelligence and Class Structure in American Life*(New York: Free Press, 1996).

11) 예를 들면 영재교육의 대모 안네마리 뢰퍼Annemarie Roeper의 '질적 지능검사 Qualitative Adaptation(QA) Scale'는 일대일 면접으로만 이루어진다. 여든여섯 살의 상냥한 백발 할머니인 뢰퍼는 질적 지능검사의 개발자이면서 미시간 블룸필드힐즈에 있는 뢰퍼 영재 학교의 창립자다. 뢰퍼는 동영상으로 질적 지능검사를 설명했다. 열세 살의 소년을 그녀가 직접 인터뷰한 내용이었다. 재능과 권위에 대해 몇 분 동안 이야기하던 소년은 결국 울고 말았다. 이는 영재성 검사 방법으로는 거의 최고였다. '알려지고 이해받고

자 하는 소년의 욕구'와 '소년을 알고자 하는 평가자의 바람'이 엇갈리면서 완전한 이해
는 불가능하다는 결론에 도달했다. 이것을 인정하면 마침내 그들은 서로 잘 이해하게 된
다. 뢰퍼는 시청자들에게 말한다. '애매함을 분석하는 능력이 그 영재성의 증거'라고 말
이다. 소년은 뢰퍼의 질문에 완벽하게 대답하는 것이 불가능하다는 것을 이미 알고 있었
던 것이다.

12) John Mighton, *The Myth of Ability: Nurturing Mathematical Talent in Every Child*(New York: Walker, 2004).

13) J. S. Renzulli, "The Three-ring Conception of Giftedness: A Developmental Mode for Creative Productivity," *Conceptions of Giftedness*, eds. R. J. Sternberg and J. E. Davidson(Cambridge, England: Cambridge University Press, 1986).

14) Richard Madsen et al., *Habits of the Heart: Individualism and Commitment in American Life*(Berkeley and Los Angeles: University of California Press, 1996).

15) Feldman and Goldsmith, *Nature's Gambit*; Ellen Winner, *Gifted Children: Myths and Realities*(New York: Basic Books, 1997).


❖ 제7장 ❖

1) Donald Hall, *Old and New Poems: Donald Hall*(New York: Mariner Books, 1990).

2) Joe L. Kincheloe, Shirley R. Steinberg, and Deborah J. Tippins. *The Stigma of Genius: Einstein, Consciousness, and Education*(Peter Lang Publishing, 1999).

3) Carol Dweck, "Beliefs that Make Smart People Dumb," *Why Smart People Can Be So Stupid*, ed. R. J. Sternberg(New Haven, Conn.: Yale University Press, 2002); Carol Dweck, "Caution-Praise Can Be Dangerous," *American Educator* 23, no. 1(1999); C. M. Mueller and C. S. Dweck, "Intelligence Praise Can Undermine Motivation and Performance," *Journal of Personality and Social Psychology* 75 (1998).

4) William Strauss and Neil Howe, *Millennials Go to College: Strategies for a New Generation on Campus*(Washington, D.C.: American Association of collegiate Registrars, 2003).

5) National Institute of Mental Health, *In Harm's Way: Suicide in America, a Brief Overview of Suicide Statistics and Prevention*(Washington D.C.: National Institute of Mental Health, 2003).

6) Tracy L. Cross, Karyn Gust-Brey, and P. Bonny Ball, "A Psychological Autopsy of the Suicide of an Academically Gifted Students: Researchers' and parents' Perspectives." *Gifted child Quarterly* 46, no. 4(Fall 2002).

7) Matthews and Foster, *Being Smart about Gifted Children*.

8) Winner, *Gifted Children*.

9) Deborah Ruf, *Losing Our Minds: Gifted Children Left Behind*(Scottsdale, Ariz.:

Great Potential Press, 2005).

10) Jean-Jacques Rousseau, *Emile*(New York: J. M. Dent & Sons, 1993).

11) 러스킨과 밀, 셸리의 어린 시절은 다음의 책에 잘 나와 있다. John Ruskin, *Praeterita* (New York: Everyman's Library, 2005); Muriel Spark, *Mary Shelly: A Biography*(New York: New American Library, 1988); Anthony Storr, *The Art of Psychotherapy*(New York: Routledge, 1990). John Stuart Mill, *Autobiography* (New York: Penguin, 1990).

12) 19세기의 지나친 '자녀 매니저' 부모의 모습을 잘 표현한 문학은 해당 세기 말에 나타났다. 버지니아 포크너Virginia Faulkner가 편집한 윌라 캐더Willa Cather 《단편 선집 Collected Short Fiction, 1892-1912》(Lincoln: University of Nebraska Press, 1970)에 포함된 윌라 캐더의 단편소설 〈신동들The Prodigies〉이 바로 그것이다. 이것은 '유명하지만 불쌍한 두 명의 신동 가수'가 어머니가 만들어놓은 아름답고 우아한 세계에 갇혀 사는 이야기다. 미국인이었지만 독일식으로 혹독하게 훈련받았던 아이들. 이들은 음악이 재미없어질 때까지 슈베르트의 노래를 불러야 했다. 소년 신동 헤르만은 비참하게 약했다. 유별나게 큰 머리와 이마 그리고 까맣고 피곤한 눈을 가졌다. 어떤 열정도 없는 그의 노래는 하품에 가까웠다. 거기에 어떤 즐거움도 어떤 희망도 없었다. 그것은 창문이 열리지 않는 세레나데였고 어떤 반응도 기대할 수 없는 목소리였다. 성대가 망가질 때까지 노래를 불렀기 때문이다. 친절한 의사 맥켄지Mackenzie가 고압적인 엄마에게 그녀의 신동 아이는 끝났다고 말하면서 이야기는 끝난다. 유감스럽게도 캐더의 이야기는 실화에 근거하고 있다. 할머니에게 무대 공연을 강요받았던 불쌍한 신동들 '네브래스카 자매들 Nebraska Sisters'의 이야기가 그것이다. 물론 캐더는 이 아이들이 그렇게 교육받고 키워지는 것을 설득력 있게 비판한다.

13) 단지 빅토리아 시대만의 이야기는 아니다. 20세기 초의 유명한 신동 윌리엄 제임스 시디스William James Sidis와 노버트 위너Norbert Weiner의 부모도 인텔리 계층으로 자녀 매니저였다. 1898년에 태어난 시디스는 아버지 보리스 시디스Boris Sidis의 작품이었다. 위너의 아버지와 시디시의 아버지는 서로 친했는데 위너의 아버지도 아들의 삶을 끊임없이 관리했다. 아들 노버트가 자신의 교육적 실험의 결과물이라고 공개적으로 자랑할 정도였다. 시디스의 아버지는 아기의 뇌가 생후 2년 사이에 지식을 완벽하게 흡수한다고 믿었다. 그래서 아들이 걷자마자 본격적으로 공부를 시켰다. 노는 시간도 허락하지 않고 친구도 사귀지 못하게 했다. 윌리엄이 두 살 때 철자를 세 살 때 쓰기를 가르칠 정도였다. 윌리엄은 아버지의 뜻에 순순히 따랐고 여덟 살 때 새로운 로그함수를 만들기도 했다. 그리고 열한 살 때 하버드 대학교 교수들 앞에서 4차원 세계에 대해서 강의했다. 정말 대단한 출발이었다. 그러나 1937년 그는 초라한 어른으로 전락했다. 뉴욕에 있는 음침한 집에 살면서 여러 종류의 잡일을 하면서 근근이 생계를 유지했다. 그래서 '시디스'란 이름은 어렸을 때 엄청난 훈련을 받지만 무능한 어른이 된 사람을 가리키는 말이 되었다. 그는 1944년에 죽었는데 그의 삶은 《신동The Prodigy: A Biography of William Sidis, America's Greatest Child Prodigy》(Amy Wallace, New York: E. P. Dutton, 1986)에

상세히 기록되어 있다.

노버트 위너도 열한 살 때 대학을 다녔고, 열여덟 살 때 하버드 대학교에서 박사 학위를 받았다. 위너는 아버지의 교육이 자기를 어떻게 망쳤는지를 《신동 이야기Ex-Prodigy: My Childhood and Youth》(Cambridge, Mass.: MIT Press, 1964)에서 매우 솔직하게 기록했다. 그 내용에 따르면 그가 수학 문제를 제대로 풀지 못하자 자상했던 아버지는 갑자기 분노의 화신으로 돌변했다. 그러나 위너는 시디스보다 운이 좋았다. 하버드 대학교 수학 교수로 성공적인 삶을 살고 있기 때문이다. 그리고 그는 인공두뇌학의 창시자로 기록되었다.

14) 《신데렐라의 진실The Truth about Cinderella: A Darwinian View of Parental Love》 (New Haven, Conn.: Yale University Press, 1999)에서 심리학자 마틴 댈리Martin Daly와 마고 윌슨Margo Wilson은 부모의 사랑에는 유전적인 근거가 있는데 이것이 의붓 부모에게는 없다고 주장했다.

15) V. L. Bengston and J. A. Kuypers. "Generational Difference and the 'Developmental Stake.' " *Aging and Human Development*, 2, no. 1 (1971).

16) Mitchell L. Stevens, *Kingdom of Children: Culture and Controversy in the Home Schooling Movement*, Princeton Studies in Cultural Sociology(Princeton, N.J.: Princeton University Press, 2003).

17) M. M. Eaton and E. M. Pomerantz. "Parental Contingent Self-Worth: Implications for Achievement Motivation and Parent's Use of Control and Mental Health," Forthcoming, 2006.


❖ 제8장 ❖

1) William Crain, *Reclaiming Childhood: Letting Children Be Children in Our Achievement-Oriented Society*, 2d ed. ( New York: Owl Books, 2004).

2) Alfie Kohn, *No Contest: The Case Against Competition*(Princeton, N.J.: Princeton Princeton University Press, 2001).

3) Scott Scheer, "Children and Cooperation: Moving beyond Competition." *Human Development and Family Life Bulletin* 3, no. 1 (1997); A. Combs, ed. *Cooperation: Beyond the Age of Competition*(New York: Gordon & Breach, 1992).

4) Gary Alan Fine, *Gifted Tongues: High School Debate and Adolescent Culture* (Boston: Mariner Books, 1992).

5) Christina Hoff Sommers, *The War against Boys: How Misguided Feminism Is harming Our Young Man*(New York: Simon & Schuster, 2001); Janet Daley, "Progressive Ed's War on Boys." *City Journal*, Winter 1999.

6) J. D. Salinger, *Franny and Zooey*(New York: Little, Brown, 1991). 이 책을 쓰면서 필자는 옛날 신동들과 영재들에 대한 소설을 많이 읽었다. 그 가운데 내가 가장 좋아하는 소설은 리처드 파워스Richard Powers의 《우리 노래의 시간A Time of Our Singing》(New

York: Picador, 2004)과 데이비드 포스터 월리스David Foster Wallace의 《무한한 조롱 거리Infinite Jest》(Boston: Back Bay Books, 1997)이다. 물론 《라스트 사무라이The Last Samurai》와 《다섯 번째 계절Bee Season》도 여기에 포함된다. 매들렌 렝글의 책과 해리포터 시리즈가 영재 이야기이듯 상당히 많은 책들이 이 분야를 다루고 있다는 사실이 충격적이었다. 이 현상을 보고 나는 많은 작가들이 자신을 불행한 재능을 가진 영재로 보고 있음을 깨달았다.

7) Mary McCarthy, J. D. "Salinger's Closed Circuit," Haper's, October 1962: reprinted in A. O. Scott, ed., *A Bolt From the Blue and Other Essays by Mary McCarthy*(New York: New York Review of Books, 2002).

8) 초기의 아동 퀴즈 쇼는 영재들에 대한 일반인의 분노를 잘 보여준다. 쇼를 이끄는 친절하고 겸손한 진행자는 자신의 초등학교 3학년 때 이야기를 즐겨 하면서 실패한 영재의 모범을 잘 보여준다. 이것은 오늘날의 아동 스타 텔레비전 쇼와 상당히 다르다. 오늘날의 쇼는 아이들에게 노래를 시키고 이를 통해 그들에게 꿈을 심어준다. 그러나 이것이 아이들에게 긍정적인 영향만 주는 것은 아니다. 과거의 퀴즈 신동 루스 펠드먼 더스킨Ruth Feldman Duskin에 따르면 '퀴즈 키즈!'는 위험과 기회로 가득 차 있었다. 퀴즈 키즈가 그녀를 대단한 성취로 이끌 수 있었을지도 모른다. 그러나 아이 때 품었던 기대만큼 살지 못할 위험도 내포하고 있다.


### ❖ 제9장 ❖

1) Heather Hendershot, *Shaking the World for Jesus: Media and Conservative Evangelical Culture*(Chicago: University of Chicago Press, 2004).

2) Laurie Goodstein and David D. Kirkpatrick. "On a Christian Mission to the Top," *New York Times*, May 22, 2005; 제니 스콧Janny Scott과 데이비드 레온하르트David Leonhardt의 〈미국의 계급Class in America: Shadowy Lines That Still Divide〉(*New York Times*, May 15, 2005)도 참고. 제니와 데이비드는 그들의 종교적 연합이 더 이상 건전하지 못하다고 보았다. 20세기 중반에 천주교 교인이 그랬던 것처럼 남부의 복음주의적 기독교인들도 기독교의 힘을 빌어 상류사회에 진입하고 있기 때문이다.

3) Edmund Gosse, *Father and Son*: *A Study of Two Temperaments*(New York: Penguin Classics, 1989).

4) 고전 《산 위에서 그것을 말하다Go Tell It on the Mountain》(New York, 1985)에서 제임스 볼드윈은 다음과 같이 말하고 있다. "모든 사람이 제임스는 아버지처럼 설교자가 될 것이라고 말했다. 그래서 그도 아무런 의심 없이 그렇게 믿었다."

5) Flannery O'Connor, *Wise Blood: A Novel*(New York: Farrar, Straus and Giroux, 1962).

6) Randall Balmer, *Mine Eyes Have Seen the Glory: A Journey into the Evangelical Subculture in America*(Oxford, England: Oxford University Press, 2000).

❖ 제10장 ❖

1) Thomas L. Friedman, "Still Eating Our Lunch." *New York Times*, September 16, 2005.

2) U. S. Department of Education, National Center for Education Statistics. *Highlights from the Trends in International Mathematics and Science Study: TIMSS: 2003*(Washington, D.C.: Government Printing Office, 2003).

3) Erling E. Boe, Henry May, and Robert F. Boruch, *Student Task Persistence in the Third International Mathematics and Science Study: A Major Source of Achievement Difference at the National, Classroom, and Student Levels* (Philadelphia: Center for Research and Evaluation in Social Policy, 1992); Erling E. Boe et al., *Predictors of National Difference in Mathematics and Science Achievement: Data from TIMSS for Eighth Grade Students*(Philadelphia: Center for Research and Evaluation in Social Policy, 2002).

4) Anthony P. Carnevale and Donna M. Desrochers, "*The Democratization of Mathematics.*" In *Quantitative Literacy: Why Numeracy Matters for Schools and Colleges*(Princeton, N. J.: National Council on Education and Disciplines, 2003).

5) Brian Butterworth, *What Counts: How Every Brain Is Hardwired for Math*(New York: Free Press, 1995).

6) K. A. Ericsson and A. C. Lehmann, "Expert and Exceptional Performance: Evidence of Maximal Adaptation to Task," *Annual Review of Psychology* 47 (1996).

7) Mihaly Csikszentmihalyi, Kevin Rathunde, and Samuel Whalen, *Talented Teenagers: The Roots of Success and Failure*(Cambridge, England: Cambridge University Press, 1996).

8) Rena F. Subotnik and Karen D. Arnold, *Beyond Terman: Contemporary Longitudinal Studies of Giftedness and Talent*(Westport, Conn.: Ablex, 1994).

9) Daniel Kahneman, Ed Diener, and Norbert Schwarz, eds. *Well-Being*(New York: Russell Sage Foundation, 2003).


❖ 제11장 ❖

1) 피터 보그다노비치Peter Bogdanovich와 조너선 로젠바움Jonathan Rosenbaum의 《이것이 오선 웰스다This is Orson Welles》(New York: Dacapo Press, 1998)와 데이비드 톰슨David Thomson의 《장미꽃 봉오리Rosebud: The Story of Orson Welles》(New York: Vintage, 1997) 참조. 여기에 나오는 영화와 드라마의 위대한 천재 오선 웰스가 바로 이 경우였다. 어른이 된 뒤에도 웰스는 빛나는 아동기를 떠나지 못한다. 그의 꿈 동산은 중서부에 있는 아버지의 집이었다. 〈시민 케인Citizen Kane〉을 찍기 전 〈새터데이 이브닝 포스트〉 지가 웰스를 인터뷰했다. 여기에서 웰스는 '어렸을 때 어린 것이 싫어서 빨리 어른이 되고 싶었지만 막상 어른이 되자 다시 아이가 되고 싶었다' 고 말했다. 물론 많은 어른

들이 다시 아이가 되고 싶어한다. 그러나 고등학교 때부터 단편영화를 찍고 이십대 중반에 〈시민 케인〉을 찍어서 엄청난 기대를 한몸에 받다가 나중에 재능을 탕진한 천재 감독 웰스의 열망은 특별했다. 어린 시절로 돌아가고자 하는 그의 바람에는 어떤 슬픔이 있었다.

2) Joseph S. Renzulli, "What Makes Giftedness? Re-examining a Definition." *Phi Delta Kappan* 60, no. 3 (1978); Joseph S. Renzulli, *The Enrichment Triad Model: A Guide for Developing Defensible Programs for the Gifted and Talented*(Mansfield Center, Conn.: Creative Learning Press, 1977).

3) Howard Gardner, *Frames of Mind: The Theory of Multiple Intelligences*(New York: Basic Books, 10th anniv. ed., 1993).

4) Joseph Renzulli, "Expanding the Conception of Giftedness to Include Co-Cognitive Traits and to Promote Social Capital," *Phi Delta Kappan* 84, no. 1 (2002)

5) Deborah Meier, *In Schools We Trust: Creating Communities of Learning in an Era of Testing and Standardization*(Boston: Beacon Press, 2003).

6) Erik Erikson, *Childhood and Society*, 2nd ed.(New York: W. W. Norton, 1963).

*Academic Acceleration: Knowing Your Options.* Baltimore: Johns Hopkins University Press, 1995.

Ackroyd, Peter. *Thomas Chatterton.* New York: Grove Press, 1996.

Acredolo, Linda, Susan Goodwyn, and Douglas Abrams. *Baby Signs: How to Talk with Your Baby before Your Baby Can Talk.* New York: McGraw-Hill, 2002.

"American Academy of Pediatrics Media Education Policy Statement," *Peidiatrics,* August 2, 1999.

Ashbery, John. *Selected Poems.* New York: Penguin, 1986.

Balmer, Randall. *Mine Eyes Have Seen the Glory: A Journey into the Evangelical Subculture in America.* Oxford, England: Oxford University Press, 2000.

Barthes, Roland. *Mythologies.* New York: Hill and Wang, 1972.

Begley, Sharon. "Your Child's Brain." *Newsweek.* February 19, 1996.

Belgrad, Daniel. *The Culture of Spontaneity: Improvisation and the Arts in Postwar America.* Chicago: University of Chicago Press, 1998.

Bengston, V. L., and J. A. Kuypers. "Generational Difference and the 'Developmental Stake.' " *Aging and Human Development,* 2, no. 1 (1971).

Benjamin, Walter. *Illuminations.* New York: Schocken, 1969.

Boe, Erling E., Henry May, and Robert F. Boruch. *Student Task Persistence in the Third International Mathematics and Science Study: A Major Source of Achievement Difference at the National, Classroom, and Student Levels.* Philadelphia: Center for Research and Evaluation in Social Policy, 1992.

Boe, Erling E., H. May, G. Barkanic, and R. F. Boruch. *Predictors of National Difference in Mathematics and Science Achievement: Data from TIMSS for*

*Eighth Grade Students*. Philadelphia: Center for Research and Evaluation in Social Policy, 2002.

Borland, James H., ed. *Rethinking Gifted Education*. New York: Teachers College Press, 2003.

Bruer, John. *The Myth of the First Three Years: A New Understanding of Early Brain Development and Lifelong Learning*. New York: Free Press, 2002.

Butterworth, Brian. *What Counts: How Every Brain Is Hardwired for Math*. New York: Free Press, 1995.

Carnevale, Anthony P., and Donna M. Desrochers. "The Democratization of Mathematics." In *Quantitative Literacy: Why Numeracy Matters for Schools and Colleges*. Princeton, N. J.: National Council on Education and Disciplines, 2003.

Carroll, Lee. *Indigo Children*. Carlsbad, Calif.: Hay House, 1999.

Clements, R., ed. *Elementary School Recess: Selected Readings, Games, and Activities for Teachers and Parents*. New York: American Press, 2000.

Clements, Rhonda. "An Investigation of the Status of Outdoor Play." *Contemporary Issues In Early Childhood Education* 5, no. 1 (2004).

Colangelo, Nicholas, Susan G. Assouline, and Miraca U. M. Gross, eds. *A Nation Deceived: How Schools Hold Back America's Brightest Students, The Templeton National Report on Education*. vol. 2. Iowa City: Belin-Blank Center, University of Iowa, 2004.

Combs, A., ed. *Cooperation: Beyond the Age of Competition*. New York: Gordon & Breach, 1992.

Crain, William. *Reclaiming Childhood: Letting Children Be Children in Our Achievement-Oriented Society*. New York: Owl Books, 2004.

Cross, Tracy L. "Competing with Myths about the Social and Emotional Development of Gifted Students." *Gitfed Child Today*, Summer 2002.

Cross, Tracy L., Karyn Gust-Brey, and P. Bonny Ball. "A Psychological Autopsy of the Suicide of an Academically Gifted Students: Researchers' and parents' Perspectives." *Gifted child Quarterly* 46, no. 4(2002).

Csikszentmihalyi, Mihaly, Kevin Rathunde, and Samuel Whalen. *Talented Teenagers: The Roots of Success and Failure*. Cambridge, England: Cambridge University Press, 1996.

Daley, Janet. "Progressive Ed's War on Boys." *City Journal*, Winter 1999.

Daly, Martin, and Margo Wilson. *The Truth about Cinderella: A Darwinian View of Parental Love*. New Haven, Conn.: Yale University Press, 1999.

Dauber, S., and C. Benbow. "Aspects of Personality and Peer Relations of Extremely Talented Adolescents." *Gifted Child Quarterly* 34, no. 1.(1999).

Davidson, Jan, Bob Davidson, and Laura Vanderkam. *Genius Denied: How to Stop Wasting Our Brightest Young Minds.* New York: Simon & Schuster, 2005.

Day, James. *The Vanishing Vision: The Inside Story of Public Television.* Berkeley and Los Angeles: University of California press, 1995.

Dewey, John. *Individualism Old and New.* Amherst, N. Y.: Prometheus Books, 1999.

Doman, Glenn, and Janet Doman. *How to Teach Your Baby to Read: The Gentle Revolution.* Wyndmoor, Pa.: Gentle Revolution Press, 2005.

Dewck, Carol. "Caution-Praise Can Be Dangerous." *American Educator* 23, no. 1 (1999).

Eaton, M. M., and E. M. Pomerantz. "Parental Contingent Self-Worth: Implications for Achievement Motivation and Parent's Use of Control and Mental Health." Forthcoming, 2006.

Ericsson, K. A., R. T. Krampe, and C. Tesch-Romer. "The Role of Deliberate practice in the Acquisition of Expert Performance." *Psychological Review* 100 (1993).

Ericsson, K. A., and J. Smith, eds. *Toward a General Theory of Expertise.* Cambridge, England: Cambridge University Press, 1993.

Ericsson, K. A., and A. C. Lehmann, "Expert and Exceptional Performance: Evidence of Maximal Adaptation to Task," *Annual Review of Psychology* 47 (1996).

Erikson, Erik H. *Toys and Reasons: Stages in the Ritualisation of Experience.* London: Marion Boyars, 1978.

Faulkner, Virginia, ed. *Willa Cather's Collected Short Fiction, 1892~1912.* Lincoln: University of Nebraska Press, 1970.

Feldman, David Henry, and Lynn T. Goldsmith. *Nature's Gambit: Child Prodigies and the Development of Human Potential.* New York: Teachers College Press, 1991.

Feldman, David Henry, ed. *Developmental Approaches to Giftedness and Creativity.* San Francisco: Jossey-Bass, 1982.

Fine, Gary Alan. *Gifted Tongues: High School Debate and Adolescent Culture.* New York: Mariner Books, 1992.

Fineberg, Jonathan. *The Innocent Eye.* Princeton, N. J.: Princeton University Press, 1999.

————, ed. *Discovering Child Art: Essays on Childhood, Primitivism, and Modernism.* Princeton, N. J.: Princeton University Press, 2001.

Fraser, Antonia. *A History of Toys.* London: Spring Books, 1972.

Freud, Sigmund. *Group Psychology and the Analysis of the Ego.* New York: Norton Library, 1975.

Friedman, Thomas L. "Still Eating Our Lunch." *New York Times,* September 16, 2005.

Fry, Roger, and Christopher Reed. *A Roger Fry Reader.* Chicago: University of Chicago Press, 1996.

Garcia, W. Joseph. *Sign with Your Baby: How to Communicate with Infants before They Can Speak.* New York: Northlight Communications, 2002.

Gardner, Howard. *Multiple Intelligence: The Theory in Practice.* New York: Basic Books, 1993.

Gatto, John Taylor. *The Underground History of American Education.* Oxford, England: Oxford Village Press, 2000.

Golden, Daniel. "Initiative to Leave No Child Behind Leaves Out Gifted: Educators Divert Resources From Classes for Smartest to Focus on Basic Literacy." *Wall Street Journal,* December 29, 2003.

Goldwater, Robert. *Primitivism in Modern Art.* Cambridge, Mass.: Belknap Press, 2002.

Goodstein, Laurie, and David D. Kirkpatrick. "On a Christian Mission to the Top." *New York Times,* May 22, 2005.

Gosse, Edmund. *Father and Son: A Study of Two Temperaments.* New York: Penguin Classics, 1989.

Gould, Stephen Jay. *The Mismeasure of Man.* New York: Norton, 1981.

Greenough, William, F. R. Volkmar, and J. R. Juraska. "Effects of Rearing Complexity on Dendritic Ranching in Frontolateral and Temporal Cortex of the Rat." *Experimental Neurology* 41 no. 2(1973).

Hall, Donald. *Old and New Poems: Donald Hall.* New York: Mariner Books, 1990.

Hendershot, Heather. *Shaking the World for Jesus: Media and Conservative Evangelical Culture.* Chicago: University of Chicago Press, 2004.

Henry J. Kaiser Family Foundation. *A Teacher in the Living Room? Educational Media for Babies, Toddlers and Preschoolers.* Washington, D.C.: Henry J. Kaiser Family Foundation, 2005.

Herrnstein, Richard J., and Charles Murray. *The Bell Curve: Intelligence and Class*

*Structure in American Life*. New York: Free Press, 1996.

Heywood, Colin. *A History of Childhood: Children and Childhood in the West from Medieval to Modern Times*. New York: Polity Press, 2001.

Hofferth, Sandra L., and John F. Sandberg. "Changes in American Children's Times, 1981~1997." *Advances in Life Course Research* 6 (2001).

Huxley, Aldous. *Brave New World*. New York: Harper Perennial, 1998.

Jacoby, Russell, and Naomi Glauberman. *The Bell Curve Debate*. New York: Nation Books, 1995.

Jarrett, Olga. "Recess in Elementary School: What Does the Research Say?" *ERIC Digest* 17, no. 2(2002).

Kahneman, Daniel, Ed Diener, and Norbert Schwarz, eds. *Well-Being*. New York: Russell Sage Foundation Publications, 2003.

Kaplan, Louise. *Romance of the Impostor-Poet Thomas Chatterton*. Berkeley and Los Angeles: University of California Press, 1989.

Kaufman, F. A. *A Follow-up Study of the 1964~1968 Presidential Scholars*. Ph. D. diss., University of Georgia 1979.

Kenneson, Claude. *Musical Prodigies: Perious Journeys, Remarkable Lives*. Pompton Plains, N.J.: Amadeus Press, 2003.

Khermouch, G. "Brainier? Maybe. Big Sales? Definitely." *Business Week*, January 12, 2004.

Kincheloe, Joe L., Shirley R. Steinberg, and Deborah J. Tippins. *The Stigma of Genius: Einstein, Consciousness, and Education*. New York: Peter Lang, 1999.

Klein, Ann G. *A Forgotten Voice: A Biography of Leta Stetter Hollingworth*. Scottsdale, Ariz.: Great Potential Press, 2002.

Kline, Stephen. *Out of the Garden: Toys, TV, and Children's Culture in the Age of Marketing*. New York: Verso, 1995.

Kohn, Alfie. *No Contest: The Cage against Competition*. Princeton, N. J.: Princeton University Press, 2001.

Kozol, Jonathan. *The Shame of the Nation: The Restoration of Apartheid Schooling in America*. New York: Crown, 2005.

Lareau Annette. *Unequal Childhoods: Class, Race, and Family Life*. Berkeley and Los Angeles: University of California Press, 2003.

Leclaire, Serge. *A Child Is Being Killed: On Primary narcissism and the Death Drive*. Stanford Calif.: Stanford University Press, 1998.

Lehman, David. *The Last Avant-Garde: The Making of the New York School of*

*Poets*. New York: Anchor, 1999.

Lemann Nicholas. *The Big Test: The Secret History of the American Meritocracy.* New York: Farrar, Straus and Giroux, 2000.

Lewin, Tamar. "See Baby Touch A Screen, But Does Baby Get It?" *New York Times*, December 15, 2005.

Linn, Susan. *Consuming Kids: Protecting Our Children from the Onslaught of Marketing and Advertising.* New York: Anchor 2005.

Logan, Brent. *Learning before Birth: Every Child Deserves Giftedness.* New York: Authorhouse, 2003.

Lubinski David, Rose Mary Webb, Martha J. Morelock, and Camilla Persson Benbow. "Top 1 in 10,000: A 10-year Follow Up of the Profoundly Gifted." *Journal of Applied Psychology* 86 (2001).

Madsen, Richard, William M. Sullivan, Ann Swidler, Steven M. Tipton, and Robert Neelly Bellah. *Habits of Heart: Individualism and Commitment in American Life.* Berkeley and Los Angeles: University of California Press, 1996.

Matthews, Dona, and Joanne F. Foster. *Being Smart about Gifted Children: A Guidebook for Parents and Educators.* Scottsdale, Ariz.: Great potential Press, 2004.

Mauss, Marcel. *The Gift: The Form and Reason for Exchange in Archaic Societies.* New York: W. W. Norton, 2000.

Meier, Deborah, and George Wood. *Many Children Left Behind: How the No Child Left Behind Act Is Damaging Our Children and Our Schools.* Boston: Beacon Press, 2004.

Mergen Bernard J. *Play and Playthings: A Reference Guide.* New York: Greenwood Press, 1982.

Metcalf, Stephen. "Reading between the Lines." *Nation*, January 28, 2002.

Metzner, Paul. *Crescendo of the Virtuoso: Spectacle, Skill, and Self-Promotion in Paris during the Age of Revolution.* Berkeley and Los Angeles: University of California Press, 1988.

Mighton, John. *The Myth of Ability: Nurturing Mathematical Talent in Every Child.* New York: Walker & Company, 2004.

Mill, John Stuart. *Autobiography.* New York: Penguin, 1990.

Miller, Alice. *The Drama of the Gifted Child: The Search for the True Self.* New York: Basic Books, 1996.

Molar Alex. *School Commercialism: From Democratic Ideal to Market*

*Commodity*. New York: Routledge, 2005.

Montessorri, Maria. *The Absorbent Mind*. New York: Owl Books, 1995.

Mueller, C. M. and C. S. Dweck. "Intelligence Praise Can Undermine Motivation and Performance." *Journal of Personality and Social Psychology* 75 (1998)

Nasaw, David. *Schooled to Order: A Social History of Public Schooling in the United States*. Oxford, England: Oxford University Press, 1979.

National Institute of Mental Health. *In Harm's Way: Suicide in America, a Brief Overview of Suicide Statistics and Prevention*. Washington D. C.: National Institute of Mental Health, 2003.

Neisser, Ulric, ed. *The Rising Curve: Long-Term Gains in IQ and Related Measures*. Washington, D. C.: American Psychology Association, 1998.

O'Connor, Flannery. *Wise Blood: A Novel*. New York: Farrar, Straus and Giroux, 1962.

Ovid. *Metamorphoses: A New Translation by Charles Martin*. New York: W. W. Norton, 2005.

Pasek-Hirsh, Kathy. *Einstein Never Used Flash Cards: How Our Children Really Learn- And Why They Need to Play More and Memorize Less*. New York: Rodale Books, 2003.

Paul, Annie Murphy. *The Cult of Personality: How Personality Tests Are Leading Us to Miseducate Our Children, Mismanage Our Companies, and Misunderstand Ourselves*. New York: Free Press, 2004.

Pellegrini, Anthony D. *Recess: Its Role in Education and Development*. New York: Lawrence Erlbaum Associates, 2005.

————, *School Recess and Playground Behavior: Educational and Developmental Roles*. Albany, N. Y.: SUNY Press, 1995.

Phillips, Adam. *On Kissing, Tickling, and Being Bored: Psychological Essays on the Unexamined Life*. Cambridge, Mass.: Harvard University Press, 1994.

Piaget, Jean. *The Child's Conception of the World: A 20th-Century Classic of Child Psychology*. Sturgeon Bay, Wis.: Littlefield Adams, 1976.

————, *Psychology of Intelligence*. New York: Routledge, 2001.

Poppen, Julie. "Boy Genius: prodigy or Pawn? The Troubled Saga of Justin Chapman." *Rocky Mountain News*, February 13, 2002.

Rauscher, F. H., G. L. Shaw, and K. N. Ky. "Music and Spatial Task Performance." *Nature* 365 (1993).

Renzulli, Joseph. "Expanding the Conception of Giftedness to Include Co-Cognitive Traits and to Promote Social Capital." *Phi Delta Kappan* 84, no.

1 (2002)

————, "What Makes Giftedness? Re-examining a Definition." *Phi Delta Kappan* 60, no. 3 (1978).

Rhodes, Colin. *Outsider Art: Spontaneous Alternatives*. New York: Thames &Hudson, 2000.

Rousseau, Jean-Jacques, *Emile*. New York: J. M. Dent & Sons, 1993.

Ruf, Deborah. *Losing Our Minds: Gifted Children Left Behind*. Scottsdale, Ariz.: Great Potential Press, 2005.

Ruskin, John. *Praeterita*. New York: Everyman's Library, 2005.

Salinger, J. D. *Franny and Zooey*. New York: Little, Brown, 1991.

Sandage, Scott. *Born Losers: A History of Failure in America*. Cambridge. Mass.: Harvard University Press, 2005.

Sandel, Michael. "The Pursuit of Perfection.: A Conversation on the Ethics of Genetic Engineering." Paper Presented at the Pew Forum on Religion and Public Life, March 31, 2004.

Scheer, Scott. "Children and Cooperation: Moving beyond Competition." *Human Development and Family Life Bulletin* 3, no. 1 (1997).

Schmitt, K.L., and D. R. Anderson. "Television and Reality: Toddlers' Use of Visual Information from Video to Guide Behavior." *Media Psychology* 4 (2002).

Schor, Juliet. *Born to Buy: The Commercialized Child and the New Consumer Culture*. New York: Scribner, 2004.

Scott, A. O., ed. *A Bolt from the Blue and Other Essays by Mary McCarthy*. New York: New York Review of Books, 2002.

Scott, Janny, and David Leonhardt. "Class in America: Shadowy Lines That Still Divide." *New York Times*, May 15, 2005.

Shurkin, Joel N. *Terman's Kids*. New York: Little, Brown, 1992.

Sommers, Christina Hoff. *The War against Boys: How Misguided Feminism Is Harming Our Young Men*. New York: Simon & Schuster, 2001.

Spacks, Patricia Meyer. *Boredom*. Chicago: University of Chicago Press, 1996.

Spark, Muriel. *Mary Shelley: A Biography*. New York: New American Library, 1988.

Steele, K. M., J. D. Brown, and J. A. Stoecker. "Failure to Confirm the Rauscher and Shaw Description of Recovery of the Mozart Effect." *Perceptual and Motor Skills* 88 (1999).

Steele, K. M., K. E. Bass, and M. D. Crook. "The Mystery of the Mozart Effect:

Failure to Replicate." *Psychological Science* 10 (1999).

Sternberg, R. J., ed. *Why Smart People Can Be So Stupid.* New Haven, Conn.: Yale University press, 2002.

Sternberg, R. J., and E. Davidson, eds. *Conceptions of Giftedness.* Cambridge, England: Cambridge University Press, 1986.

Stevens, Mitchell L. *Kingdom of Children: Culture and Controversy in the Home Schooling Movement.* Princeton, N.J.: princeton University Press, 2003.

Storr, Anthony. *The Art of Psychotherapy.* New York: Routledge, 1990.

Strauss, William and Neil Howe. *Millennials Go to College: Strategies for a New Generation on Campus.* Washington, D.C.: American Association of collegiate Registrars, 2003.

Subotnik, Rena F., and Karen D. Arnold. *Beyond Terman: Contemporary Longitudinal Studies of Giftedness and Talent.* Westport, Conn.: Ablex, 1994.

Sutton-Smith, Brian. *The Ambiguity of Play.* Cambridge, Mass.: Harvard University Press, 2001.

Suzuki, Shinichi, and Waltraud Suzuki. *Nurtured by love: The Classic Approach to Talent Education.* Princeton, N.J.: Suzuki Method International, 1986.

Tannenbaum, Abraham J. *Gifted Children: Psychological and Educational Perspectives.* New York: Macmillan, 1983.

Terman, Lewis. *Genetic Studies of Genius.* Stanford, Calif.: Stanford University Press, 1925.

Thomson, David. *Rosebud: The Story of Orson Welles.* New York: Vintage, 1997.

U.S. Department of Education, National Center for Education Statistics. *Highlights from the Trends in International Mathematics and Science Study: TIMSS 2003.* Washington, D.C.: Government Printing Office, 2003.

Wallace, Amy. *The Prodigy: A Biography of William Sidis, America's Greatest Child Prodigy.* New York: E. P. Dutton, 1986.

Welles, Orson, Peter Bogdanovich, and Jonathan Rosenbaum. *This Is Orson Welles.* New York: Da Capo Press, 1998.

Wiener, Norbert. *Ex-Prodigy: My Childhood and Youth.* Cambridge, Mass.: Mit Press, 1964.

Winner, Ellen. *Gifted Children: Myths and Realities.* New York: Basic Books, 1997.

Zelizer, Viviana. *Pricing the Priceless Child: The Changing Social Value of Children.* Princeton, N.J.: Princeton University Press, 1994.

**영재부모의 오답백과**
완벽한 아이는 없다

1판 1쇄 찍음 2009년 6월 10일
1판 1쇄 펴냄 2009년 6월 17일

지은이      앨리사 퀴트
펴낸이      정혜인
펴낸곳      (주)알마
출판등록    2006년 6월 21일 제406-2006-000044호
편집        전상희, 고동균, 정선영
디자인      박진범, 문성미
책임 마케팅  원종필
마케팅      안정원, 석철호

주소        (우)413-756 경기도 파주시 교하읍 문발리 파주출판도시 513-8
전화        031) 955-8888(판매)  031) 955-3565(편집)
전송        031) 955-2557
전자우편    alma@munhak.com

ISBN 978-89-92525-56-5  03370

이 책의 내용을 쓰고자 할 때는 저작권자와 (주)알마의 허락을 받아야 합니다.

(주)알마는 문학동네 출판그룹의 인문 교양, 교육 비평, 어린이 · 청소년을 위한 고전 부문의 계열사입니다.
살아 숨 쉬는 인문 교양, 대안을 담은 교육 비평, 오늘 읽는 보람을 되살린 고전을 펴냅니다.